U0515361

我国区域港口群资源整合模式研究

鲁 渤◎著

中国财经出版传媒集团
经济科学出版社
Economic Science Press

图书在版编目（CIP）数据

我国区域港口群资源整合模式研究/鲁渤著 . —北京：经济科学出版社，2022.8
（大连理工大学经济管理丛书）
ISBN 978 - 7 - 5218 - 3877 - 0

Ⅰ . ①我…　Ⅱ . ①鲁…　Ⅲ . ①港口管理 – 资源管理 –研究 – 中国　Ⅳ . ①U691

中国版本图书馆 CIP 数据核字（2022）第 131255 号

责任编辑：李　军　刘　莎
责任校对：易　超
责任印制：范　艳

我国区域港口群资源整合模式研究
鲁　渤　著
经济科学出版社出版、发行　新华书店经销
社址：北京市海淀区阜成路甲 28 号　邮编：100142
总编部电话：010 – 88191217　发行部电话：010 – 88191522
网址：www. esp. com. cn
电子邮箱：esp@ esp. com. cn
天猫网店：经济科学出版社旗舰店
网址：http://jjkxcbs. tmall. com
北京季蜂印刷有限公司印装
710 × 1000　16 开　13.75 印张　230000 字
2022 年 8 月第 1 版　2022 年 8 月第 1 次印刷
ISBN 978 - 7 - 5218 - 3877 - 0　定价：69.00 元
（图书出现印装问题，本社负责调换。电话：010 – 88191510）
（版权所有　侵权必究　打击盗版　举报热线：010 – 88191661
QQ：2242791300　营销中心电话：010 – 88191537
电子邮箱：dbts@ esp. com. cn）

　　本成果获国家自然科学基金面上项目（72073018）；国家自然科学基金青年项目（71703011）；国家自然科学基金重大项目（71390330）；辽宁省自然科学基金面上项目（2020 – MS – 123）；辽宁经济社会发展课题（2022lslybkt – 028）；辽宁省兴辽计划青拔项目（XLYC2007191）；辽宁省"百千万人才工程"资助项目（2021 – 222）；大连市科技创新基金项目（2021JJ12GX013）；中央高校基本科研业务费（DUT21RW303）等项目的支持。

丛书编委会

总　序

　　编写一批能够反映大连理工大学经济管理学科科学研究成果的专著，是近些年大连理工大学经济管理学院一直在推动的事情。这是因为大连理工大学作为国内最早开展现代管理教育的高校，早在 1980 年就在国内率先开展了引进西方现代管理教育的工作，被学界誉为"中国现代管理教育的摇篮、中国 MBA 教育的发祥地、中国管理案例教学法的先锋"。

　　大连理工大学管理教育不仅在人才培养方面取得了丰硕的成果，在科学研究方面同样也取得了令同行瞩目的成绩。在教育部第二轮学科评估中，大连理工大学的管理科学与工程一级学科获得全国第三名的成绩；在教育部第三轮学科评估中，大连理工大学的工商管理一级学科获得全国第八名的成绩；在教育部第四轮学科评估中，大连理工大学工商管理学科和管理科学与工程学科均获得 A－的成绩，是中国国内拥有两个 A 级管理学科的六所商学院之一。

　　2020 年经济管理学院获得的科研经费已达到 4345 万元，2015～2020 年获得的国家级重点重大项目达到 27 项，同时发表在国家自然科学基金委员会管理科学部认定核心期刊的论文达到 1000 篇以上，国际 SCI、SSCI 论文发表超 800 篇。近年来，虽然学院的科研成果产出量在国内高校中处于领先地位，但是在学科领域内具有广泛性影响力的学术专著仍然不多。

　　在许多的管理学家看来，论文才是科学研究成果最直接、最有显示度的体现，而且论文时效性更强、含金量也更高，因此出现了不重视专著也不重视获奖的现象。无疑，论文是科学研究成果的重要载体，甚至是最主要的载体，但是，管理作为自然科学与社会科学的交叉成果，其成果载体存在的方式一定会呈现出多元化的特点，其自然科学部分更多地会以论文等成果形态出现，而社会科学部分则既可以以论文的形态呈现，也可以以专著、科研奖励、咨政建议等形态出现，并且同样会呈现出生机和活力。

2010 年，大连理工大学决定组建管理与经济学部，将原管理学院、经济系合并，重组后的管理与经济学部以学科群的方式组建下属单位，设立了管理科学与工程学院、工商管理学院、经济学院以及 MBA/EMBA 教育中心。2019 年，大连理工大学管理与经济学部更名为大连理工大学经济管理学院。目前，学院拥有 10 个研究所、5 个教育教学实验中心和 9 个行政办公室，建设有两个国家级工程研究中心和实验室，六个省部级工程研究中心和实验室，以及国内最大的管理案例共享平台。

经济管理学院秉承"笃行厚学"的理念，以"扎根实践培养卓越管理人才、凝练商学新知、推动社会进步"为使命，努力建设成扎根中国的世界一流商学院，并为中国的经济管理教育做出新的、更大的贡献。因此，全面体现学院研究成果的重要载体形式——专著的出版就变得更加必要和紧迫。本套论丛就是在这个背景下产生的。

本套论丛的出版主要考虑了以下几个因素：第一是先进性。要将经济管理学院教师的最新科学研究成果反映在专著中，目的是更好地传播教师最新的科学研究成果，为推进经济管理学科的学术繁荣做贡献。第二是广泛性。经济管理学院下设的 10 个研究所分布在与国际主流接轨的各个领域，所以专著的选题具有广泛性。第三是选题的自由探索性。我们认为，经济管理学科在中国得到了迅速的发展，各种具有中国情境的理论与现实问题众多，可以研究和解决的现实问题也非常多，在这个方面，重要的是发扬科学家进行自由探索的精神，自己寻找选题，自己开展科学研究并进而形成科学研究成果，这样一种机制会使得广大教师遵循科学探索精神，撰写出一批对于推动中国经济社会发展起到积极促进作用的专著。第四是将其纳入学术成果考评之中。我们认为，既然学术专著是科研成果的展示，本身就具有很强的学术性，属于科学研究成果，那么就有必要将其纳入科学研究成果的考评之中，而这本身也必然会调动广大教师的积极性。

本套论丛的出版得到了经济科学出版社的大力支持和帮助，在选题的确定和出版发行等方面给予了极大的支持，并帮助经济管理学院解决了出版过程中遇到的困难和问题。同时特别感谢经济管理学院的同行在论丛出版过程中表现出的极大热情，没有大家的支持，这套论丛的出版不可能如此顺利。

　　为落实 1979 年小平同志访美中美两国政府签订的协议，1980 年在大连理工大学正式成立中国工业科技管理大连培训中心和大连工学院管理工程系。1984年，中国工业科技管理大连培训中心与美国纽约州立大学布法罗分校合作，率先在中国引进 MBA 学位教育，是中国 MBA 教育的发祥地；1985 年，大连理工大学经教育部批准组建管理学院，成为国内最早成立的管理学院之一。

　　曾获得省部级哲学社会科学奖、国家和省部级教学成果奖。

大连理工大学经济管理学院

2021 年 12 月

目　　录

第Ⅰ部分　研究背景与研究意义

第1章　引　言 ……………………………………………… 3

1.1　研究背景与研究意义 ……………………………… 3

1.2　研究目标与技术路线 ……………………………… 8

第2章　港口群资源整合理论和国内外研究综述 ……… 11

2.1　港口群基本理论 …………………………………… 11

2.2　港口群资源的分类与界定 ………………………… 19

2.3　港口群资源整合的内涵与分类 …………………… 21

2.4　港口群资源整合的模式比较分析 ………………… 26

2.5　港口群资源整合的主要影响因素 ………………… 31

2.6　港口群资源整合效果评价 ………………………… 34

2.7　国内外研究现状总评 ……………………………… 36

第Ⅱ部分　港口群资源整合决策模型

第3章　港口吞吐量预测方法 …………………………… 43

3.1　基于TEI@I方法论的综合集成建模思路 ………… 43

3.2　本研究运用的主要研究模型 ……………………… 45

3.3　算例分析 …………………………………………… 49

第4章　港口群最优规模与整合机制确定方法 ·········· 64

　4.1　内部运输社会福利最大原理 ················ 64

　4.2　封闭区域的最适港口群规模 ················ 66

　4.3　港口群多期投资与退出整合机制 ·············· 73

　4.4　算例研究 ······················· 76

　4.5　对我国港口群资源整合的意义和启示 ············ 81

第5章　面向转型升级的港口群整合机制研究 ·········· 84

　5.1　港口群转型升级路径 ·················· 84

　5.2　基于连续逼近选址的最适港口群规模 ············ 87

　5.3　考虑港口群转型升级的多期整合机制 ············ 90

　5.4　算例分析 ······················· 94

　5.5　对我国港口群资源整合的意义和启示 ············ 99

第Ⅲ部分　港口群资源整合模式选择

第6章　我国区域港口群发展现状分析 ············· 103

　6.1　环渤海港口群发展现状分析 ················ 104

　6.2　珠三角港口群发展现状分析 ················ 109

　6.3　长三角港口群发展现状分析 ················ 115

　6.4　东南沿海港口群发展现状分析 ··············· 119

　6.5　西南沿海港口群发展现状分析 ··············· 124

第7章　国内外港口群资源整合经验借鉴 ············ 129

　7.1　国内港口群资源整合经验借鉴 ··············· 129

　7.2　国外港口群资源整合经验借鉴 ··············· 141

　7.3　国内外港口群资源整合经验总结 ·············· 158

第 8 章 我国港口群资源整合路径与模式选择 ································ 166

8.1 环渤海港口群资源优化整合路径与模式选择 ············· 166

8.2 长三角港口群资源优化整合路径与模式选择 ············· 170

8.3 东南沿海港口群资源优化整合路径与模式选择 ··········· 173

8.4 珠三角港口群资源优化整合路径与模式选择 ············· 176

8.5 西南沿海港口群资源优化整合路径与模式选择 ··········· 180

第 9 章 政策建议 ··· 184

9.1 构建错位分工功能布局，促进资源高效利用 ············· 184

9.2 因地制宜选择整合模式，实现港口合作共赢 ············· 184

9.3 打造智慧港口互联平台，赋能港口智慧发展 ············· 185

9.4 加强港口集疏运体系建设，助力腹地经济发展 ··········· 186

9.5 完善港口整合市场机制，保证利益合理分配 ············· 186

9.6 发挥政府部门监管职能，打造有序市场环境 ············· 187

9.7 着眼港口发展国际战略，增强港口服务水平 ············· 188

9.8 建立港口规划相关机制，保证港口稳定发展 ············· 188

9.9 构建分层管理组织架构，健全相关法律法规 ············· 188

9.10 创新港口整合实践模式，增强港口联盟柔性 ··········· 189

参考文献 ··· 190

第 I 部分

研究背景与研究意义

第1章 引 言

1.1 研究背景与研究意义

我国既是陆地大国，也是海洋大国，丰富的海洋资源为我国的经济发展创造了广阔的机遇，而港口作为连接陆地和海洋的重要节点，肩负着连接陆运与海运交通、推动我国直面国际市场、拉动区域经济增长的重要任务。长期以来，我国港口一直存在腹地重合、无序建设、功能不清等问题，制约着港口产业的健康发展。面对复杂变化的国际环境，港口资源整合与区域一体化发展已经成为提升港口竞争力与影响力，破解港口产能过剩困局，充分发挥向海优势，优化沿海经济布局的重要途径。

1.1.1 港口产业发展的重要性

历史的经验反复证明：向海而兴，背海而衰。中共十九大报告中明确提出："坚持陆海统筹，加快建设海洋强国。"① 发展海洋经济已经成为我国由海洋大国迈向海洋强国的必经之路。改革开放四十多年以来，我国港口取得了举世瞩目的成就，目前，我国 32 万千米的海岸线，已形成包括环渤海港口群、长三角港口群、东南沿海港口群、珠三角港口群、西南沿海港口群在内的由北到南的五大港口群。截至 2020 年 5 月，全球十大港口排名中，我国港口占据了 7 个席位。"一带一路"背景下，港口是海上丝绸之路的起点和支点，蓬勃发展的港口产业为我国进一步加快对外开放步伐，构建多元化对外贸易关系创造了良好的基础，也在全面保障国内产业和供应链的稳定，促进国民经济良性循环的过

---

① 习近平. 决胜全面建成小康社会 夺取新时代中国特色社会主义伟大胜利——在中国共产党第十九次全国代表大会上的报告 [EB/OL]. (2017 – 10 – 18) [2020 – 01 – 21]. http：//cpc. people. cn/n1/2017/1028/c64094 – 29613660. html.

程中起到了重要的作用。在全球经济一体化和供应链管理集成化发展的大趋势下，港口与经济腹地所构成的多式联运系统中的各个环节越来越紧密（希费，2016；希佩尔等，2017）。

当前我国港口产业取得的进步如下：首先，解决了物流通道卡脖子的问题，对我国改革开放提供了强有力的支持。1978 年我国万吨级泊位数量仅有 133 个，2020 年我国万吨级以上泊位 2 592 个，增加了 18 倍。1978 年我国港口货物吞吐量为 2.8 亿吨，2020 年我国港口货物吞吐量为 145.5 亿吨，增加了 51 倍。在全球港口货物吞吐量和集装箱吞吐量排名前 10 名的港口中，中国港口均占有 7 席。其次，港口服务水平显著提高，逐渐成为国际海运中心。港口业务逐步由传统装卸仓储服务向上下游产业延伸，服务网络基本覆盖全国以及世界主要港口，我国港口国际影响力不断增强。此外，我国港口质量效益不断提升，高质量发展初现成效。港口绿色发展的步伐显著加快，岸电、LNG 等清洁能源广泛应用，港口资源整合和一体化发展深入推进。进入新时期以来，港口在国家经济建设和对外开放中的地位越来越重要。尤其是 2013 年习近平总书记提出"一带一路"倡议后，在多个场合习近平总书记将港口视为"一带一路"合作的中转站、示范引领、桥头堡和重要支点。

港口产业一直是习近平总书记关注的重点。当前我国已经进入"十四五"建设时期，这是我国发展新的历史方位，针对海洋产业的重要性，习近平总书记强调要："秉持和平、主权、普惠、共治原则，把深海、极地打造成各方合作的新疆域。"[①] 20 世纪 80 年代末，习近平担任福建宁德地委书记时，在合理规划综合交通运输、海陆并举促进经济发展的施政构想中，就有着强烈的"港口意识"——积极开发三都澳，把它打造成一个通往全国沿海各主要港口、面向太平洋的国际性港口。经过近 30 年坚持不懈的努力，如今的三都澳港区，初具规模的专业化码头群和干支相连的公路交通网络实现了无缝衔接，闽东人民圆了"扬帆出海梦"。2002 年，在浙江任职时，习近平把港口作为全省发展海洋经济的引擎，多次深入舟山群岛调研。习近平总书记对港口知之深、爱之切，多次对港口发展提出重要指示要求。2019 年 1 月 17 日，总书记亲临天津港视

---

① 人民网. 习近平人类命运共同体思想的深刻内涵与时代价值. http：//theory. people. cn/n1/2017/1212/c40531 - 29702035. html.

察，指出"经济要发展，国家要强大，交通特别是海运首先要强起来。要志在万里，努力打造世界一流的智慧港口、绿色港口"[①]。2022 年，习近平总书记在海南考察时强调，"要坚决贯彻党中央决策部署，加快建设具有世界影响力的中国特色自由贸易港"[②]。

然而，我国港口长期以来都存在着由于腹地重合、分布密集、功能结构不合理导致的无序建设、产能过剩的问题，严重制约着我国港口产业的高质量发展。为进一步拓展我国港口产业的竞争优势，实现资源的合理配置与港口规模效益的充分释放，近年来我国积极开展港口整合活动，一省一港趋势明显。港口整合浪潮下，我国港口逐渐向大型化、集约化、专业化方向生产，港口资源配置效率逐渐增强，港口竞争力、影响力逐步提升。可见，港口群资源整合已经成为新时期我国港口产业高质量发展的重要方向（鲁渤和汪寿阳，2018）。

1.1.2 我国港口群资源整合的必要性

2018 年以来，国际航运业呈现低迷趋势，世界贸易活动动力不足，2020 年以来受新冠肺炎疫情影响，世界航运市场呈现出不稳定的趋势。面对复杂变化的国际环境，我国港口产业继续增强整体竞争实力和应对风险的稳定性，以积极应对全球贸易摩擦加剧、新冠肺炎疫情以及环境问题带来的经济影响（王杰和张兴，2020）。目前，我国区域港口群的优化整合与环境协调发展需求强烈，主要源于我国港口产业的发展水平与国家对经济社会发展的总体要求不匹配，具体表现在以下五个方面：

一是，港口产业"供给侧结构改革"任务繁重。2003 年，我国港口实施属地化管理后，各沿海城市纷纷实施"以港兴市"战略，不断加大对港口建设的投资力度。由此导致我国港口产能过剩，岸线过度开发等一系列问题（董等，2018）。为此国家交通部出台了一系列政策支持我国区域港口的资源整合。2014年 6 月，交通部下发《交通运输部关于推进港口转型升级的指导意见》指出：

---

① 中国交通新闻网. 践行总书记嘱托 加快高质量发展 全力打造世界一流港口. https：//www.zgjtb.com/zhuanti/2021－08/19/content_ 265220. html.

② 新华社. 习近平：加快建设具有世界影响力的中国特色自由贸易港. http：//www.beijingreview.com.cn/shishi/202204/t20220414_800282107.html.

"要合理实施新港区开发，合理确定开发规模和分期实施方案，防止新港区低水平重复建设和过度超前。"2011年11月，交通部出台《关于促进沿海港口健康持续发展的意见》提出："要推进港口结构调整与资源整合。"2012年5月，交通运输部联合国家发改委出台《港口岸线使用审批管理办法》指出："要规范港口岸线使用审批管理，保障港口岸线资源的合理开发与利用。"2015年4月，交通部印发《全面深化交通运输改革重点任务的通知》再次提出："要开展区域港口发展一体化改革试点工作。"因此，合理解决好我国港口产能过剩问题，并设计科学的港口发展策略，成为我国港口产业战略管理的核心问题。

二是，港口产业落实"创新驱动战略"不彻底。我国港口间过度、无序、同质化竞争严重，在同一港口群内尤为严重，由此导致资源浪费、重复建设，而在智慧港口建设上投入明显不足，新技术采纳落后于国家发展形势。因此，2017年交通部发布《关于开展智慧港口示范工程通知》，以期促进我国智慧港口建设，进一步落实国家"创新驱动战略"。

三是，港口产业贯彻"可持续发展战略"有待进一步加强。港口是重点能耗单位，其产生的排放（碳、硫、PM等污染物）与能源消耗已逐渐对环境造成严重的危害。我国政府建设绿色港口的需求由来已久，2017年2月，《国家"十三五"综合交通运输体系规划》明确提出："强调以绿色发展为指导思想，切实推进绿色港口建设。"对我国港口的绿色运营提出了更高的要求，迫切需要系统地推动绿色港口节能减排与能源可持续研究领域的快速发展，从而支持并指导绿色港口政策的有效制定。2019年11月，交通部联合国家九部委印发《关于建设世界一流港口的指导意见》，进一步强调指出："到2025年，我国绿色港口建设要达到世界一流水平。到2035年，要达到国际先进水平。"因此，低污染、低能耗、高效率已成为我国绿色港口的发展目标。

四是，港口产业促进"区域协调发展战略"不明显。区域协调发展战略是"十九大"以来中央屡次强调的在决胜全面建设小康社会时期的重大战略，但是由于港口群内港口重复投资，恶性竞争，导致港口在区域经济发展中不能起到协调作用，反而割裂区域内经济交流与合作。为此，2015年4月，交通部在《全面深化交通运输改革重点任务的通知》中，将促进区域经济协调发展作为一项重点任务提出。

五是，港口产业在国家"海上丝绸之路"建设中的作用不能满足国家战略需求。目前，我国港口在"海上丝绸之路"建设中所能起到的作用有限，原因有两个方面：一方面，我国港口过度建设、港口群内无序竞争，使得港口大多以货物装卸为主营业务，过度依赖本土制造业，大而不强。不能将资源集中投入航运服务、航运金融、法律、保险等短板业务，阻碍了我国港口成为世界级的航运中心，这和"海上丝绸之路"建设的要求差距较大。另一方面，我国港口的集疏运体系建设已经成为国家战略目标。2017 年 1 月，交通运输部等 19 个部委联合发布《关于进一步鼓励开展多式联运工作的通知》，首次从国家层面明确了多式联运的战略地位。2018 年 12 月，国家发改委和交通运输部联合发布《国家物流枢纽布局和建设规划》，布局在全国建设 212 个物流枢纽。2021 年 12 月，国务院办公厅印发《推进多式联运发展优化调整运输结构工作方案（2021—2025 年）》，港口集疏运作为本次工作方案实施的重点领域，将深入推进"公转水""公转铁"等，全面提升多式联运承载能力和衔接水平（高树奇，2022）。由此可见，区域港口群的优化整合与环境协调已成为落实国家重大发展战略的任务和要求。为贯彻国家港口整合发展政策，各地政府及港口企业积极寻求和探索适合实际情况的港口资源整合道路。

自 2014 年 12 月交通运输部发布《关于全面深化交通运输改革的意见》以来，全国各地开始进一步改革港口管理体制，推动港口资源整合，促进区域港口集约化、一体化发展。在此背景下，浙江省率先开始探索省域港口整合方案，以宁波—舟山港为起点，进而逐步整合全省港口，开启了我国以省为区域单元的、行政主导的港口整合浪潮。截至 2019 年年底，全国已有多个省份明显加快了区域港口的整合速度，努力推进港口经营主体的一体化工作。比如，广东省积极打造"9＋2"港口模式，江苏省推出"一市一港一集团"模式，湖南省组建"一湖四水"模式，辽宁省成立辽宁港口集团有限公司，形成"一核、一轴、两翼"的总体布局（张锐，2020）。目前，已经形成宁波舟山组合港、青岛—烟台—日照组合港、大连—营口—锦州组合港等一批发展势头强劲的港口组合集团，标志着我国港口经济的发展进入了一个崭新的历史时期。

综合我国港口整的经验，可以看出，我国的港口整合具有以下驱动因素（章强等，2017）：

一是，服务国家战略的要求。我国此轮省域港口资源整合在一定程度上可视为各省在进行主动性自我调整，以对接和服务国家战略，我国现阶段实施的

"一带一路"倡议、长江经济带战略、海洋强国战略等，都不同程度地对我国港口发展提出了相应要求。

二是，提升区域港口整体发展实力的要求。产能过剩、效率不足和竞争过度成为驱使我国港口资源加速整合的三大经济动力，通过港口资源整合优化，可以促进我国港口产业的集约化发展，促进港口提质增效升级和提高资源节约、环境友好水平。此外，通过区域港口资源整合，可以强化港口的区域性作用，实现区域内港口间的合理分工。

三是，新时期转变政府职能的要求。目前，我国部分省份在省域港口资源整合过程中通过将原分散在多部门间的港口行政管理职能向单一部门集中的形式来解决行政管理的碎片化问题，以组织结构优化来转变政府职能。以转变政府职能为导向的行政体制改革为此轮省域港口资源整合提供了关键支撑。

1.2 研究目标与技术路线

2019 年 11 月，交通部联合发改委等国家九部共同印发了《关于建设世界一流港口的指导意见》，具体提出了我国港口发展的近期、中期和远期目标。到 2025 年，地区性重要港口和一般港口专业化、规模化水平明显提升；到 2035 年，主要港口总体达到世界一流水平；到 2050 年，全面建成世界一流港口，形成若干个世界级港口群。当前我国正处在从"世界一流港口国家"向"世界一流港口强国"转变的关键时期，通过升级转型推动港口高质量发展已经成为港口行业的普遍共识，而实现这一愿景的重要手段是推动我国区域港口一体化整合运营发展（李兴湖，2021）。为贯彻国家港口整合发展政策，各地政府和港口企业积极寻求和探索适合实际情况的港口资源整合道路。截至 2019 年年底，全国已有多个省份明显加快了区域港口的整合速度，努力推进港口经营主体的一体化工作。此外，绿色发展是当今我国港口产业面临的重要问题，也是港口群整合面临的重要挑战。几乎所有与港口有关的重要文件都提到了绿色港口建设问题，例如《长江经济带船舶和港口污染突出问题整治方案》《珠三角、长三角、环渤海（京津冀）水域船舶排放控制区实施方案》《关于推进港口转型升级的指导意见》等。因此，为实现我国港口高质量发展的目标，需要在深入调研我国沿海港口群资源禀赋、功能定位、整合现状的基础上，探索适合我国区域港口群整合路径与整合模式，从而破解我国港口产业产能过剩、功能重合、整合效能无法充分释放的困局，实现港口群错位分工、合作共赢（刘万锋和周嘉男，2021）。

港口整合的一大目标是整合港口资源。港口资源包括：经济腹地、港口群规模（设施设备）、集疏运网络、航线网络等。近年来，由于受到全球经济周期和贸易保护主义的影响，各港口在货源处理上出现了忙闲不均的情况。因此，地理位置接近的港口腹地范围重合，在货源上竞争非常激烈。由于港口群整合前，各港口只以自身经济发展为中心，易出现恶性竞争、盲目扩张与投资等现象，由此导致部分港口的资源闲置，需要以港口群为主体进行资源整合（慈红武，2019）。虽然国内外已经有了较多的港口整合实践，但目前国内外港口整合相关的理论基础还比较薄弱，港口整合的科学内涵、相关政策演化规律、港口整合研究范畴的界定尚不清晰（王等，2015）。在港口整合的过程中，政府与港口企业都发挥了重要的作用（孙等，2022；赵娜，2012）。如何充分发挥政府的职能，并营造良好的港口产业发展的市场环境，在承认港口利益主体的前提下，充分调动各港口整合的积极性，实现港口群之间高质量的功能协调与资源共享，是港口群整合研究亟待解决的重点问题。

综上，本书的理论目标如下：

一是，以区域港口群整合模式选择问题作为本书研究的基础和出发点，综合采用港口管理理论、运筹与优化理论，以及资源环境理论对区域港口群优化整合与环境协调问题进行研究。从"资源禀赋—功能结构—整合现状"三大角度深入分析我国沿海港口群优化整合过程中的突出矛盾，并基于矛盾问题深入挖掘区域港口群整合的普遍性与特殊性，探讨国家战略政策对我国港口行业的发展需求，以及对港口群整合模式选择进行系统科学的研究的必要性，科学界定我国港口群优化整合的理论内涵，从而有效避免单纯考察港口供给问题或港口运作问题可能导致的"研究不足"或"研究失准"的问题，为制定合理的港口整合决策提供理论基础。

二是，明确界定港口整合科学内涵与研究范畴，对港口群整合的主要模式进行对比分析，辨析加快推进港口群整合与一体化发展的关键问题，为确定我国沿海港口群最优整合路径与整合模式提供理论支持；梳理分析港口群最优布局与整合机制的方法和模型，完善相关理论基础，在充分调研我国五大港口群整合现状的基础上，结合国内外港口整合的经验借鉴，提出了我国港口群整合的最优模式，提出了针对我国港口群整合现状与未来需求的政策建议，丰富和发展了我国港口管理科学理论体系和理论框架，进而为科学地制定港口群优化整合的国家战略规划及政策体系构建提供有效的支撑。

本书的实践目标如下：

一是，本书将首先对区域港口群优化整合的相关概念及主要模式进行理论分析，明确港口群最优规模与整合机制确定的理论方法体系，对我国现有港口管理政策进行优化，为交通部、海洋局、自然资源部等政府部门制定更为有效的港口资源管理政策提供支持；

二是，本书将以化解港口群优化整合中资源、运营、管理之间的矛盾为抓手，明确我国主要港口群各自优化整合中亟待解决的关键问题，寻找我国港口群整合的最优路径与最佳模式，为科学地制定港口群优化整合的国家战略规划和政策体系构建提供有效的支撑。

本书的技术路线阐述如下：

第一，科学界定港口群整合的内涵，对港口群资源整合的相关概念进行理论分析。比较不同类型港口群整合模式的特点和优缺点，对国内外港口群整合的研究现状进行分析。第二，对港口群整合布局和最优整合机制的判断方法进行梳理，基于内部运输福利最大化和产品空间理论，对港口整合相关理论模型进行研究，为判断最优港口整合模式奠定理论基础。第三，对我国五大港口群资源禀赋与功能布局进行全面的分析，探究我国各区域港口群整合现状，辨析目前推进我国港口群整合与一体化发展的政策发力点。第四，梳理国内外港口群相关经验，总结港口群整合的经验借鉴，梳理出国内外成功港口群整合经验的共同点和普遍规律，为制定我国港口群整合策略提供支持。第五，运用政策工具理论，在实证分析的前提下，提出我国港口群整合的最优模式和支持我国港口群整合的最佳路径。

第 2 章　港口群资源整合理论和国内外研究综述

2.1　港口群基本理论

2.1.1　港口群的概念与特点

港口是位于江河湖海沿岸，具有一定的设施和条件，可以供舰船停泊、旅客上下、货物装卸和生活资料供应作业的地方（张丽君和侯超惠，2005）。港口是构成港口的各种建筑物、构筑物和设备，如航道、码头、起重机械、仓库、交通线路等的综合体系。港口按照地理位置分为海港、河港、湖港和河口港等。本书提及的港口主要指海港。

港口群是由港口产业集群发展而来的概念，从目前港口群的定义划分来看，国内外学者对港口群概念存在差异。2004 年兰根首次提出港口群概念，并于 7 月召开的地中海沿岸国家环海高速公路会议上对港口群概念进行界定，认为港口群由一定空间范围内的港口组成，各港口间通过公路、铁路等交通运输体系相互连接（诺特伯姆等，2013）。此后国内对港口群概念的研究逐步引向深入，肖钟熙（2007）认为，港口群由一些地理位置相近、共有部分腹地、部分功能可以互相取代并互为竞争对手的港口组成。于海（2008）则将港口群的层级进行划分，认为港口群按区域划分等级的不同可分为港口内部不同区域的港口群、省内不同港口的港口群以及同一区域内不同港口组成的港口群。董雷和刘凯（2010）则从港口群内在要求出发，认为港口群是拥有一个或多个大型港口作为核心，以竞合关系为纽带，以投入产出关系为主带动区域经济发展而形成的具有营利性和非营利性特征的集合体。燕向辉则从集群角度出发，认为港口群是某一地区港口的聚集，群内港口共享人才、资源、市场、技术等，并产生了广泛的聚集经济效益的组织。综合学者对港口群概念的不同理解，本书对于港口群定义如下。

港口群是为了满足生产和交通运输的客观需要以及经济发展的要求，不同港口充分利用自身自然条件优势，在统一规划、合理布局的前提下，有计划、分步骤地建设而成的协作配合且功能互补的港口综合体，港口群中的港口一般是地理位置临近、共有部分腹地、部分功能可以相互取代并互为竞争对手，其发展规模和性质既相互制约又相互依存。港口集群显示出与货物流动相关的强大规模和范围优势。活动集中为通过多式联运（短海、驳船或铁路）捆绑货物流提供了更多机会，并可以通过频繁的运输服务实现与世界其他地区的更高连通性。

港口群不是简单的单个港口加总，而是能通过港口间的协调发展取得整体收益"1 + 1 > 2"的效果，让高度发达的分工协作体系与竞争力的提升形成良性循环。港口群各港口之间相互竞争又相互合作，有明确的功能划分，枢纽港、支线港、喂给港等级清楚，共同发展，竞争力强。因此，港口群具有以下三个主要的特点：

1. 相互交叉的腹地和共同的集疏运体系

港口群划分最基本的条件就是地理位置相近，同一港口群内各港口拥有交叉腹地，同时沿海的城市群连接着广阔的内陆腹地。港口之间的竞争很大程度上就是腹地的争夺，特别是拥有相同腹地的港口其利益冲突一般更为激烈。港口的发展离不开内陆腹地的交通运输即集疏运系统，内陆腹地到达港口群内各港口的距离是相差无几的，其运输路线也是基本相同的。

2. 相似的整体区位优势和国内外市场环境

港口群是与海港的周边环境和腹地经济一体化同步发展的，因为区域港口群的地理位置相近，在产业集聚的影响下，港口群内各港口基本处于相同的产业集聚圈内，决定了其具有相似的区位优势，同时，这种区位优势又反作用于港口，为港口群提供了共同的运输、贸易市场，使其服务市场的类型和定位趋同。

3. 各港口以自身为利益主体

虽然港口群作为一个整体提高了对外竞争力，但是港口群内的竞争依然存在，特别是发生在功能划分上具有一致性的港口之间，因为每个港口的隶属单位不同，所以在相近的地理空间内，容易出现多个性质相同的港口的同质化竞争。每一个港口都是不同的企业经营，每个港口利益彼此独立，港口群内每个港口的最终目的始终是提高自身的生产经营效益，但是这种现象如果缺乏有力的管控制度和协调措施，最终也会限制港口群的整体发展。

2.1.2　港口群发展的影响因素分析

港口群形成与发展背后有重要的地理属性，这些属性因海上范围而异，主要受到以下三点的限制：一是港口地点的可用性。沿海地理因范围而异，海湾、河流三角洲和潮汐范围等因素都会影响合适的港口地点和数量。这些特征与沿海城市群更倾向于形成与城市分布有关的反映城市系统的港口群。此外，集装箱码头需要大量的码头和堆场等空间范围，这一般不易找到，沿海地理属性通常容易形成集群。二是腹地可达性和密度。经济发展、城市化和资源分配意味着腹地密度的不均衡。由于主要经济区域是沿着走廊构建的，这种集中有利于特定的集装箱港口和服务于这些地区的港口企业。密度越高，聚类倾向越大。因此，腹地的性质会影响港口群的形成。三是规模经济和基础设施。技术和工艺的发展倾向于港口群的形成。船舶的平均规模不断增长，由于吃水的限制，往往会限制船舶停靠的港口选择，从而会促使投资和基础设施集中在特定数量的高效港口，以产生足够的交通和经济回报，从而容易忽视其他港口的作用（诺特伯姆等，2022；兰根等，2012）。

基于以上港口群发展的关键，港口群发展的影响因素主要可分为三个方面：制度、政策和法规；经济形势；港口生产能力。在制度、政策和法规方面，霍姆斯百德等（2016）为深圳口岸与中国香港特区口岸的合作提供了若干建设性的政策建议，以提高其腹地的通达性。吴等（2018）研究了港口的环境相关政策，发现环境政策在短期内对港口经济产生负面影响，但有助于提高未来的港口竞争力。常等（2018）研究了排放控制区法规与欧洲港口运营效率之间的相关性。从制度、政策、法规等角度对港口发展进行归因分析占主导地位，但大多是定性分析，而非定量分析。从经济形势分析，产业全球化发展增加了世界各国经济与贸易的相互依赖性，从而引起了多式联运与物流服务需求的增加。现代港口必须能够提供快速、可靠而灵活的综合物流服务。可以按照用户的物流战略，凭借严格的预算与进展安排多式联运和门到门运输以及其他需要的服务（威廉姆斯米尔和曼尼斯，2015）。所以港口必须成为可以满足集装箱运输要求的节点，在原来的基础上提高适应市场变化的能力，更好地满足服务对象的需求，能够主动组织起与腹地连接的高效集疏运系统网络。例如，宋和万（2014）研究了中国港口基础设施投资对区域经济增长的贡献。威廉姆斯米尔和曼尼斯（2015）指出区域经济地位会影响港口群的竞争力。安格（2015）发现经济绩效、外商投资和国内投资对港口群的生产率具有重要作用。港口生产能力的角度进行的研究多采用定量方法，德·兰根和舒利（2004）研究了鹿特丹、德班和密西西比州下游地区的港口群，以确定它们相应的内陆通道系统的差异。随后，德·兰根和维瑟尔（2005）扩展了对密西西比下游地区港口群的研究，通过对比密西西比河流域港口群与鹿特丹港口群的竞争力，指出共同行动机制对提升港口群竞争力具有非常重要的意义，并将其归纳为五个条件，分别为创新机制、腹地连接机制、营销机制、国际化机制和培训教育机制，发现吞吐量市场份额的下降是由于港口群系统效率下降或消失造成的。博塔索等（2018）发现，巴西港口的基础设施建设与巴西出口贸易的强劲增长密切相关。亚德雷特等（2018）建议将基础集中在得克萨斯州的港口基础设施建设上。

此外，港口合作化、区域化及精益化的发展趋势同样是影响港口群发展的重要外部因素。

1. 港口合作化的发展趋势

港口合作发展已经成为港口业的大势所趋，主要表现在两个方面。一方面是港口间的横向合作。在一个经济区域内的各个港口由于货源地的交叉重叠，势必存在利益的纷争，解决这类矛盾的方法之一是以组合港、港口联盟等形式实现港口间分工合作，共同发展。国外有很多成功的合作案例，诸如鹿特丹和安特卫普、纽约和新泽西、日本东京湾港口群等。国内提出的长三角、珠三角等五大港群正在积极启动可操作性的合作模式。另一方面则是港口与其所在的海运供应链中上下游节点的合作。在全球供应链管理条件下，港口变成了供应链中的一个环节，港口之间的合作和竞争正在逐步向港口所在供应链中的竞争和合作转变。为了达到共赢和发展的机会，港口必须实行纵向的供应链内部合作。广义上来说，港口可以看作一个支持原材料生产、成品制造和分发的实体，是多个供应链的潜在成员。纵向合作对象涉及生产企业、物流企业、金融贸易、服务等不同类型的企业。而狭义来说，港口所在的海运供应链主要包括货主及其代理、承运人及其代理等，港口已经与航运企业在基础设施、管理信息平台等硬件、软件建设等方面开展了多种形式的合作。

2. 港口区域化的发展趋势

通过创新，港诺特博姆（2022）将港口区域化定义为港口通过创新节点—扩展—专业化—区域化的进化过程。一方面结合沿海岛屿形成一体化的中心，另一方面和内陆的货物中心结合，将港口扩展为一个区域性货运中心网络。区域性发展趋势使得港口从传统概念中的"点"扩展到"区域"，在空间上港口与城市融为一体，城市经济活动以港口经济活动为核心，港口成为城市乃至区域发展的推动力量。在资源空间上港口涵盖整个陆域经济腹地，整个腹地的资源均可作为港口发展的储备，港口的生产流程和运营管理可以随着区域化发展的深入，打破地域限制，分散到整个区域及腹地网络中进行。区域化发展扩展了港口活动的地理空间和经济空间，构建了港口的动态供应网络，从而能够更好地适应全球经济变革的环境级运输市场扩大化和多样化的需求。

3. 港口精益化的发展趋势

精益思想的本质是消除所有可能的浪费。现代港口通过信息化管理、生产流程再造等方式，消除港口的非增值活动。在精益化发展中，通过建立精益港口绩效评价体系，能够快速识别并消除港口营运过程中的浪费、缺陷和操作瓶颈，实现全面质量管理，降低成本。同时，港口精益化通过精简流程和活动，使其与内陆终端的关系简单化，使得整个海运供应链的耽搁和浪费成本最小化，增强供应链的弹性和市场环境适应性。港口生产流程再造是精益化发展的基础。港口的流程再造是基于管理理念的变革和信息化建设的发展，再造过程中以"流程"为中心，而不是以单一的职能部门为中心，一个流程可能需要一系列相关部门的配合，流程中重叠的部门或对流程无用的部门可以摒弃，也可以进行合并，以达到用最少的资源创造出最大利益的目的。改进后的流程具有一定的简捷性和精益性。由于打破了职能界限，所有的业务都是围绕着流程进行的，相应地整个企业的组织结构趋于扁平化，这样有利于缩短部门内部和部门之间信息的传递，消除浪费，缩短时间，使得工作更加有灵活性，改进后的流程的确能提高效率，提高顾客满意度和公司竞争力，降低整个流程成本。

　　港口群的发展，是港口为了自身的生存和发展，与其他港口联合，降低成本，减少风险的必然途径。从小的港口角度看，一些小港为了在激烈的竞争中生存下去，联合其他的小港与大港抗衡，如此联合形成的由小港组成的港口群，所接触的货主的面变广了，可争取到的货源增多，港口之间配合逐渐变得默契，抗风险能力增强了。或者小港加盟大港，成为大港的喂给港，分享大港的货源（如浙江嘉兴港）。小港的策略是先求生存，再求发展，大港为了应对这种竞争提出了竞合或者叫协同竞争的概念，以减少小港联合对自己的冲击。从大港讲，大港为了扩大自己的影响力及国际声誉，吸引更多的来港作业货运量，提高自己的吞吐量，为客户提供更长的服务线和更为广泛、便捷、高效、个性化的服务，更紧密地贴近货主船方的需求，在国际航线上形成"连锁店"式的港口模式。加之目前全球金融危机引起的经济环境恶化，港口之间需要抱团取暖，渡过难关（比如上海港和宁波港的协同竞争），也促进了港口之间的合作。例如：新加坡港是优良的深水港，2005年完成集装箱吞吐量2320万标准箱（TEU），超过中国香港特区成为世界上最大、最繁忙的集装箱枢纽港，在其集装箱吞吐量中有85%都是国际中转箱，在国际中转业务方面的经验十分丰富。新加坡港的远景目标是发展成为融海、陆、空、仓储为一体的全方位综合物流枢纽中心。该港采取了一系列新举措实现这一目标：一方面，调整港口管理策略并制定新措施，开放港口，允许船舶公司以合资方式拥有自营码头，并欢迎国际上的港口经营集团到新加坡投资发展码头；另一方面，借助雄厚的资金支持，充分发挥自身在码头经营管理方面的优势，积极向外扩张，逐步向全球部署港口物流体系网络。目前，新加坡港务集团网络在全球11个国家和地区投资了19个码头项目，形成了一个覆盖全球的码头经营。除了港口之间的联合，港口还与其他运输方式（如公路、铁路、航空、管道）联合运输，形成多式联运，为客户提供更广泛的选择和更便捷的服务，并与其他运营商分享运输收入。

　　港口群的不断发展也有利于各港口分散经营风险。风险是每个企业都面临的问题，港口也不例外。随着运输业作为服务产业地位的确定，处于港口两端的船公司和大货主逐渐掌握了更多的话语权。加之全球经济正在显现出越来越多的不稳定因素，现在的港口处于经济全球化的背景下不得不考虑如何分担面临的风险。由此出现的趋势就是港口横向进行联盟，并由海港延伸至内陆联合河港，以确保货源的稳定；另一趋势就是港口多元化经营模式的出现。

2.1.3　港口群发展的演变规律分析

20 世纪 50 年代，国外学者开始关注港口群体系的形成与演变。博德等（1963）基于历史视角提出任意港模型，为港口在时间和空间上的发展演化分析提供了最初的模型，把一个港口的典型发展模式分为：建立、扩张、与腹地连接、专业化、迁出城区五个发展阶段。塔夫等（1963）提出海港空间结构演化模型，认为港口由最初沿海岸线分布的互不相干状态，逐步演化为港口与腹地城市、腹地城市之间以及港口之间相互联结的网络，并向拥有主要腹地城市的港口集中，港口货流将随着网络的逐步发展更加趋于集中，将港口群的发展规划划分为六个阶段：第一阶段，各港口分散均匀分布；第二阶段，港口变得集中并开始出现支线；第三阶段，港口的支线快速发展；第四阶段，有些支线网络中心的港口通过夺取周围小港口的腹地，出现集聚过程；第五阶段，港口腹地内部呈网络化；第六阶段，港口群间的交通干线和主通道形成。该模型说明，随着交通干线的建设和完善，区域内的部分港口首先得到发展，带动其他港口的发展，从而形成相互作用和联系的不同规模的港口体系。日米尔（1967）提出海洋运输和内陆运输对于港口群的发展都十分必要，因此总结了港口群发展的空间模式，共分为五个阶段：第一阶段，各小港口均匀分散在沿海地区，腹地范围小，港口之间联系少；第二阶段，交通主干线出现，使得部分港口夺取其他港口获得了扩张，且开始出现交通支线；第三阶段，支线继续延伸，港口更加集中，网络化开始出现；第四阶段，港口集中化；第五阶段，交通网络继续扩张，腹地的经济活动增强，主要港口的逆中心化出现。赫思（1981）提出赫思模型，通过对美国集装箱港口系统的演化分析，提出的区域集装箱港口发展五阶段模型，成为对区域集装箱港口系统分析最基本模型；五个阶段包括：前集装箱化阶段；集装箱化初步发展阶段；扩散、巩固、竞争、集中阶段；枢纽港形成阶段；边缘港挑战阶段。随着供应链一体化的发展，港口逐步超越了独立节点的地位，而发展成为海运供应链中的一个环节。哈维尔等（2001）提出，随着市场环境的变化，港口采取新的发展战略，一些企业也参与到集装箱终端管理中，大的航运公司参与到港口建设和管理中，港口要面对这些变化，就必须采取相应的发展战略。宋（2003）提出全球化发展和航运联盟、船舶大型化和多样化、港口间竞争的加剧是推动港口竞争合作和集群化的主要力量，文中对港口竞合的概念、机制、目标和模式等进行了分析。马洛（2003）等指出，港口应该完善相关活动，消除浪费，并实现能够应对持续、不可预料变化的敏捷化。港口的新角色要求其向第四代港口发展，实现敏捷、灵活、准时和流程再造，对精细和敏捷化港口的内涵进行分析，提出了精益化港口评价框图，采用两阶段方法对港口绩效进行评价。诺德博姆（2005）提出了港口区域化概念，指出区域化是港口体系演变的新阶段，将港口的功能发展定义为"节点—扩展—专业化—区域化"的演化过程。

对于同一经济区域内的港口群，其演化模式一般分为四个阶段：第一阶段为低级均衡阶段，此时港口间的空间结构表现为低级的稳定均衡分散状态，港口之间没有形成规模和等级体系；第二阶段为非均衡相对集中阶段，此时生产力水平和社会分工进一步细化，一些条件优越的港口获得了较大的间接腹地，因而发展成为规模较大的中心港口，但由于交通网络的不完善，港口间的腹地重叠和货源竞争还不强烈，此时港口间表现为非均衡的相对集中状态，港口间的水陆联系具备了一定的网络化水平，港口腹地之间出现交叉重叠。第三阶段为非均衡的高度集中阶段，此时港口之间的联系通道进一步完善，网络化水平明显提高，中心港口的腹地规模空前扩张，港口规模等级体系趋于完善。第四阶段为高级均衡阶段，此时港口群的空间结构、联系通道、规模等级和腹地资源都形成了非常完整的地域等级体系，港口规模等级差别越来越小（诺特伯姆和罗德里格，2005）。

目前，我国对港口群发展演化研究的成果主要包括港口群规模确定、港口群资源整合和港口群结构优化等几个方面。鉴于港口群规模在发展演化过程中会不断进行调整，郭秀娟等（2008）运用生产函数模型对港口群规模进行确定，认为港口群的规模应该与区域经济规模相适应，而不是越大越好，因为港口的货物来源和各种人力资金、技术支持都由腹地提供，当港口盲目扩张，而腹地不能有效供应时，港口就难以维持发展。郎宇等（2005）主要研究了港口、腹地一体化进程，认为这个进程可分为四个阶段：形成阶段、低级发展阶段、发展成熟阶段和再优化调整阶段。曾艳英（2010）以港口群演化进程中的区域经济资源整合为研究方向，并就港口群实现资源整合与结构优化提出了方法途径。曹有挥（2003）等认为，竞争与合作机制的交互作用是集装箱港口体系演化的内在动力，并提出沿海集装箱港口体系演化的四阶段模型；梁双波等（2008）通过分享－偏移模型对长三角集装箱港口体系的偏移增长与演化模式进行研究，并将港口体系发展划分为三个阶段。郭政等（2018）运用基尼系数和偏移－份额分析法探究长三角集装箱港口体系的集散趋势及演化过程，由此提出港口体系演化的四阶段模型。任雪晨（2012）对长江三角洲港口群与区域经济协调性进行了评价，认为港口群应当合理利用区域港口岸线资源、完善集疏运网络、构建综合港口体系等方式，以促进区域经济发展。郭政等（2018）对长江三角洲港口群的发展策略应当合理布局港口群，提升其综合服务能力，并与"一带一路"实现有效对接。

2.2　港口群资源的分类与界定

港口资源涵盖的内容很广泛，既有区域内各港口的狭义资源（指港口赖以建设和发展的实体资源），包括岸线资源、水陆资源、港口设施等；还有港口的广义资源（指实体资源的扩展，认为港口是现代物流链的重要节点，是综合物流发展的核心），包括能力资源、公共社会资源、客户资源和信息资源等。

港口群作为资源的集合，并不是区域内各港口资源的简单加和，而是把港口群资源作为一个系统，通过资源整合实现港口群系统要素的重组和升级，实现相互联系和渗透，形成合理的结构，实现整体优化和协调发展，最终实现整体功能和效率的最大化，从而提高港口群的核心竞争力，获得更大的市场份额。港口群的资源包含更广泛的内容，具有不同的资源类型和不同的资源效率，是影响区域港口协调发展的条件和要素的统称（郭政和董平，2016），分为容量资源、客户资源、社会公共资源、信息资源及其他资源。

2.2.1　容量资源

港口群的容量资源包括港口群区域范围内的岸线、泊位、水域面积、腹地、装卸设施、资金、港口品牌、人力资源、技术和航线网络。其中岸线和腹地作为港口群最基本和重要的自然资源，在港口群资源整合中发挥重要作用。港口岸线包含维持港口设施正常运营所需的相关水域和陆域，分为港口深水岸线和非深水岸线，港口深水岸线指适宜建设千吨级及以上泊位的港口岸线，港口非深水岸线指适宜建设千吨级以下泊位的港口岸线，港口临时岸线指因港口设施建设、货物装卸等需要，在不新建永久性的港口建筑物、构筑物和设施的前提下临时使用的港口岸线。港口腹地是指港口货物吞吐和旅客集散所及的地区范围。现代化的港口一般具有双向腹地，即面向内陆的陆向腹地和面向海外的海向腹地。港口与腹地是互相依存、相辅相成的。一方面，港口的发展建设必须以腹地范围的开拓和腹地经济的发展为后盾，腹地是港口赖以生存和发展的基础；另一方面，港口是腹地的门户，港口的建设也对腹地经济发展产生重要影响。腹地有直接腹地和混合腹地之分，直接腹地指一港独有的腹地，该区域内所需水运的货物都经由本港；混合腹地指两个或两个以上的港口共同拥有的腹地，即数港吸引范围相互重叠的部分。

2.2.2 客户资源

港口群的客户资源包括港口物流供应链的成员，包括航运公司、货主和其他相关物流企业。物流供应链是围绕核心企业，通过对信息流、物流、资金流的控制，从采购原材料开始，支撑中间产品以及最终产品，最后由销售网络把产品送到消费者手中，将供应链、制造商、分销商、零售商直到最终用户成一个整体的功能网链结构。作为现代港口的供应链，港口资源的整合一项重要内容是多个港口物流链功能的整合。

2.2.3 社会公共资源

港口群的社会公共资源包括交通设施、港口腹地经济、政策体系、港口环境（城市金融、保险、保税区、通关环境等）。港口群的交通设施主要指港区的铁路和道路，指的是布置在港区运输货物用的铁路和道路。大型港口的港区铁路包括港前车站、分区车场和货物装卸线三部分，小型港口可只设港前车站和货物装卸线。货物装卸线布置在码头前方仓库和堆场的前后侧，以便车船直取联运。分区车场靠近码头和前方库来港货运列车在港前车站进行解体和编组，把车辆送往有关分区车场，在分区车场可根据需要对车辆重新编组，以备发往码头和前方库场的装卸线。装卸完毕的车辆返回分区车场，再送往港前车站编组。港区铁路线路的运输能力同港口各装卸环节相适应，并适当留有发展余地。港区道路同港外公路和附近城镇公路相连接，港区道路的布置同各码头的装卸工艺相适应，构成环形，以方便汽车运输和兼顾消防车的运行。

2.2.4　信息资源

港口群的信息资源包括电子信息交互系统、生产管理系统、港口物流信息平台、港口物流交易平台、港口服务知识、信息技术系统。20 世纪七八十年代，随着货物的通关等现代管理理论和方法、信息技术、自动控制等科技的发展，港口在管理、工作监控、信息交流等方面取得了巨大进展，分布式生产、码头工作实时监控、港口自动装卸、港口信息管理等现代化的生产和管理系统相继产生并得到有效应用。现代科技的应用使得港口效率和效益提高，并大力开展增值服务。诸如信息技术使得港口成为融运输、仓储、加工等资源于一体的信息平台；自动化和监控技术促使港口生产流程优化和精益化发展，有利于流程再造，提供客户差异化服务；现代管理方法则使港口传统限制，开展多元化经营模式等。

2.2.5　其他资源

港口群的文化、港口群成员所遵守的规章制度、港口群在航运市场上的声誉和品牌、成员之间的信任、港口间的有序竞争、港口群运输网络的优化等，这些都是在港口群长期发展演化过程中逐渐形成的资源。它们是稀缺的战略资源，是港口集群核心竞争力的重要来源。

2.3　港口群资源整合的内涵与分类

港口群资源整合的内涵指的是在船舶日益趋于大型化及航运公司逐渐同盟的状况下，为避免在地理位置靠近，共同使用腹地的港口之间因为竞争无序导致的基础设施利用不充分或者资源效益受到不利影响的情况发生，而采用了一些跨地区的战略合作方法，以联盟、组合、合并等方法为代表，促使一个包括主要港、支线港和喂给港相结合的港口系统的形成。它体现了区域港口协调发展的理念，港口群整合表现为区域内各港口朝着优化组合的方向发展，是区域内各港口的协同度日益提高的过程。港口群整合是一个复合概念，至少应包括以下四个方面：港口群整合的前提条件是，一组港口之间存在某种内在联系，地理空间位置相近、港口岸线资源相关联、经济腹地有部分交叉重合、港口功能部分雷同叠加等；港口群整合是个过程，不是结果，是指各港口逐步走向协调发展的动态过程，不是指静态的拼合概念；港口群整合体现强化区域内相互独立的各港口间相互联系、相互作用的关系，使各港口在功能上由较大重叠转化为明确的分工，实现较强的互补；港口群整合的目的和结果是：区域港口资源整合和有效利用，区域港口整体经济效益得到提高，内部竞争趋于合理，内耗明显减少，区域整体国内国际竞争力得到显著增强。

港口群资源整合的核心问题是资源的合理配置，资源整合与合理配置一方面是在可能的范围内促进资源最大限度地发展和增长，另一方面也是对有限的资源做出科学合理的分配和使用方案，以求获得最佳的效益。合理配置资源的消费和使用，要求最大限度地发挥每一种资源产品的作用，把资源产品配置到效率和效益最高而又最为必需的部门和领域，使各个部门和领域都能够在已有资源总供给范围内最大限度地满足需求。本书中，将港口群资源的整合划分为点、线、面的整合。点的整合指的是港口内部资源的整合。线的整合分为纵向和横向的资源整合，在纵向中港口是其中的一个环节，主要起着海陆运输衔接、货物中转、储存及物流增值服务等功能；在横向中，港口作为群体合作的一个单元，重点发展自己的分工项目，在竞争和合作中提高核心能力，包括港口群内各港口之间的整合、港口内部子系统之间的整合和港口与上下游企业之间的整合。面的整合则主要指的是区域范围内各港口的全面整合。

2.3.1　点的整合

港口内部的整合。有时候，港口内部的资源可能属于几个码头运营商或组织机构。根据运输资源的配置规律，个体所有者可以对这些在相同位置但所有权特征不同的港口资源进行整合，从而形成位于同一单个港口内的独立运营商或多个运营商之间的整合关系。这一类整合的案例有：烟台国际航运与烟台轮渡航运的内部整合，以及天津港发展与天津港控股的内部整合。这一类型的整合工作主要由各个企业承担。

2.3.2　线的整合

港口群资源整合包括三方面主要内容，分别是港口内部各子系统之间的整合、港门与上下游企业之间的整合以及港口群中各个港口之间的整合（袁兵，2005）。根据整合对象在物流链中位置关系的不同，可以将这三方面内容分为纵向一体化的整合和横向一体化的整合两类。具体的分类方式如图 2 - 1 所示。

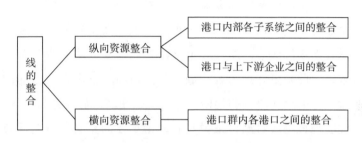

图 2 - 1　港口群资源整合——线的整合类别划分

资料来源：由本书作者整理提供。

1. 纵向资源整合

对港口资源进行纵向一体化的整合，根据整合的范围和对象的不同，可以分成两方面的内容：港口内部各子系统之间的整合和港口与下游企业之间的整合。

对港内部各子系统之间的资源进行整合，就是要优化港口的资源配置，提高港口的通过能力，提升港口的核心竞争力。港口通过能力是进行港口内部资源整合的核心。港口通过能力是港口企业的生产能力，它是在外部环境条件一定时，港口各项生产要素和经营管理条件综合作用的结果。港口通过能力是指泊位、库场、装卸、集疏运等各环节通过能力的合理组合而构成的综合能力，是一个多层次的生产力结构，各环节的通过能力保持一定比例关系，彼此协调配合，才能形成港口的综合生产能力。

对港口资源进行纵向一体化的整合，还有一方面重要内容是港口与上下游企业之间的整合。港口企业发展到一定规模后，就要拓展其生存和发展空间，这就不可避免地要求港口与物流供应链中前后向利益主体之间进行整合。港口与上下游企业之间进行资源整合是现代物流对港口发展的必然要求。现代化的港口不再是一个简单的货物交换、中转和运输的场所，而是全球物流网络中的一个重要节点。现代化港口的发展方向是一个兼备水路、公路、铁路、空运、管道运输等多种运输方式，融运输、仓储、加工、分拨、信息为一体，由多个兼营或专营的物流企业分工合作而有机结合构成的服务整体。现代物流最本质的特征是一体化，也就是通过物流链上各个环节之间的平滑衔接，实现物流、信息流、资金流等生产要素的高效流动以及系统成本有效降低的目标。港口企业与上下游企业进行整合也正是从这一观点出发，在不降低客户服务水平的前提下综合考虑各项物流成本，通过和上下游企业建立战略联盟关系来降低整个物流链的成本，以此来更好地为客户服务。港口与上下游企业之间的整合，表现为港口主营业务的纵向协调和延伸，目的就是使港口群成为高效的物流中心。由此可见，发展现代物流对港口来说具有非常重要的意义，与上下游企业建立合作关系，实现港口纵向资源整合，是港口发展现代港口物流的客观要求。

2. 横向资源整合

从宏观角度讲，港口对腹地经济的促进作用，体现在港口群整体对腹地经济的作用。港口群是一个有机的整体，是一个大的系统，在这个整体中，每一个港口的地理位置不同，自然条件有所差异，倚靠城市的发展水平和经济状况有高有低，这些都使得在港口群中每个港的地位是不同的，有的港口是核心枢纽，有的港口是补充的支线港，有的港口适合发展集装箱业务，有的港口适合发展散货业务，有的港口适合做中转等。因此，港口的横向一体化指的是从港口群的系统出发，为每一个港口进行合理的定位，不仅确定每个港口的合理地位和规模，而且能确定每个港口的发展方向和主要服务内容，使港口群中各个港口的功能能够相互补充，形成有机的、有层次的、功能齐备的港口群系统，并实现整体资源的最优配置和整体功能的最佳实现。

为扩大腹地，保障未来货物供应，横向一体化主要指位于区域门户的枢纽港可积极整合同一腹地或相邻海岸线的支线港。上海港曾提出发展支线网络战略，以确保其他沿海港口和内河港口的中转货物，从而优化其深海港口设施。上海港已经建立了几家合资企业，以营利为目的整合了包括武汉、南京、重庆、长沙、江阴、九江、南通、镇江和张家港在内的支线港口。通过对内陆码头设施的有效开发和占用，上海港可能为中国港口区域化进程建立了一个成功的模式（温斯特拉和诺特伯姆，2011）。北部区域枢纽还成功整合了威海、日照港等山东省众多小港口。类似地，宁波港的主干港除了在嘉兴建设一个新的码头外，还有效整合了附近的温州港和台州港等支线港口，使过境管理人员能够操作更大的船只，从而与上海港的运营竞争（卡利南等，2005）。

由于区域港口群资源整合涉及多方面内容，也牵扯到多方主体的利益，因此在实际的运作过程中，应该合理地选择整合的策略和措施，以保证整合过程的顺利进行和整合目标的最终实现。港口群要进行横向一体化资源整合，各港口必须首先在思想上达成共识，实行差异化战略，进行错位竞争；然后共同做大市场、调整港口结构，加强港口在生产领域的合作，实现港口生产资源的统一配置，政府应积极引导港口群内的企业行为，规范竞争，促进合作。

2.3.3　面的整合

对区域内的港口群进行资源整合，就是要充分发挥港口群的整体优势，产生区域集聚效益，形成一致对外的核心竞争力。整合后的港口群系统，区域内各个港口既互相竞争，又互相协作。每个港口有各自的核心竞争力，区域内不同港口的核心竞争力又相互补充，共同为区域经济发展服务。对区域港口群的资源进行整合，就是以提高每个港口和整个港口群系统的核心竞争力为目标，以结成战略联盟为指导思想，以构建虚拟企业为手段，实行纵向一体化与横向一体化的资源整合策略。典型的港口整合往往能够实现同一区域内具有不同地理位置的港口规划、管理、建设和运营的统一。值得注意的是，该类相关的案例大多以政府驱动为特征，例如太仓港、常熟港和张家港整合形成的苏州港，日照港和兰山港整合形成日照港，以及烟台港和龙口港整合形成的烟台港。还有的港口整合案例是跨行政管辖区域的整合，这一类的大多数案例是通过基于政府支持的港口合并或基于资本合作的合资企业实施的。它们的典型特征是资源整合的目标各不相同，比如优化海岸线资源或消除不正当竞争，包括烟台与蓬莱的整合，福州 + 葫芦岛 + 营口的整合，大连 + 秦皇岛港口的整合等（卡利南等，2005）。

2.4 港口群资源整合的模式比较分析

按照不同的分类方法，港口群资源整合模式可分成不同的类型。但是各种类型之间并不完全独立，有的存在重合。在选择港口群整合模式时，可选择不同模式组合使用。本书从整合后的管理主体、整合的渗透程度和整合后的组织方式三个角度对港口群资源的整合模式进行了分类。

2.4.1 按照整合后管理主体分类

按照整合后的管理主体分类，港口群资源整合模式可以分成政府主导型、企业主导型和政府—企业混合型三种。

政府主导型整合模式是指政府部门担当港口整合后的管理主体。该模式的优势在于，政府可以充分发挥宏观调控的作用，利用政策协调各方关系，为港口发展提供良好的外部环境。在这种模式下，政府部门主要履行统筹规划、组织协调、检查监督等职能，如港口的基础设施建设、环境保护、安全生产等方面的工作，而企业自身可以自主完成生产经营活动。该整合模式的典型案例为日本东京湾港口群、纽约新泽西港的整合。

企业主导型整合模式是指港口整合主体是独立的企业，港口间联合的行为是自发的完全的企业行为，整合后管理主体依然是企业。该整合模式的优势在于企业具备反应迅速、灵活多变的优点。例如中国香港—深圳港的整合，和记黄浦集团经过谨慎考虑，在参股开发深圳盐田港区初期，花费巨额资本贴补航运公司的亏损，同时也建立起两个港口之间的资本纽带，最终盐田港区集装箱运输高速发展，企业的前期付出得到了高回报率。

政府+市场混合型整合模式。在充分发挥市场调节机制的基础上，结合行政手段，对区域内港口企业进行资产重组，形成统一的港口企业集团，对区域内港口自然资源和经营资源进行整合，在政府支持下进行资本投资或政府和企业相互持股。该模式比较典型的整合案例包括宁波舟山港集团、北部湾港务集团、河北港口集团、厦门港集装箱集团等。

在中国，北方港口注重资本和股份的整合，强调市场化机制，在这一过程中往往由企业主导。相反地，南方港口往往运用行政力量整合港口，地方和国家政府发挥主导作用（诺特伯姆，2002；帕利斯等，2008）。从经济格局上看，中国北方计划经济的发展具有明显的空间分异，而南方市场经济的发展则呈现出较高的水平，即政府干预与市场机制之间存在明显的负相关关系。港口整合在各个时期表现出不同的特征和模式，2004 年以前，大多数港口采用直接合并或资本重组的方式实现有效整合，行政机制和市场机制共同发挥作用。而 2004 年以后，资本渗透或投资（如合资、参股）成为主要的整合模式，市场机制起着更大的主导作用（朱尼尔等，2003）。因此，在初期阶段政府通常在培育和管理港口整合进程方面发挥主导作用，之后政府的主导地位让位给企业或在一个更成熟和经验丰富的环境中的市场力量。

2.4.2　按照整合渗透程度分类

按照整合的渗透程度，港口群资源整合模式可以分成紧密型、松散型和竞争—合作型三种。

紧密型指的是不同主体整合后，完全联合，制定共同的发展战略，利益共享，风险共担，各主体合而为一。紧密型是最密切的合作关系，必须具备充分的条件和基础，需要各主体的利益紧密相关，且相互信任，不侵害任何一方的利益。紧密型整合的典型例子为美国的纽约新泽西组合港、比利时的安特卫普港和泽布勒赫港。该模式下，港口群由统一的管理机构进行管理协调，促进港口间资本互补、市场互补、技术互补、信息互补、人才互补、管理互补、功能互补等资源互补，形成密不可分的合作关系。

松散型指的是不同的主体因共同的利益而互补互助，最终形成以协同为主的整合，可以是政府行为或企业行为。该整合模式主要表现为两种形式，一是各主体间为了某一共同的目标而结成联盟，主体间保持相对的独立，其优点是比较容易组建，能考虑局部又顾全整体，适合区域型港口群；但是这种形式各港口的利益并不紧密相关，联合也较不稳定，比较容易解体，较难发挥其真正功能。二是各主体间完全独立，整合只是结成互惠互利的联盟关系。比如中国香港—深圳港，在缓解中国香港港口建设费用昂贵、土地匮乏、劳动力成本高的矛盾时，深圳港也从中学习到中国香港港口技术和管理等方面的先进经验。

松散型的港口整合往往适用于港口整合的初级阶段，当整合范围内港口间尚未形成规律性的相互作用，港口系统的空间结构呈现均衡分散状态时适合用这种整合模式。

竞争—合作型。指因地方利益和个体利益形成的以竞争力为主的联系，长时期的竞争最终实现港口分工和资源的合理配置。该模式需要一个高度发达的市场经济环境和相对完善的法律制度，创造一个适合良性竞争的氛围。如德国的汉堡港和不来梅港，长期处于刚性的竞争状态，在与鹿特丹、安特卫普等港口进行竞争时，又利用港口间的分工合作来增强自身竞争力（朱尼尔等，2003）。在这种模式下，港口整合的内容包括功能整合、资源整合、技术整合几个层面。此种模式可以是在政府的主导下形成，如日本东京湾的港口整合，也可以是非政府组织下的企业间自发组织形成的联盟。

2.4.3 按照整合后组织方式分类

按照整合后的组织方式，港口群资源整合模式包括双枢纽港模式、区域航运中心模式、网络联邦模式、区域行业性松散组织模式、港口企业集团模式等。

双枢纽港模式是指在一定区域内集中港口资源，同时着重培育两个较大规模的枢纽港口，在区域内部形成"二元化"的船舶干支线运输网路，对外部则形成辐射能力更强、港口集中化程度更高、装卸能力及效率大幅提升的国际性货物运输中转枢纽（王等，2015）。这种整合模式在互补性合作竞争的方式下，作为创造价值时合作、分配价值时竞争的综合体，参与双方不仅具有竞争者的角色定位，同时具有互补者的功能，适用于区域内两个港口的互补性分析来确定其是否具有双枢纽港整合模式的可能性和必要性。双枢纽港模式可以为已经具有最小经济规模的单个大型枢纽港带来新的发展方向。一旦港口达到最小经济规模后，之后几乎不存在额外节约成本的可能性，发展途径应从单个港口的成长化发展模式逐步转向两个或以上港口的集中化发展模式，以此来提升港口竞争力。双枢纽港模式中两个中心港口的存在均可以在和其他港口的内部竞争中达到效率最大化并形成优质服务。这种模式较多个港口的发展定位更为明确，可以有效避免重复性建设导致港口群资源利用率低下的恶果。

区域航运中心模式是指具有航线稠密的枢纽港、深水航道、集疏运网络等硬件设施和为航运业服务的金融、贸易、物流、信息等软件功能的港口群。航运中心是一个发展的概念，随着时代的变迁，航运中心的功能也在发生演变，现代的航运中心除了货物集散功能外，还具有综合资源配置功能，并且不断拓展综合物流的服务功能，除了国际多式联运的枢纽功能外，还是区域或国际性的商贸中心、金融中心、信息中心，对区域经济的贡献很大。航运中心总是与国际经济、贸易和物流中心密切相关，典型的航运中心均是以面向海洋、航运业发达的国际大都市作为依托。目前，中国主要航运中心城市有上海、中国香港特区等。它们拥有发达的航运市场，其中包括拥有运输船舶、提供运输劳务的供给方，拥有运输货源、需要运输劳务的需求方，拥有供需双方的代理人、经纪人，它们在公平竞争的环境中从事各种形式的航运交易行为。强大的腹地经济是成为区域航运中心的另外一大特征。充沛的集装箱物流已成为代表当代物流水平的重要标志，区域性的航运中心需要拥有巨大的集装箱物流，即拥有巨大的集装箱枢纽港。航运中心一般都位于经济和贸易中心城市，其地理位置一般位于国家主干航线上，或者本身就是国家主干航线的起点。航运中心所在的港口，都拥有良好的港口条件和完善的港口设施，而且拥有深浅配套、功能齐全的码头泊位、相应的装卸设备和堆存设施以及适应船舶大型化趋势的深水航道。

网络联邦模式是指在某一港口群内，虽然存在若干个大港口，但是这些港口都不具备成为区域性或者是国际性枢纽大港的条件，在港口群资源整合过程中不能担当起领导作用，港口群内的港口只能在大港口企业的带领下通过相互合作或者结盟的方式实现共同发展（王等，2015）。这种模式的特点是港口群内没有占绝对优势的龙头大港口，各港口定位不明确，对参与成员的约束力不强。网络联邦模式一般适用于港口群内缺少具有领导能力的枢纽性龙头大港，港口群内大型港口企业具有相互合作意愿，必须依赖于强大的信息网络技术进行整合。这种模式一般是由群内某些大型港口企业通过协商达成相关合作目标，这种合作方式灵活性较强，是一种相对松散的联合形式，不涉及港口企业核心利益，也不涉及港口组织结构变革，只是通过相关合作协议展开合作，可以有效避免地方行政区划给港口合作带来的障碍，相对容易为各方接受。但是由于港口群内没有龙头港做领导，港口整合难以达成一致行动，会造成重复建设，浪费资源，另一方面也容易形成恶性竞争，不利于整个港口群的健康发展和有序竞争，最终损害到整个区域经济的发展活力；这种模式由于参与者较多，往往难以达成有效的合作协议。

区域行业性松散组织模式是指港口企业之间通过共同组建或参与区域性协会组织实现彼此间的非正式合作，为企业之间的业务信息沟通和技术交流及管理经验的学习提供一个平台。该组织既可以是中国港口协会的区域分会，也可以是以区域内主要大型港口企业为核心，包括区域内其他相关企业，如货代、船代、口岸等单位组成的独立的协会组织。协会成员企业应该受到协会规章的约束，以体现协会的协调和自律职能。行业协会是多家企业作为市场主体，其本身的趋利性促使相互之间为谋求一致而联合起来组成的联盟。行业协会一旦真正成为独立的非政府组织，对外能保护行业的利益，对内能形成行业自律机制，防范企业无序竞争（徐剑华，2004）。该模式通过成立一个建立在港口群基础之上的区域层面的港口行业协会，来对各港口进行协调整合。它的优势在于这种模式遵循自由公平竞争的原则，既能保持各港口的独立性，形成并保护港口之间的合理公平的竞争环境；又能在海运安全、海洋环境等问题上保持一致性，维持共同的利益。这只有建立在市场经济高度发达、法律制度较为完善的基础上才能发挥有效的作用。组建区域行业协会一般来说比较容易实现，只需要港口企业具有较强的学习和合作意愿，一般由几个大型港口企业出面组建，其他相关企业参与组建，为了加强港口企业之间的协作和信息交流，促进整个行业发展和港口资源共享。该模式的典型案例是欧洲海港的组织。

企业集团作为现代企业的一种重要组织形式，它是社会化生产条件下企业之间分工协作高度发达的产物，是企业之间联合发展到一定程度后的必然结果。日本学者金森久雄等在《经济词典》中把企业集团定义为，"企业集团是多数企业保持独立性，并相互持股，在金融关系、人员派遣、原料供应、产品销售、制造技术等方面建立紧密关系而协调行动的企业群体"。山田一郎在《企业集团经营论》中给企业集团下的定义是，"以各成员企业在技术及其他经济机能上互相补充为目的，以成员的自主权为前提，在对等互利原则下结成的持续长久的经营结合体形态和经营协作机制"。我国国家体改委和国家经委于1987年在《关于组建和发展企业集团的几点意见》中把企业集团定义为，"是适应社会主义有计划商品经济和社会化大生产的客观需要而出现的一种具有多层次组织结构的经济组织。它的核心层是自主经营、独立核算、自负盈亏、照章纳税，能够承担经济责任，具有法人资格的经济实体"（朱尼尔等，2003）。我国学者，认为企业集团是企业联合的高级形态，指在商品经济条件下，为适应社会化大生产的要求，是以一个或若干个大型企业或大型公司为核心母公司，通过协作、联合、兼并等方式，把具有生产技术经济联系的各个独立的法人组织，以产权联结和以契约合同为纽带而建立起来的一种大规模、多形态、多层次结构的企业法人联合组织形态。

港口群要想实现企业集团化的整合，首先需要获得地方政府的支持和帮助，由于组建大型港口企业集团有可能涉及地方和区域利益，当同一区域或港口群内的港口企业分属于不同的地方行政管辖时，要想实现跨区域合作，必须要获得地方政府的同意和支持才有可能取得成功。其次，港口集团的组建涉及的利益相关方多、范围广，影响大，组建程序多、管理也复杂，必须对整个区域经济和港口市场环境进行全面考察，分析组建港口企业集团的必要性。最后，选择适当的港口企业集团组建方式，强强联合、金字塔形式或是环形持股方式。港口企业集团作为资源优化配置的一种方式，是适应社会化大生产和专业化协作需要的先进的企业组织形式。组建港口企业集团有利于政企分开、政资分开；有利于做到产权清晰，所有权和经营权分离；有利于港口资源的合理配置和优化组合；有利于提高港口经营效率，发挥港口的整体竞争优势（张新洁，2010）。但是，当港口进行跨区域组建集团公司时，往往会遇到港口所在地方行政的干预，这主要是涉及港口的管辖权问题和港口企业利益分配问题。随着港口企业集团规模的不断扩大和生产经营的多元化，港口组织结构和生产经营活动变得越来越复杂，客观上增加了集团公司经营管理的难度。

2.5　港口群资源整合的主要影响因素

事实上，不是所有的港口都需要进行资源整合，一些港口在发展过程中出现问题，需要通过资源整合来实现可持续的健康发展。然而各地区港口群的情况都是不同的，不同区域进行港口资源整合所要考虑的因素也必然要有所差异。虽然港口资源整合模式多种多样，但在实际的港口发展中决不能生搬硬套，且不同发展阶段的港口应进行适合该阶段特点的资源整合，如何依据自身港口特点进行适合可行的资源整合是大多数港口亟待解决的问题。影响港口资源整合

的因素主要有以下几个方面:

2.5.1 港口资源禀赋

海岸线资源是港口整合的重要影响因素之一。在船舶规模日益扩大的同时,适合深水停泊的稀缺海岸线的战略资源价值也在不断增加,港口整合中对这些海岸线的合理利用及其需求的重视程度也随之提高。政府力量一般决定主要港口的特征(例如,规模、位置),并保持对港口市场组织部门的控制水平(Rodrigue,2003)。在此背景下,政府在优化邻近海岸的岸线资源方面发挥了关键作用,特别是那些位于同一天然海湾或港口内的岸线资源。因此,与海岸线相关的物理属性是港口整合是否发生的主要决定因素,政府主导的港口整合往往是这些地理区域内最常见的整合模式。在中国,沿海省份往往根据特定海岸线的物理属性和地理位置,对辖区内港口集聚区进行统一规划、建设和管理,作为港口整合的预兆,制定这一规定是为了通过海岸线的互补性鼓励和加强健康的竞争。例如,宁波、舟山两港沿海资源共享、优势互补,舟山港拥有 183 千米的作业岸线,其中大部分岸线水深 10 米,但目前只有 10 千米的岸线完全开发并投入使用;相反地,邻近的宁波港则缺乏深水岸线,通过这两个港口的整合,舟山金塘岛有效地作为宁波港的深水子公司运营,弥补了其深水运营的不足,而宁波港则有效地解决了舟山港原有的资金短缺问题。

2.5.2 港口功能定位

有效港口整合的一个重要和内在的关键影响因素是促进港口之间的合理的功能划分和定位,并通过避免无序竞争实现互补优势,港口需要通过港口整合来优化其功能。例如我国的辽东半岛内,大连、营口、锦州、丹东等港口货物结构相似,主要由石油、粮食、木材、金属矿、钢铁、煤炭、非金属矿石、化肥等组成。苏州港内也有三个港口,它们的功能也各不相同,分别是太仓港(中国最大的润滑油基地)、常熟港(钢铁和纸制品基地)和张家港(木材基地)。而日本东京湾内港口整合的根本目的是实现相关港口之间的错位发展,东京港拥有先进的集装箱码头,承接工业产品和生活必需品的运输,而横滨和川崎港主要进口原油、铁矿石、粮食等工业原料,然后出口这些原料的制成品,千叶港则主要进口石油、天然气、煤炭和铁矿石，出口汽车、钢铁和船舶（郭利泉和杨忠振，2018）。

2.5.3 港口行政体制

一般地，我国的港口行业通过严格的港口政策法规直接干预港口的整合。因此，政府在港口资源整合中作用的力度、范围对于港口的资源整合影响很大。由于进行整合的港口一般分属不同的管辖机构，因此必须能够打破行政区划的限制，这就需要政府能够发挥强有力的作用，能够采取各种手段使得港口企业、各地方政府愿意配合。同时，政府能够作为引导者、协调者和监管者，激励各港口企业主动参与整合，协调各方利益，对企业等各方参与者进行监管，这是对政府能力的一项考验。另外，很多时候政府的政策支持也很重要的，政策体制包括港口群发展规划的制定、港口群管理机构的选址、港口群管理机构的职能范围，谁行使行政权，谁可以掌握经营权、政策的受众、港口群整合的路径选择和进程安排等问题。例如：2003 年，交通部提出沿海港口要加快资源整合，超越行政区划，充分发挥港口群优势，这一政策促进了许多跨行政边界甚至省级单位的港口一体化。2004 年国务院发布的《长三角、珠三角、环渤海地区港口建设规划》（2004—2010 年）提出，通过政府调控和资本联动的方式启动港口一体化，该计划通过市场驱动的整合模式促进了快速发展。随后，国务院于 2006 年颁布了《全国沿海港口布局规划》，指导港口一体化战略，这一计划引发了随后的港口一体化热潮，一体化模式日益多样化，以市场驱动的一体化模式和战略联盟的发展为特征，中国各省份港口一体化的空间覆盖范围日益扩大（朱尼尔等，2003）。

2.5.4 其他因素

1. 整合共识

港口群要进行整合，首先各港口之间需要达成一定的共识，有合作的愿望。即使认识上存在差异，但是各个主体都对港口资源整合的共识是基本的，分歧是局部的，都能认识到港口资源整合有利于发挥各港的综合优势，避免恶性竞争，有利于提高港口经济效益，是大势所趋，各方应共同来促进这件事（李兰冰等，2011）。在共同的整合意识基础上，才能谈及怎么整合的问题，各港口间达成什么样的共识，各种机制体制、行政命令所能起到的作用将相应产生很大的区别。港口企业间应自愿参与合作，在各自战略基础上达成共识，存在分歧时努力沟通，平等相待，自觉遵守合作协议。

2. 市场环境

当今世界港口竞争日趋激烈，港口之间为了各自利益而恶性竞争、无序竞争的行为屡见不鲜。复杂的竞争环境促进了港口群资源的整合，竞争一致对外，不仅避免了内部的不良竞争，缓解了港口群内部港口间的竞争关系，还提升了港口群的整体竞争力。良好的市场环境也是有效进行港口资源整合的重要保障，特别是对由企业主导的资源整合来说，在市场环境较好的情况下其发挥的效用也会更好。

3. 区域经济

区域经济的快速发展和区域经济一体化的不断深入，促使区域内各方对本区域提出了市场更加开放、服务更加便捷的要求，加强了区域内各方合作的愿望，成为推动港口群资源整合的动力之源。尤其外贸经济发展迅速，越来越多的临港产业由内陆向沿海加速集聚，特别是向港口周边的集聚，如石化工业、机械工业、冶金工业和造船工业等，不仅为发展港口经济提供了有利条件，更对区域港口群提出了更高的要求，要求在实现产业对接的基础上发展壮大产业。

4. 技术进步

伴随国内制造业发展和科技进步，营运船舶大型化、码头机械自动化、物流多式联运水平不断提高，围绕大数据智能决策、区块链信用管理等新技术迅猛发展，这些技术的进步都对港口的整合以及整合后行业的经营管理方式产生了深远影响（罗德里格，2003）。

2.6 港口群资源整合效果评价

港口群资源整合完成之后，一部分重要的工作就是对整合效果进行合理的评价，以此来判断港口群资源整合的成果。截至目前，国内外诸多学者对港口整合的效果进行评价，比如赵楠和真虹认为，港口群资源整合效果的体现是多方面的，包括资源配置效率的提升，整合后系统的稳定性，以及整合过程的推进情况（邢相锋等，2020）。张新洁（2010）建立了港口发展的系统动力学模型，模拟了港口资源整合后的效果。李婧（2008）通过建立港口 C－D 生产函数模型，并根据丹尼森对科技进步率的分解，对山东沿海港口群资源配置状况进行了评价，由此找出了山东沿海港口群资源整合和配置中存在的问题。李兰冰等（2011）通过考虑各地港口的竞争地位和竞争态势，用 DEA－Malmquist 全要素生产率指数为理论工具，对我国主要沿海港口的动态效率予以评价。此外，在早期港口资源配置整合的相关研究中，学者大多采用 DEA 模型进行有效性评价，如刘大镕（1994）用基于因子分析法的 DEA 模型对我国交通部所属的若干港口集装箱码头进行了效率评价。约瑟（2001）运用 DEACCR 模型和 DEA 可加性模型分析了 1996 年四个澳大利亚港口和其他 12 个国际集装箱港口的效率。庞瑞芝（2006）利用 Malmquist 生产率指数对 1999～2002 年沿海港口的效率变动进行了分析与评价。

综上所述，港口群资源整合的最终目的是促进港口群的发展，所以目前对于港口资源整合效果的评价多立足于腹地经济，以市场需求为导向，合理地利用自然资源，从而提升港口能力。因此，基于上述资源整合效果评价的相关研究，一般从以下三个方面来综合考量整合效果：

1. 是否提升港口群资源供给

港口的自然资源是不可再生的，港口供给能力的增加，必然需要占用更多的岸线资源，而岸线资源的消耗会带给港口的发展带来压力，甚至会影响港口供给能力的发展，因此整合和协调岸线资源，能提升港口功能。

2. 是否能促进腹地经济发展与港口群运输需求增长

港口群的运输需求源于社会经济的发展要求，而运输需求反过来也会影响社会经济的发展。一方面，随着腹地经济的发展，港口的需求呈现增长的态势，港口的实际吞吐量增加，港口效益得到提高，从而又带动了腹地经济的发展；另一方面，腹地经济的发展，带来了运输需求不断增长，但同时也可能加剧港口运输能力短缺的情况，而港口这种能力的短缺会造成大量货物积压，不利于腹地经济的发展。

3. 是否能促进腹地经济发展与港口供给能力提升

港口腹地经济的不断发展，会带来对交通投资的增加，那么相应的港口投资也会增加，对港口投资的增加将带来港口供给能力的增加，能够减少港口吞吐能力短缺，从而带动腹地经济的发展。同时由于港口的供给能力增加，相应的港口吞吐量增加，港口收益增加，港口相应的投资增加，而投资增加又促进了港口供给的增加。

2.7　国内外研究现状总评

区域港口群的优化整合与环境协调不仅是国家的重要发展战略，同时也成为学术界的研究热点问题。首先，本书对港口群整合的模式、机制与策略等研究现状进行分析；其次，对港口群整合后的资源的优化配置研究进行综述；再次，对港口群整合后的集疏运一体化网络优化与多式联运协同研究现状进行分析；另外，对绿色低碳型港口中的港口节能减排评价、港口碳排放的核算，以及港口低碳优化运营研究进行梳理；最后，分析港口群整合后的生态承载研究现状，并对现有研究文献加以梳理总结。具体如下：

2.7.1　港口整合决策研究综述

港口整合决策已成为港口管理领域的新兴热点问题，现有文献主要从港口整合模式、整合机制，以及整合策略三方面进行研究，具体综述如下：

第一，港口整合模式研究。现有研究多以实际案例的描述性分析为主，通过研究港口整合发展模式的驱动要素与限制因素，对港口整合模式的合理性进行定性分析，结论的适用推广性相对较弱。而考虑港口整合涉及政府、市场、自然环境、地理位置、腹地经济等多个系统部门，并结合港口整合过程中的外界客观因素与内在影响因素进行综合分析的研究相对较少（科特卡等，2019）。

第二，港口整合机制研究。主要包括两个方面：一是港口整合机制评价研究。主要对港口整合机制的可行性进行定性评价（川崎等，2020；郭丽彬等，2017），但并未深究哪些港口群适合整合，且主要关注港口整合后短期内的管理与决策机制问题（范等，2019；李娜，2017）。二是港口整合机制研究。该类研究多以系统动力学模型及仿真建模为主导，对港口整合后的效果和发展趋势进行预测（于敏和许茂增，2019），进而对港口整合后的发展因素，包括政府对港口的投资、新增投资对港口吞吐能力的贡献，以及腹地经济对港口吞吐能力的影响等进行效果评价。此外，也有学者运用产业集聚、政府管制与市场失灵等经济理论方法研究港口整合机制问题（文图里尼等，2017；汤晟，2017）。

第三，港口整合策略研究。根据决策者的归属，可以将该研究分为两类：第一，港口内部利益相关者的整合与合作策略；第二，多港口间的整合与合作策略。其中，前者主要研究的是港口内不同利益者间的整合与合作对港口运营效率及港口企业收益的影响分析（郭等，2018；童孟达，2019；葛拥军等，2017）。而多港口间的整合策略，主要通过博弈论方法研究多港口的整合策略（董等，2018；谭佩妍等，2018）。

2.7.2　港口资源优化配置研究综述

港口资源的优化配置研究主要包括港口码头资源优化配置与航运网络资源优化配置两个方面：

第一，港口码头资源优化配置研究。该类研究主要聚焦于港口码头泊位、装卸设备及运输设备等资源的优化配置。多针对港口系统中的一种或两种资源进行优化分析，特别是对泊位岸桥与堆场资源的配置与调度研究较多，而将港口作为一个整体系统进行分析的研究相对较少。此外，现有文献对于港口集卡的研究多为集卡调度、集卡路径选择，以及港外集卡的到达管理，主要通过建立以集卡等待时间和运输时间最短为目标的优化模型进行分析，而对港区车辆配置的研究相对较少（赫甲和黑塞尔巴赫，2019；陶格鲁和伊尔迪兹，2019；文图里尼，2017）。

第二，航运网络资源优化配置研究。该类研究主要聚焦于航运网络中航线与船舶资源优化配置等两方面内容：一是不定期船舶运输航运网络资源配置问题，主要针对大型不考虑中转作业的散货船舶服务；二是班轮运输航运网络资源配置问题，主要针对具有中转作业的班轮运输航运网络服务。由于不定期船舶运输航运网络资源配置问题存在大量的不确定性，现有研究主要采用仿真及启发式算法来解决散货船舶的航运网络船舶及航线优化配置问题。此外，对网络优化问题研究发现考虑船舶的调度问题会产生明显的经济效益。因此，现有文献主要考虑船舶调度因素，研究班轮运输航运网络的资源优化配置（柯扎，2019；张燕等，2019；蒋晓丹等，2018）。

2.7.3 港口群集疏运体系优化研究综述

港口群集疏运一体化的运营与优化研究主要包括港口多式联运协同研究与港口集疏运系统优化研究两个方面，具体综述如下：

第一，港口多式联运协同研究。目前，港口多式联运的协同研究主要包括路径选择与优化、运输方案制订与运营优化三个方面。首先，现有多式联运的路径选择研究主要聚焦于不同条件下的路径优化选择问题，如：低碳政策和道路拥堵影响下的运输路径选择、危险物料的战略性运输和路径选择、公路超限运输下的路径优化，以及突发事件下陆海协同的选址路径优化等研究，该类研究的方法较为成熟，现有成果相对较多。其次，现有多式联运的运输方案制订研究主要是对多种运输环境及路径方案进行优化决策。此外，现有多式联运的运营优化研究的角度多样，主要包括运输合作同步式货运计划、公交枢纽位置及设施设计和海铁联运服务定价问题等，但针对智慧运营环境下的多式联运协同优化研究成果仍相对较少，亟待研究（原和于，2018；李鹏飞和马航，2017）。

第二，港口集疏运系统优化研究。现有港口集疏运系统的优化研究可视为对系统内不同资源要素的整合优化，主要包括两种类型：一是港口集疏运系统的船舶优化调度研究。该类研究本质上是对运输设施和设备资源的整合，现有成果主要从提高码头泊位利用率、提升航道服务水平、考虑时间价，以及提升企业运营效率等方面，研究船舶调度优化问题。二是港口集疏运网络线路优化研究，如：在需求季节波动背景下，通过考虑货主选择惯性，对航线网络结构、航线配船、航线网络进行优化调整与舱位配置，以及基于轴—辐式网络和多港挂靠相结合的混合模式，研究航运资产整合下海运网络的航线、路径和船舶的集成优化问题等（邢玉伟等2018；计明军等，2019）。

综上所述，现有的研究仍然存在以下不足：

首先，现有研究多以港口整合模式、港口整合机制和港口整合策略为主，未对港口整合的科学内涵进行界定。因此，针对港口群整合决策容易陷入对细枝末节的研究，且主要以实际案例的描述性分析为主，研究结论的推广性相对较弱，没有从根本上解决港口整合的科学内涵和战略定位问题。其次，现有研究主要聚焦于港口码头作业资源配置、航运网络资源优化配置研究等，而针对港口群资源优化整合机制的研究相对较少。最后，基于港口资源优化配置的现有研究未对港口资源优化配置的范畴进行准确界定。

第Ⅱ部分

港口群资源整合决策模型

第3章 港口吞吐量预测方法

随着经济全球化和贸易一体化进程的加快，港口作为全球贸易得以实现的重要设施、全球综合运输网络的重要节点和国际物流链上的重要一环，其作用和地位日益凸显。

港口物流作为全球资源配置的主要方式，不仅促进了全球经济和贸易的快速发展，而且极大地带动了港口所在地区和国家的经济增长和贸易扩张。科学预测和分析港口运量，可为港口、港口所在城市的发展和港口所在国家的经济增长，提供决策所必需的未来信息，从而正确指导港口规划建设、确定港口投资规模和促进地区经济发展，港口货运量及其发展趋势已经发展成为研究人员和企业关注的热点。

然而，港口作为全球资源配置中心的复杂开放系统，其物流货运量具有高度的波动性、复杂性和不确定性，使运量数据同时具有线性特征和非线性特征。本书在对港口物流货运量研究分析和预测中，引入 TEI@I 分析和解决问题的思想，定量地研究了影响港口物流货运的线性部分和非线性部分；港口物流货运作为一个复杂系统，同时考虑了同腹地港口间的竞争动态关系，港口物流货运与腹地需求和价格的动态影响关系；集成分析了其他突发事件干扰因素，比如天气、自然灾害、政治因素和全球经济波动等，提高了对港口物流货运系统的分析和预测能力（鲁渤和汪寿阳，2018）。

3.1 基于 TEI@I 方法论的综合集成建模思路

TEI@I 方法论是一种结合传统的计量经济方法与新兴的人工智能技术的方法论。TEI@I 方法论是由发展中国家科学院院士汪寿阳教授等于 2004 年提出的一种针对具有突现性、不稳定性、非线性和不确定性等特征的现实复杂系统进行分析的全新研究方法论。它是基于"文本挖掘（text mining）＋计量经济（econometrics）＋智能技术（intelligence）等集成（@ integration）"而形成的，是一种非叠加性的集成，强调集成的中心作用。该方法论是对三种方法的综合：计量方法（线性分析）、人工神经网络（ANN，非线性分析）技术、Web 文本挖掘（异常事件影响分析），而如何综合这三种方法决定了预测的精度（许利枝和汪寿阳，2014；田歆等，2009；许利枝和汪寿阳，2015）。

"TEI@I 方法论基于一种先分解后集成的思想，首先将复杂系统分解，利用经济计量模型来分析复杂系统呈现的主要趋势，利用人工智能技术来分析复杂系统的非线性与不确定性，然后利用文本挖掘技术来分析复杂系统的突现性和不稳定性，最后基于集成的思想，把以上分解的复杂系统的各个部分集成起来，形成对复杂系统总体的分析与建模，从而达到分析复杂系统的目的。"

由于集装箱吞吐量具有相当大的波动性、复杂性和不规则性，集装箱运输需求不仅具有线性和非线性特征，而且还经常受一些突发事件的影响，比如海盗猖獗、局部战争等。目前常规的线性预测模型或者非线性预测模型及两者的混合都不能充分反映突发事件的影响。除了这些模型之外，有必要引入专家判断来分析这种不规则的影响。如图 3 - 1 所示，在集装箱吞吐量预测中引入 TEI@I 方法论，基本思路如下：先利用计量经济模型对集装箱吞吐量数据的线性趋势进行建模预测；再利用人工智能技术如神经网络训练等方法拟合集装箱吞吐量数据的非线性趋势；然后利用专家支持系统来量化重要事件对于集装箱运输需求的影响；最后将三者综合，形成一个集成的预测结果。

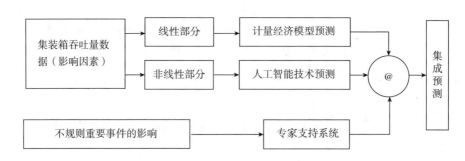

图 3 - 1　基于 TEI@I 的集装箱吞吐量集成预测模型

资料来源：由本书作者整理提供。

具体而言，按照如下步骤来进行预测：假设中国香港特区集装箱吞吐量数据为 $\{Y\}_t, t = 1, 2, \cdots$。首先，用经济计量模型去拟合集装箱吞吐量数据序列线性部分。分别采用季节 ARIMA 模型和 VAR 模型预测集装箱运输需求发展趋势和外部港口的竞争影响，得到两个预测结果，分别记为 $\{\hat{S}_t\}$ 和 $\{\hat{V}_t\}$，简单集成求均值，产生一个新的预测，记为 $\{\hat{E}_t\}$。因为集装箱吞吐量的影响因素比较复杂，一个线性模型不足以预测，通过对比 Y_t 与 E_t，可以得到集装箱吞吐量的误差序列部分，记为 $\{e_t\}$，即

$$e_t = Y_t - \hat{E}_t \qquad (3-1)$$

其次，利用人工智能技术比如神经网络训练来拟合商品销售的非线性的误差序列部分，可以产生一个预测，记为 $\{\hat{I}_t\}$，实际上，误差序列部分是在做一个非线性映射，即：

$$e_t = \int (e_{t-1}, e_{t-2}, \cdots, e_{t-p}) \qquad (3-2)$$

再次，对于一些不规则且可提前预知或者影响时间较长的重要事件，通过事件分析和专家判断来总结，然后用专家系统来量化这些事件的影响，这些影响记为 $\{\hat{T}_t\}$。可以看成是专家的判断性调整。

最后，将前面三者 $\{\hat{T}_t, \hat{E}_t, \hat{I}_t\}$ 组合，构成一个综合集成预测模型，即

$$\hat{Y}_t = \hat{T}_t + \hat{E}_t + \hat{I}_t \qquad (3-3)$$

本书预测模型构建中主要采用了季节 ARIMA、VAR 等经济计量模型以及径向基神经网络技术，下面对这几种模型和技术进行简单介绍。

3.2　本研究运用的主要研究模型

3.2.1　季节 ARMA 模型

季节 ARMA 模型是在 ARMA 模型上的一种变换，常用于一些随时间呈现周期性变化，而且每个周期特定时刻的数据基本具有某种趋势或处于同一水平的随机序列。阶数 $(p, d, q) \times (P, D, Q)$ 为的季节 ARMA 模型的数学表达式如下：

$$\varphi_p(B)\,\phi_P(B^s)\,\nabla^d \nabla_s^D x_t = \theta_q(B)\,\Theta_Q(B^s)\,a_t \qquad (3-4)$$

式（3-4）中，$\nabla_s = 1 - B^s$ 为季节性差分算子；$\nabla_s^D x_t = (1 - B^s)^D x_t =$

$\nabla_s^{D-1} x_t - \nabla_s^{D-1} x_{t-s}$; $\varphi_p(B) = 1 - \varphi_1 B - \varphi_2 B^2 - \cdots - \varphi_p B^p$; $\theta_q(B) = 1 - \theta_1 B - \theta_2 B^2 - \cdots - \theta_q B^q$; $\Phi_p(B^s) = 1 - \Phi_1 B^s - \Phi_2 B^2 - \cdots - \Phi_p B^{ps}$; $\Theta_Q(B^s) = 1 - \Theta_1 B^s - \Theta_2 B^{2s} - \cdots - \Theta_p B^{ps}$ 。

从式（3-4）可知，季节 ARMA 模型通过季节差分消除原始随机序列的周期性变化，并化成一个平稳时间序列，然后进行建模。

3.2.2　VAR 模型

VAR（向量自回归）模型最早由 Sims 引入经济学中，推动了经济系统动态性分析的广泛引用。$VAR_{(p)}$ 模型的数学表达式如下：

$$y_t = A_1 y_{t-1} + \cdots + A_p y_{t-p} + B_{x_t} + \varepsilon_t, \quad t = 1, 2, \cdots, T \qquad (3-5)$$

式（3-5）中，y_t 是 k 维内生变量向量，x_t 是 d 维外生变量向量，p 是滞后阶数，T 是样本个数。k×k 维矩阵，A_1，$\cdots$，A_p 和 k×d 维矩阵 B 是要被估计的系数矩阵，ε_t 是 k 维扰动向量。

对于 $VAR_{(p)}$ 而言，一个重要方面是滞后期 p 的确立。选择 p 阶数常依据 LR 统计量、SC 信息准则、AIC 信息准则以及 HQ 信息准则等。

3.2.3　径向基神经网络

鲍威尔（Powell）提出多变量插值的径向基函数（RBF）方法，随后布鲁姆黑德和洛维（Broomhead and Lowe）将 RBF 应用于神经网络设计，构成了 RBF 神经网络。RBF 网络是一种包含输入层、隐含层和输出层三层结构的前馈网络，学习过程主要分为以下两个阶段：

第一阶段，根据所有的输入样本决定了隐含层 j 各节点的径向基函数的中心值 c_j 和径向基函数的宽度 σ_j。

第二阶段，在决定了隐含层 j 的参数后，根据样本，利用最小二乘的原则求出输出层的权值 w_i。有时在完成第二阶段的学习后，再根据样本信号，同时校正隐含层和输出层的参数以进一步提高网络的精度。由此可见，根据给定的训练样本，快速有效地确定径向基函数的中心 c_j 和输出层权值 w_i 是训练 RBF 神经网络的关键任务。事实上，一旦确定了径向基函数的中心 c_j，则对于所有的训练样本而言 Φ_j 和预期输出 y_k 是已知的，输出权值 w_j 可以由最小二乘法求出。

3.2.4　Web 文本挖掘

除上述模型拟合线性和非线性趋势外，集装箱运输需求同时受到一些不规则/突发事件影响。当某个不规则事件发生时，通过专家系统模块可以确定事件对中国香港特区集装箱吞吐量影响，得到一个预测值 T_t，进而对预测值做出相应的调整。当然，还需要及时根据实际情况进行更新和调整，以保证其鲁棒性和活力（见表 3 – 1）。

表 3 – 1　　　　　　　　　异常事件对物流需求规模的影响

分类及编号		重要事件	影响方向
军事和政治因素	1	战争	下降
	2	恐怖袭击	下降
	3	港口工人罢工	下降
	4	国际贸易壁垒	下降
区域竞争因素	5	周边港口崛起	下降
	6	周边港口营运效率变化	不确定
经济因素	7	经济危机	下降
		经济利好	上升
政策因素	8	集装箱运输车跨境牌照费大幅下降	上升
	9	码头处理费用（THC）下调	上升
自然灾害因素	10	地震	下降
	11	台风	下降
	12	海啸	下降
行业因素	13	集装箱操作技术大幅革新	上升
	14	集装箱空置率大幅下降	上升
	15	集装箱成本大幅下降	上升
	16	驳船成本大幅下降	下降

续表

分类及编号		重要事件	影响方向
其他因素	17	外汇汇率	不确定
	18	原油价格大幅上涨	下降
	19	海盗	下降
	20	码头商与船舶商达成最低使用额协议	上升
	21	中国香港特区码头商大幅增加对珠三角港口投资	不确定

资料来源：由本书作者整理提供。

3.2.5 灰色预测模型

灰色系统理论在20世纪80年代由邓聚龙教授率先发表提出，在预测领域走出了极其重要的一步。其研究意义主要是在信息数量难以达到预测研究结果、研究数据难以收集的情况下，对部分信息已知、部分信息未知的部分明确系统，通过对已知、得到的正确信息，从中提取出有价值的正确信息，分析其演化规律、有效监控系统行为，灰色系统模型不存在严苛的时间数据要求限制，在大部分研究领域中已经获得认可普遍应用。

灰色预测模型最大的优点是对离散时间序列进行研究的基础上，可以通过少量的、不完全的信息，充分开发并利用有限数据中的信息寻求不同系统变量间的变化规律，并最终得到高精度的预测结果。灰色系统有多种模型，最常用的是 GM（1，1）模型。主要特点是信息不完全性、小样本性、计算简单、精度高。模型预测原理是采用微分方程对生成数据进行建模，主要是将原始数据序列中的数据进行累加得到新的数据，得到累加生成方程式；根据新的数据序列建立一阶微分方程，构造数据矩阵和数据向量求得预测公式；接着运用累减方法对序列逆向计算，恢复原始数据序列，最终求解预测结果并进行残差检验。近年来，众多学者通过不断实践检验发现，该模型更适合于原始数据序列呈指数变化且变化速度不快的情景，因此 GM（1，1）模型被广泛地应用于港口吞吐量的预测研究中，通过建立基于 GM（1，1）模型的灰色预测模型后，对其进行残差检验，预测精度可达到最优的精度等级。港口吞吐量灰色预测模型的构建过程如下所示：

记第 k 年港口集装箱吞吐量为 $x^{(0)}(k)$，以历年港口集装箱吞吐量为原始序列 $X^{(0)} = \{x^{(0)}(1), x^{(0)}(2), \ldots, x^{(0)}(n)\}$；称 $X^{(1)} = \{x^{(1)}(1), x^{(1)}(2), \cdots, x^{(1)}(n)\}$ 为 $X^{(0)}$ 的一阶累加序列。其中 $x^{(1)}(k) = \sum_{i=1}^{k} x^{(0)}(i)$，$k = 1, 2, \cdots, n$，称 $Z^{(1)} = \{z^{(1)}(2), z^{(1)}(3), \cdots, z^{(1)}(n)\}$ 为 $X^{(1)}$ 的紧邻均值序列，$z^{(1)}(k) = \frac{1}{2}(x^{(1)}(k) + x^{(1)}(k-1))$，$k = 2, 3, \cdots, n$。

构造港口集装箱吞吐量一阶线性方程：

$$\frac{d\,x^{(1)}(t)}{dt} + a\,x^{(1)}(t) = u \qquad (3-6)$$

令 $\hat{a} = (a, u)^T$，并构造矩阵 B 和 Y，通过最小二乘法求得参数 a 和 u：

$$B = \begin{pmatrix} -z^{(1)}(2) & 1 \\ -z^{(1)}(3) & 1 \\ \vdots & \vdots \\ -z^{(1)}(n) & 1 \end{pmatrix}, Y = \begin{pmatrix} x^{(0)}(2) \\ x^{(0)}(3) \\ \vdots \\ x^{(0)}(n) \end{pmatrix} \qquad (3-7)$$

$$\hat{a} = (a, u)^T = (B^T B)^{-1} B^T Y \qquad (3-8)$$

由式（3-6）和式（3-8）即可求出港口集装箱吞吐量 GM（1，1）预测模型的响应式：

$$\hat{x}^{(1)}(k+1) = \left(x^{(0)}(1) - \frac{u}{a}\right) e^{-at} + \frac{u}{a}, k = 1, 2, \cdots, n \qquad (3-9)$$

对式（3-9）进行累减计算，即可得到港口集装箱吞吐量的 GM（1，1）预测模型：

$$\hat{x}^{(0)}(k+1) = (1 - e^a)\left(x^{(0)}(1) - \frac{u}{a}\right) e^{-ak}, k = 1, 2, \cdots, n \qquad (3-10)$$

3.3　算例分析

3.3.1　我国长三角港口群吞吐量预测结果

长三角港口群位于我国东部沿海长江三角洲，江流入海，具有得天独厚的区位优势，是我国吞吐量最大的港口群。为贯彻落实长江经济带发展战略，加快长江港口集疏运体系建设，提升货物中转能力和效率，国家发改委、交通运输部、中国铁路总公司印发《"十三五"长江经济带港口多式联运建设实施方案》。方案提出，长江经济带航运中心、航运物流中心具备完善的多式联运功能，重要港口、一般港口多式联运功能显著增强。具体任务包括优先支持枢纽港口、积极支持重点港口、适度支持一般港口。

港口作为长江经济带发展的重要物流节点及贸易载体，在促进国家战略落实方面发挥着极其重要的作用。为此，国家通过"一带一路""十三五"等一系列政策措施，紧锣密鼓地推进长江经济带发展，为长江沿线港口创造了重大发展机遇。加快上海港、宁波舟山港等长江经济带沿线港口多式联运发展，对完善沿江地区综合交通运输体系，推进交通供给侧结构性改革，提升长江黄金水道与长三角港口群功能，推动长江经济带发展具有重要意义。同时，上海港、宁波舟山港等将迎来重大发展机遇，下文将对长三角港口群的两个核心港——上海港和宁波舟山港发展情况以及吞吐量预测结果进行分析（汪寿阳，2021；刘奎，2021）。

1. 上海港

上海港位于我国东海岸的中部、"黄金水道"长江与沿海运输通道构成的"T"形水运网络的交汇点，前通中国南、北沿海和世界各大洋，后贯长江流域及江、浙、皖内河、太湖流域。公路、铁路网纵横交错，集疏运渠道畅通，地理位置重要，自然条件优越，腹地经济发达。

上海港作为全球第一大港，同时地处一带一路黄金节点，肩负"走出去"的重大战略使命，在"一带一路"倡议进一步深化之际，上海港的海外扩张及国内业务有望进一步提速。结合国内产能亟待消化的现实，叠加"一带一路"倡议沿线大多数国家具备较强的基础设施建设需求，基建输出可能成为"一带一路"建设的重点工作。

2020年新冠肺炎疫情的暴发导致外贸受阻，上海港顺应市场变化趋势，聚焦深挖内贸潜力，推出多项有效举措促进箱量增长，使得累加效应集聚放大。举措主要包括：一是对长三角货源地箱货情况进行深入调研分析，与船公司紧密协作，落实一系列优化服务措施和增容方案，实现"港、航、货"三方联手。二是始终坚持"防疫情、保通畅"整体工作思路，推出"七项"集装箱增长专项措施，通过落实国际中转装卸费优惠、国际中转箱堆存减免期延长、海铁联运清关箱优惠等项目，努力实现促增量、稳存量，面对 10 月航运市场"一箱难求"的情况，上海港精准推出空箱商务计划，通过各种方式鼓励船公司加大在上海港的空箱调运力度。从 2020 年 5 月起，船公司从境外港口整船调运空箱约 22 万 TEU，为国内企业货物出口打通海运服务链。三是成立了洋山、外港、内贸三大集装箱片区，以片区为工作单元推动集装箱业务发展，努力实现统筹、集聚效应，有序推进"南联北融"协同发展。

因此 2020 年上海港连续十一年稳居全球第一，全年集装箱吞吐量总体呈现前低后高的趋势，下半年屡创新高格局，全年逆势达到 4 350 万 TEU 历史新高。其中，国际中转完成超 530 万 TEU，同比增长超 14%，水水中转比达到51.6%，同比增长约 3%。全年箱量增长的背后，内贸箱做出了积极贡献。

上海港 2020 年内贸吞吐量总和突破 600 万 TEU，同比增长约 15%，也刷新了上海港内贸集装箱吞吐量历史纪录。

2021 年 1~4 月，上海港吞吐量呈现"淡季不淡"的势头，累计完成集装箱吞吐量 1 507 万 TEU，较 2020 年同期同比上升 17.37%。

综合考虑各方面因素建立综合集成预测模型，上海港 2021 年将集装箱吞吐量的预测结果为 4 560 万~4 600 万 TEU，同比增长 4.8%~5.7%，排名第一。2021 年上海港实际吞吐量为 4 703 万 TEU，同比增长 8.1%，预测结果略小于实际吞吐量，反映了新冠肺炎疫情对吞吐量的影响比预计的小，尽管在疫情的大背景下，上海港吞吐量依然保持了良好的上升趋势。

基于 2006~2019 年上海港集装箱吞吐量的数据，利用优化的灰色预测模型GM（1，1），首先对模型的预测结果进行了检验与模型优化，即以预测的2006~2019年的集装箱吞吐量和真实值的差距为检验标准，通过不断迭代减小误差，最后基于这 14 年的数据和优化的模型对 2020~2022 年的集装箱吞吐量进行了预测。预计 2022 年，上海港会受到新冠肺炎疫情的影响，集装箱吞吐量将有所下降，约为 4 577 万 TEU。

2021~2025 年上海港货物总吞吐量的预测值如表 3-2 所示，上海港的货物吞吐量将保持较为稳定的增长，其中在 2021~2023 年增长趋势较为平稳，而在最后两年会加快增长。至 2025 年上海港的吞吐量将达到 77 228 万吨，超过了"十三五"期间的最高值。这是因为上海经济的高质量发展、消费水平的稳步提升、城市规划和就业水平的稳步提高，给上海港的发展带来了活力，产生了大量的港口物流需求。这就要求上海港在届时需要有相适应的场地规模和作业能力，更需要完善的物流网络体系和更高水平的物流服务质量，以适应现代化港口物流的发展需求。

表 3 – 2   上海港 2021～2025 年货物吞吐量预测值

年份	2021	2022	2023	2024	2025
港口吞吐量（万吨）	72 317	73 251	73 954	75 369	77 228

资料来源：由本书作者整理提供。

2. 宁波舟山港

宁波舟山港，以宁波港为主、舟山港为辅，2013 年全年货物吞吐量首次超越上海港，已连续多年成为全国乃至世界货物吞吐量第一大港口。2019 年，成为目前全球唯一年货物吞吐量超 11 亿吨的超级大港。2020 全年集装箱吞吐量 2 872 万 TEU，依旧排名全国第二，全球前三。

2021 年 1～4 月，宁波舟山港累计完成集装箱吞吐量 1 040 万 TEU，较 2020 年同比上升 25.45%，宁波舟山港集装箱吞吐量及同比增长率如图 6 – 2 所示。

2021 年以来，面对新冠肺炎疫情的复杂形势，宁波港航管理部门认真贯彻落实上级有关疫情防控和复工复产精神要求，积极落实多项举措，助力宁波港航行业加速复工复产。为更好地在疫情期间服务企业复工达产和经济恢复，宁波港航管理部门积极开展经营许可"靠前服务"，提前排摸掌握水运企业开业动向，向企业宣传贯彻有关政策，指导企业提前准备相关申请材料，便利企业申请许可手续。同时宁波舟山港成立了防境外疫情输入引航专班，专门服务境外疫情风险地区重点船舶，已成功引领来自境外疫情风险地区船舶 12 533 艘次。除此之外，宁波舟山港还主动出台一系列优惠措施，2020 年预计累计降费约 2.1 亿元。

综合考虑各方面因素建立综合集成预测模型，2021 年宁波舟山港集装箱吞吐量预测结果为 3 110 万～3 160 万 TEU，同比增长 8.2%～10.0%，排名全国第三；2021 年宁波—舟山港实际吞吐量为 3 108 万 TEU，同比增长 8.2%，超过深圳港成为全国集装箱吞吐量第二大港口，全球货物吞吐量排名第一。

基于2007～2018年宁波舟山港港口货物吞吐量，本书利用灰色预测 GM（1，1）模型预测了未来五年宁波舟山港货物吞吐量，预计2022年和2023年宁波舟山港的总货物吞吐量能分别达到13.5亿吨和14.2亿吨。

3. 连云港港

基于2010～2019年共10年的实际港口货物吞吐量，本书利用 GM（1.1）灰度预测模型进行模型检验并预测，结果显示连云港的港口货物吞吐量在稳步增长，在未来，连云港2024年的港口货物吞吐量将会超过30 000万吨，相比2020年增长了4 592万吨，增长率为17.8%（见表3-3）。

表3-3　　　　　　　　连云港港 2021～2024 年货物吞吐量预测值

年份	2021	2022	2023	2024
港口吞吐量（万吨）	72 317	73 251	73 954	75 369

资料来源：由本书作者整理提供。

3.3.2　我国珠三角港口群吞吐量预测结果

珠三角港口群作为我国重要的港口群之一，地处太平洋东岸，远东—欧洲、远东—北美两大国际航线交汇于此，为中国的南大门。在此着重分析珠三角地区中国香港港、深圳港、广州港集装箱吞吐量预测结果。

1. 中国香港港

中国香港特区的位置优越，位处亚洲中心要冲及位于珠江三角洲的入口，是中国的南大门。中国香港港位于珠江口外侧，是世界著名的天然良港、远东的航运中心，其速发展及其在全球港口中始终保持领先地位是以港口自身的天然条件和建设管理为基础的。中国香港港共有15个港区，其中维多利亚港区是世界上三大天然深水港之一，不冻不淤，港内航道平均水深超过10米，大型远洋货轮可随时进入码头和装卸区。与此相匹配的，中国香港港还拥有现代化的港口设施和高效率的运营模式，以及先进的港口管理体系，其港口设备可同时容纳上百艘船舶靠泊和进行装卸作业，货柜船在港内的周转时间平均约为10个小时。中国香港港平均每日可处理达 67 000TEU，是全球最繁忙的港口之一。

中国香港港 2020 年港口货物吞吐量较 2019 年下跌 5.3%，为 24 930 万吨。其中，抵港港口货物及离港港口货物较 2019 年分别下跌 0.6% 及 14.1%，分别为 16 990 万吨及 7 940 万吨。在抵港港口货物中，2020 年全年的进口货物较 2019 年全年下跌 1.1%，为 10 520 万吨，而抵港转运货物则同比上升 0.3%，达 6 470 万吨；在离港港口货物中，出口及离港转运货物分别同比下跌 38% 及 2.2%，为 1 900 万吨及 6 040 万吨。同时，中国香港特区拥有世界级的国际机场、以高效率见称的货柜码头，以及多条陆路过境通道，通达世界各地及中国内地。完善周全的交通联运网络，让物流业界运载货物到世界各处时倍感灵活，而事实上越来越多公司选择在中国香港特区设立地区分销中心，以便利用中国香港特区完善的海陆空联运模式。中国香港特区在保安、透明度、效率、速度及对外联系方面表现出色，物流服务供应商可以根据个别店铺不同种类及型号的货物，进行加工，并迅速发货，适时为零售网点补充存货。

发达的海上运输网络及中转优势为中国香港港的发展提供了有力支持。中国香港港已与世界上 100 多个国家和地区的 500 多个港口有航运往来，形成了一个以中国香港特区为枢纽，航线直达五大洲、三大洋的海上运输网络。但是即使中国香港特区的优势如此明显，却无法阻挡深圳港和广州港对其形成的分流与竞争，其也曾经历连续 5 年集装箱吞吐量的下跌。时至今日，中国香港港开通了 21 条通达世界各地的主要航线，许多国家航线选择中国香港港为船舶中途挂靠港。而对于深圳港，欧洲方面是 25 条，其中盐田港为 20 条；北美航线为 29 条，盐田港为 26 条。所以可见，虽然所处地区有利好态势，但是中国香港港的预期增长还存在相当大的挑战。

综合考虑各方面因素建立综合集成预测模型，2021 年中国香港港集装箱吞吐量预测结果为 1 840 万 ~ 1 870 万 TEU，同比增长为 2.5% ~ 4.2%，位列全球第 9 名。2021 年中国香港港集装箱吞吐量实际为 1 778 万 TEU，略低于估计值，排名为全球第十。受新冠肺炎疫情影响，中国香港港国际航运业务增长率略低于估计值，与此同时，2020 年全球吞吐量排名第十的美国洛杉矶—长滩港 2021 年集装箱吞吐量同比增长 15.8%，超过中国香港港成为全球第九大集装箱港口。

中国香港港在 2008 ~ 2017 年，由吞吐量 2 449 万 TEU 下降为 2 077 万 TEU，10 年间，吞吐量持续下降。其中，在 2009 年中国香港港集装箱吞吐量下降程度最大，虽然在 2017 年吞吐量回升，中国香港港挤进全球前五名，但是 2018 年吞吐量下降 5.4% 的数据表明，问题尚未完全解决。

本书对 2008～2017 年中国香港港集装箱吞吐量进行了分析，并基于这 10 年的数据采用 GM（1，1）模型灰色预测模型对该港口的集装箱吞吐量进行了预测，预测时长为 5 年，预测结果显示，预计到 2022 年集装箱吞吐量数据会下降到 1 892 万 TEU，是唯一 5 年间以 6.36% 的速度下降的港口。但是根据《中国香港港口发展策略 2030 研究》预测，到 2030 年，中国香港港口集装箱吞吐量或会增加至 3 150 万 TEU，年增幅为 1.5%。原因主要是预计中国香港特区会转变为国际转运中心，成为未来主要的增长点。

2. 深圳港

深圳是我国南方主要交通枢纽，水陆集疏运系统建立较早，网络覆盖整个珠三角地区，京九线、广深线接京广线与全国铁路连通，机场距离西岗区仅 22 千米，海空联运极为便利。靠近货源地的区位优势以及相对低廉的劳动力价格优势，使深圳港崛起为华南地区重要的集装箱干线港。2019 年 11 月，粤港澳大湾区组合港项目启动，其中"蛇口—顺德组合港"率先落地，通过优化海关监管流程，实现喂给港和枢纽港间一次报关，两地海关对监管场所实行信息互认，实现深圳港外贸中转集装箱可在组合港办理交还箱和海关通关查验手续。在功能组合、船舶装卸、数据协同、港口合作的基础上，实现了"两港合一"。

深圳海事局发布了《关于调整铜鼓航道交通管制措施通告》，进一步优化铜鼓航道交通管制措施，放宽通航限制，将夜航船舶尺度从 5 万载重吨提升至 17.5 万载重吨，并且将双向通航船舶尺度提升至 2.75 万载重吨，航行计划报送提前量从 3 天缩减为 1 天，取消预报送，报送次数从 2 次缩减为 1 次，并将同向航行计划间隔时间缩减了 1/3，相向航行计划间隔时间缩减了 1/4，实现了铜鼓航道全天候通航，为深圳港西部港区的发展带来了更多契机。不仅港口集装箱吞吐量增长了，而且集装箱运输线路增加了 11 条，国际航线达到了 156 条之多。数据显示，2020 年 1 月新冠肺炎疫情暴发后，给以外贸集装箱货物为主的深圳港带来了前所未有的冲击，上半年全港集装箱吞吐量连续几月出现大幅下跌，下半年随着中国经济率先恢复，外贸回暖，深圳港集装箱吞吐量止跌回升，并连创月度新高，最终实现吞吐量同比正增长。2020 年 1～12 月，深圳港累计完成外贸集装箱吞吐量 2 436.42 万 TEU，同比增长 2.27%。

2020 年 1~12 月，深圳港主要港区集装箱吞吐量均取得一定增幅，其中：盐田港区累计完成集装箱吞吐量 1 334.85 万 TEU，同比增长 2.14%；南山港区累计完成集装箱吞吐量 1 183.77 万 TEU，同比增长 3.62%；大铲湾港区累计完成集装箱吞吐量 136.15 万 TEU，同比增长 6.97%。在过去一年，深圳港积极推动深水泊位和深水航道建设，加快推进"妈湾智慧港"20 万吨级半自动化集装箱泊位改建，开展盐田港区东作业区项目、西部出海航道二期工程建设前期工作；绿色港口建设取得新突破，全港已有 38 个大型深水泊位可提供岸电服务，岸电建设和使用均居全国沿海港口首位；持续推动"深圳组合港—绿色港口链"项目，引导货主采用更为环保的"水水中转""海铁联运"方式，紧密深圳港与珠三角港口的水路运输网络，加大布局内陆无水港建设，鼓励企业与内陆港联动发展。2020 年 1~12 月，深圳港累计完成水水中转吞吐量 740.48 万 TEU，同比增长 3.67%；完成海铁联运 18.10 万 TEU，同比增长了 13.47%。

此外，2021 年，深圳港西部港区集装箱吞吐量会有较大幅度地增长。深圳港将会加强与其他港口之间的联合，共同推进港口一体化建设。综合考虑各方面因素建立综合集成预测模型，2021 年深圳港集装箱吞吐量预测值为 2 900 万~2 950 万 TEU，同比增长为 9.3%~11.2%，位列全球第四。2021 年深圳港集装箱吞吐量实际值为 2 877 万 TEU，同比增长为 8.4%，位列全球第四。2021 年深圳港集装箱吞吐量与实际值基本吻合，同比增长量略低于估计值。

本书对 2008~2017 年深圳港集装箱吞吐量进行了分析，并基于这 10 年的数据采用 GM（1，1）模型灰色预测模型对该港口的集装箱吞吐量进行了预测，预测时长为 5 年，预测结果显示，2022 年深圳港集装箱吞吐量预计约为 2 725 万 TEU。

3. 广州港

作为珠三角地区的内贸港，广州港更靠近货源地，港口腹地广阔，与沿海及长江的港口相通，内贸运输基础良好。依托江海联运优势，广州港成为珠三角煤炭、粮食、油气品等重点物资的集散地以及钢材等能源、原材料运输的综合性枢纽。广州港腹地制造业发达，产业配套能力强，形成了以 IT 产业为主的高新科技产业和以汽车、造船、钢铁、石油化工和冶金等为主的重化工产业，为广州港的发展带来巨大的物流货源。

广州港集团致力于完善航线网络，南沙港区至东南亚主要港口已基本实现天天班，与沿海港口和内贸船公司打造精品航线，内贸集装箱枢纽港地位更加巩固；发展综合物流，穿巴业务全年完成 190 万 TEU，同比增长 4.3%；新增 5 条海铁联运班列，全年海铁联运到发量同比增长 34.1%，打通"中亚—广州—东南亚"和"湘粤非"海铁联运通道；深化口岸合作，推动启运港退税政策落地，口岸开放取得新进展。

此外，该集团全面推进港口基础设施建设，提高港口信息化水平，促进港口智能化转型，使港口发展能级稳步提升；加快港口资源整合，融入"一核一带一区"战略，推动中山港、潮州亚太码头、茂名广港码头、佛山九江码头不断发展，进一步提升与南沙港区的业务联动协同发展，完成对云浮市属国有港口企业的控股整合，推动广州云浮国际物流港开工建设，畅通揭阳港、韶关港连通珠三角地区物流路径。

2020 年广州港口货物吞吐量达到 6.36 亿吨，5 年来，先后超越天津港、新加坡港，国际排名上升两位至全球第四名。2020 年集装箱吞吐量达到 2 350.5 万 TEU，5 年来，先后超越釜山港、中国香港港，国际排名上升两位至全球第五名。2020 年外贸集装箱吞吐量首次突破 900 万 TEU，达到 905 万 TEU，同比增长 3.61%。广州水路运输企业经营船队规模已超过 4 000 万载重吨，水路货运周转量从 2015 年的 7 978 亿吨千米增长至 2020 年的 20 868 亿吨千米。积极拓展集装箱班轮航线，开通集装箱班轮航线 226 条，新增 76 条；其中外贸班轮航线 120 条，新增 53 条；内贸航线 106 条，新增 23 条；开通 200 多条水上驳船支线，新增 50 多条。广州港成为国内最大内贸集装箱港和通往非洲、地中海和亚洲地区的重要枢纽。在衡阳、郴州、长沙等全国 8 省 32 个地市成功布局 36 个内陆港办事处，新增 18 个，覆盖华南、西南地区主要货源地。完善海铁联运物流体系，成功开通中欧、中亚班列，开通集装箱海铁联运班列 11 条，粮食散改集班列 13 条，商品汽车精品班列 4 条，2020 年共完成铁水联运 11 万 TEU，同比增长 34.9%。

2020 年广州港重点建设项目年度计划总投资 48.47 亿元。广州港深水航道拓宽工程 2020 年 7 月全线完工，2020 年 8 月 25 日按新的通航标准投入使用。大力推进广州港环大虎岛公用航道工程、桂山锚地前期工作，争取尽快开工。

南沙港区四期、新沙港区二期 11－13#泊位建设项目也在稳步推进。海嘉汽车码头通过竣工验收，近洋码头主体工程预计 2021 年年底完成。琶洲客运码头顺利开工。南沙港区国际通用码头工程、南沙港区粮食及通用码头扩建工程、龙沙码头二期等在建项目有序推进。南沙港区五期工程正在开展工可报告编制等前期工作。

广州港在 2021 年 4 月 30 日发布一季度业绩公告称，2021 年第一季度营收约 27.33 亿元，同比增长 11.49%。综合考虑各方面因素建立综合集成预测模型，2021 年广州港预测集装箱吞吐量 2 390 万 ~ 2 420 万 TEU，同比增长为 3.1% ~ 4.4%，位列全球第五；2021 年广州港实际集装箱吞吐量为 2 418 万 TEU，同比增长 4.4%，与预测结果完全一致。

本书对 2008 ~ 2017 年深圳港集装箱吞吐量进行了分析，并基于这 10 年的数据采用 GM（1，1）模型灰色预测模型对该港口的集装箱吞吐量进行了预测，预测时长为 5 年，预测结果显示，预计 2022 年广州港的集装箱吞吐量将达到约 2 854 万 ~ 2 924 万 TEU。广州港增速稳定，预计到 2022 年广州港有可能会挤进全球前五的地位，有望超过深圳港，取代其地位，且拉大与中国香港港的距离。近几年深圳港、广州港以其成本优势在与中国香港港的竞争中取得优势，作为华南地区的优势港口发展潜力巨大，未来可期。但是中国香港港地理位置更加优越，又又是国际中转港口，国际业务上比深圳港、广州港更有优势。所以，要想深圳港、广州港平稳快速发展，还需要加强各方面基础设施建设。

3.3.3　我国环渤海港口群吞吐量预测结果

环渤海港口群由辽宁、津冀和山东沿海港口群组成，主要经济腹地为我国北方内陆地区和东北亚区域，沿线亿吨级大港有大连港、大津港、青岛港、秦皇岛港、日照港，占全国沿海亿吨大港的一半。其中辽宁沿海港口群以大连东北亚国际航运中心和营口港为主，津冀沿海港口群以天津北方国际航运中心为主，山东沿海港口群以青岛、烟台、日照港为主。我国批准作为"试验田"的四个保税港区，环渤海地区占有两个——大连大窑湾保税港区和天津东疆保税港区。

1. 天津港

受国际疫情影响，部分国外港口作业迟滞，造成集装箱有进无出，大量空箱滞留。随着我国经济的持续复苏，对外贸易企业普遍面临用箱短缺等状况，这不仅影响了贸易双方的产品交付，还增加了航运和生产企业的物流运输成本。对此，天津港集团结合各大航运企业向国内大批量调运空箱的实际需求，积极实施航道优先、泊位优先、作业优先、疏运优先"四优先"作业保障，并对单批次大量进口空箱在码头"免堆期"等方面给予支持，降低航运公司调箱成本，力促空箱在港口和腹地区域加速分拨周转，满足广大企业用箱需求。除了助推进口空箱向内回流，天津港集团还积极服务国内集装箱制造企业加快将生产线的空箱向外调拨。

综合考虑各方面因素建立综合集成预测模型，2021 年天津港集装箱吞吐量预测值为 2 000 万 ~ 2 030 万 TEU，同比增长 9.0% ~ 10.6%，位列全球第八；2021 年天津港集装箱吞吐量实际值为 2 027 万 TEU，同比增长 10.4%，预测值与实际值完全一致。

基于 1999 ~ 2018 年天津港相关数据，本书利用改进的 ARIMA 模型对原始时间序列进行拟合并预测，预测 2019 ~ 2023 未来五年的天津港货物吞吐量数据，该模型的相对误差为 1.09%，预测结果显示，天津港的 2022 年和 2023 年的货物总吞吐量预测值分别将达到 41 037 亿吨和 38 743 亿吨。

2. 青岛港

青岛港是我国沿黄流域最方便、最经济的出海口和国际集装箱中转枢纽，全球前二十大船公司的集装箱航线全部挂靠青岛港。其集装箱装卸作业主要集中在前湾集装箱码头，在董家口港区也具备专业化集装箱装卸业务能力，主要提供集装箱货物的进出口作业和国内外集装箱相关业务。前湾集装箱码头硬件设施一流、航线网络港通四海、效率服务口碑天下；董家口港区将持续打造集装箱专业化操作模式。

综合考虑各方面因素建立综合集成预测模型，2021 年青岛港集装箱吞吐量预测值为 2350 万 ~ 2380 万 TEU，同比增长 6.8% ~ 8.1%，位列全球第六；2021 年青岛港集装箱吞吐量为 2371 万 TEU，同比增长 7.8%，位列全球第六。青岛港预测值与实际吞吐量完全一致。

本书选取了青岛港 2010 ~ 2018 年期间集装箱吞吐量作为实证样本，利用 2010 ~ 2016 年的数据进行建模，建立残差 GM（1，1）灰色预测模型对模型精确度进行修正，然后以 2017 年和 2018 年的数据进行模型精确度验证，最后预测了未来 5 年的青岛港集装箱吞吐量，预计 2022 年和 2023 年青岛港的集装箱吞吐量将分别达到约 2 484.9 万 TEU 和 2 602.1 万 TEU。

3.3.4　我国东南沿海港口群吞吐量预测结果

东南沿海最大的港口便是厦门港和高雄港。厦门港也是东南沿海唯一的 A 股上市公司。从散杂货来讲，厦门港却没有任何优势，湄洲湾的崛起、福州港的强势都是对厦门港很大的分流。相比湄洲湾港，他们地理条件都非常好，湄洲湾更深水，但厦门港集疏能力更好。从集装箱的角度看，厦门港在区域内比较强大，从宁波到深圳的海岸线，除了厦门港以外没有一个港口超过 200 万 TEU，而厦门港则是 650 万 TEU，未来可以成为集装箱的区域霸主。近几年厦门港的发展大有逼近高雄港的趋势。高雄港是老牌大港口，以货柜也就是集装箱闻名。20 世纪八九十年代，高雄港曾经一度有挑战中国香港特区港的国际航运中心的地位的机会。但是 21 世纪以来，高雄港一直原地踏步，究其原因，可以分为两个：一是这几年其腹地—台湾的经济持续低迷，二是以中国香港特区为核心的珠三角港口群强势崛起，大量分流了中转船只，高雄港的枢纽地位大大降低。

1. 厦门港

厦门港口管理局发布《厦门港总体规划》获交通运输部和福建省政府联合批复。《规划》指出，到 2035 年，厦门港年集装箱吞吐量目标为 2000 万 TEU。近年来，厦门港加快"海丝"核心区高质量建设，海上丝绸之路国家"一带一路"航线达 57 条，通达 24 个国家和地区，"丝路海运"正式开行并建立工作联席会制度。地中海线、澳洲线和东南亚线保持较快增长，全年分别完成 27 万、25 万和 63 万 TEU，同比增长 64%、36% 和 13%。开通厦门至四川攀枝花、江西横岗和龙岩－厦门－山东临沂高岭土海铁联运班列，进一步完善内陆地区进出快捷物流通道。积极帮助台湾地区、东南亚地区货物通过厦门港过境经中欧班列运输出口，按照过境货物监管模式操作，加快通关速度；法制建设规范化。受理审批事项 326 件，办结率为 100%。改革审批服务便民化，实现 5 项在窗口即办（其中 3 项实现全流程网办），83.3% 审批事项纳入"最多跑一趋"清单，许可办理时限缩短至法定时限 35%，梳理压减证明事项至 1 项，减少提供申请材料 103 项。落实上级部署，推进厦门市港口工程建设项目审批制度改革试点工作。全年完成固定资产投资 21.5 亿元，超年度计划 2 亿元（其中，漳州港区完成固定资产投资 13.9 亿元，超额完成年度投资计划）。主航道四期新增通航里程 34.8 千米。重点扶持漳州临港产业，加大古雷北 1#、2#工程，古雷航道三期等省示范及省重点项目建设进度。五通码头三期、东渡港区 1 – 3#改建邮轮泊位工程交工验收。

厦门港结合自贸试验区建设及厦门国际航运中心建设等策略，累计发放省市港航扶持资金 3.9 亿元，有力促进厦门港增实力强基础。厦门港集装箱班轮航线共计 146 条，其中国际航线 92 条，内支线 12 条，内贸线 42 条。海铁联运集装箱量完成 2.22 万 TEU，同比增长 35.62%。陆地港集装箱量完成 16.93 万 TEU，同比增长 6.10%。拨付"中远之星"轮专项扶持资金 1728 万元，发放岛际农村燃油补助 718 万元，有力支撑厦台客滚运输线、岛际运输及改善港站旅客出行条件。

厦门港对台交流合作取得新进展，开展《厦门港海上直航十周年总结与反思》课题研究。受国内外疫情影响，企业延迟复工，原材料、劳动力等生产要素流通受阻，外贸进出口受到一定影响。面对疫情挑战，厦门港口部门联合口岸单位和港航企业，持续推动港口降费减负，打造国际一流营商环境，服务经济社会发展大局。同时，厦门港航企业也在积极挖潜，寻找增长点。比如，一季度，厦门港"一带一路"沿线国家和地区的进出口箱量保持较快发展，完成 39.04 万 TEU，同比增长 15.68%。厦门港务控股集团介绍，一季度，"丝路海运"命名航线在厦门共开行 470 个航次，完成集装箱吞吐量 43.75 万 TEU，比去年同期增长 4.87%。厦门港口管理局近期发布 2021 年第一季度厦门港航经济运行报告。在主要生产指标方面，1 ~ 3 月，全港完成集装箱吞吐量 251.68 万 TEU，港口生产呈现出良好回升态势。

综合考虑各方面因素建立综合集成预测模型，2021 年厦门港集装箱吞吐量预测值大约为 1 200 万 ~ 1 220 万 TEU，同比增长约 5.3% ~ 7.0%，位列全球第十四；2021 年厦门港集装箱吞吐量实际值为 1 205 万 TEU，同比增长 5.6%，位列全球第十四，预测结果与实际吞吐量完全一致。

根据《厦门港"十四五"发展规划》预测，到 2025 年厦门港货物吞吐量为 2.5 亿吨,"十四五"期间年均增长率为 3.8%,其中,集装箱吞吐量为 1400 万 TEU,年均增长率为 4.2%。另外,将 ARIMA 模型与 EMD 分解方法相结合,构建了混合预测模型 HMSD,将 2005 年 1 月至 2018 年 12 月的数据作为训练集,2019 年 1 月至 2020 年 12 月的数据作为测试集,并对 2022 年 1 月至 2022 年 12 月的集装箱吞吐量做样本外预测,结果显示,厦门港 2022 年全年集装箱吞吐量为约为 1 232.12 万 TEU,该改进方法的预测准确率显著提升。

2. 高雄港

高雄港港区面积为 17 678 公顷,水域面积为 16 236 公顷,占全港面积的 91.8%,有两个入海通道,进出港航道长 18 千米。目前高雄港航道和港区水域水深 11.3~16.0 米,可供 15 万吨级海轮进出港和停泊。港区水域锚地 2 处,设浮筒泊位 24 组,可泊万吨级以上船 24 艘,超级油轮浮筒 2 座,分别可泊 15 万吨级和 25 万吨级巨型油轮。锚泊地总泊数可达 190 多艘。高雄港现有营运码头约 116 座,其中杂货码头 30 座、货柜码头 24 座、散装码头 32 座、谷类码头 2 座。此外客轮、军舰、港务、工作码头共 28 座。另有仓库 96 座,容量 57.6 万吨。货柜场 5 处,供货柜转运。港区现有货柜装卸桥(桥式机)及装卸搬运机械 170 架。

据台湾港务公司公布的信息,2021 年除强化货运、客运及自贸业务外,也要创新商业模式,打造永续发展新港口。高雄港将从"合作、创新、永续"出发,带动港口转型。高雄港在处理好新冠肺炎疫情的同时,尽力做好了港内大宗客运的复产复工措施,港口运行已逐渐恢复到疫情发生之前的水平。

本书综合考虑各方面因素建立综合集成预测模型,预计 2021 年高雄港集装箱吞吐量为 930 万~950 万 TEU,同比下降 3.3%~1.2%,位列全球第十七;2021 年高雄港实际完成集装箱吞吐量 986 万 TEU,同比增长 2.5%,位列全球第十七,实际吞吐量高于预测结果。预计 2022 年高雄港的集装箱吞吐量将保持 3%~4% 的增长幅度,达到约 1 021 万 TEU。

3. 福州港

根据港口吞吐量与地区经济发展速度的相关关系,采用一元线性回归分析对福州港吞吐量进行预测。一元线性回归分析是在假定其他因素确定或排除其他影响因素的情况下,分析某一因素是怎样影响另一因素的过程。取福州港吞吐量为因变量，福建省 GDP 为自变量，利用 2011 ~ 2020 年福建省 GDP 值和福州港吞吐量，利用构建的自回归方程预测了未来 5 年福州港的港口货物吞吐量，福州港的港口货物吞吐量在稳步增长，预测福州港 2025 年吞吐量为 3.03 亿吨，2021 ~ 2025 年年均增长率为 5.17%（见表 3 – 4）。

表 3 – 4　　　　　　　　　　福州港 2021 ~ 2025 年货物吞吐量预测值

年份	2021	2022	2023	2024	2025
港口吞吐量（万吨）	23 253	24 607	26 047	27 577	29 204

资料来源：由本书作者整理提供。

第 4 章　港口群最优规模与整合机制确定方法

本章针对我国港口吞吐能力过剩背景下同质化建设导致的资源浪费问题，从封闭区域以港口为节点的外运系统的内部运输社会福利最大出发，基于港口群的外运物流需求，确定港口群的最优规模（包括港口数量、位置和大小），随后针对既有港口群，设计多期投资与退出整合机制，以构建能够最大化外运系统社会福利的港口群结构。

4.1　内部运输社会福利最大原理

封闭区域的外运系统的构成如图 4-1 所示。其中实线表示由封闭地区至外部目的地的海上运输，虚线为封闭区域的内部陆路运输，两者构成了封闭区域以港口为节点的对外运输系统。内部运输的社会福利最大是指门户港口建设运营成本与各起运地到门户港口节点的内部陆路运输成本之和最小，将这两种成本之和称为内部成本。

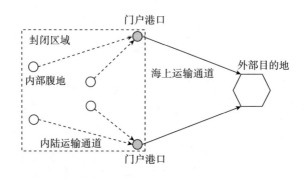

图 4-1　封闭区域的外运系统及其内部运输的构成

资料来源：由本书作者整理提供。

64

当门户港口节点相互合作时，其数量越多，启运点的货物越容易实现就近运输，内部运输费用就越低，但港口等基础设施建设成本越高，如图 4 - 2（a）所示。此时如何平衡内部运输费用和设施建设成本成为优化港口群的内部运输社会福利的关键问题。

当港口节点相互竞争时，问题将变得异常复杂，根据钟泰格等（2010）的分析，当港口节点数较少时，港口间的竞争基本不会影响封闭地区的内部运输状态，腹地启运地至港口间不会发生交叉运输，此时港口节点数越多，港口基础设施建设成本越高，内部运输成本越低；而当港口节点数超过一定规模后，港口群可能产生无序竞争的局面，导致整个运输系统陷入混乱的竞争状态，从而使腹地启运地至港口间发生交叉运输，此时港口节点数越多，越会发生交叉运输，使得内部运输成本和基础设施建设成本同时升高。基于上述分析可知，随着港口节点数的增多，内部运输成本先降低后升高，而港口基础设施建设成本一直升高，如图 4 - 2（b）所示。此时资源浪费和资产闲置问题突出，平衡港口节点间的竞争关系成为最大化外运系统的内部运输社会福利所面临的关键问题。

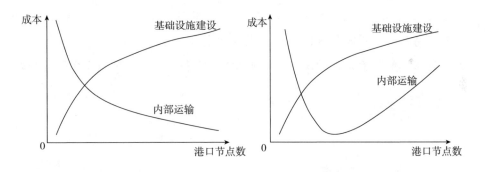

（a）港口节点相互合作　　　　　（b）港口节点相互竞争

图 4 - 2　封闭区域基于港口节点的外运系统内部成本变化示意图

资料来源：由本书作者整理提供。

从社会福利最大化的角度看，优化既有的港口群规模，就是假设在港口间相互协作，多方共同努力以最少费用（基础设施建设运营费 + 内部运输成本）把需要外运货物运送到外部市场的情况下，确定需建设的港口数量、位置、各港口的规模及其服务的腹地范围。港口群资源整合与协同运营，就是针对港口供给过剩、腹地相互交叉所导致内部运输成本高涨的现象，利用行政、经济或管理手段，调整甚至取消部分已有港口的功能，改变已有港口群的布局状况，使其趋近于社会福利最大化下的港口群系统。

4.2　封闭区域的最适港口群规模

4.2.1　港口群沿海岸线的布局分类

根据腹地和沿海港口的空间位置关系，封闭区域的港口群在海岸线上的布局可分为漏斗型（如辽东半岛和山东半岛）和截面型（中国绝大多数沿海地区）两类。

漏斗型港口群布局如图 4 - 3（a）所示，港口分布在漏斗型的海岸线上，各港口在服务自身的直接腹地的同时，共同服务后方的间接内陆腹地。位于漏斗型海岸线上方的港口到内陆腹地的陆上运输距离短，集疏运成本低，因此在与位于底端的港口竞争时占有优势。

截面型港口群布局如图 4 - 3（b）所示，港口分布在截面型海岸线上，各港口在服务各自的沿海腹地的同时，也共同服务后方的内陆腹地。此时，各港口到内陆腹地的陆上运输距离与费用相差无几，各自的集疏运成本无明显优势。

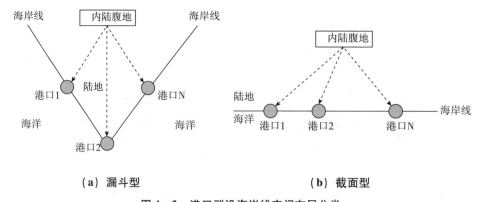

（a）漏斗型　　　　　　　　　　　（b）截面型

图 4 - 3　港口群沿海岸线空间布局分类

资料来源：由本书作者整理提供。

下面基于腹地货主的港口选择行为，给出两种港口布局下外运系统的内部成本的计算方法。

4.2.2　内部运输成本

由埃尔法瑞兹等（2015）和万等（2016）的研究可知，基于货主的选择行为确定港口腹地范围时，在不影响问题的一般性的情况下，大都假定港口的腹地线性分布、线上各点的货运需求均匀分布，如图4-4所示，假设多港口地区的腹地货运需求线性均匀地分布在区间 $[0, D]$ 的线段上，线段上各点的货运需求密度为a。为便于分析，假设线性腹地内只有两个港口。对于漏斗型港口布局，如图4-4（a）所示，港口1位于原点0处（漏斗底部），港口2位于距离港口1为d的位置。对于截面型港口布局，如图4-4（b）所示，港口1位于e处，港口2位于距港口1为d的（e+d）处。

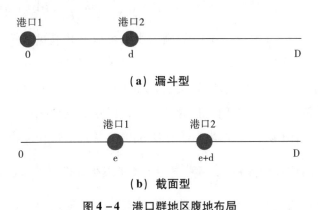

（a）漏斗型

（b）截面型

图4-4　港口群地区腹地布局

资料来源：由本书作者整理提供。

虽然有许多因素（如地理位置、港口收费、港口连通性和港口运营水平等）会影响托运人的港口选择行为，但地理位置被许多已有研究认为是最重要的港口选择影响因素。此外，由于产能过剩是我国港口的普遍现状，本章基于门户港口的差别只有位置和吞吐能力的假设，依据吞吐能力管理的战略提出多期港口整合方法。因此，在用数学模型模拟托运人的港口选择行为时，假设港口除了位置和吞吐能力不同外，其他方面均相同。

为确定多港口地区的内部运输成本，需先划分港口腹地。由于漏斗型港口布局可看作截面型布局中港口 1 位于原点的特例，这里只研究截面型布局下的腹地划分方法。腹地货主（托运人）通常会基于综合运输费用成本选择门户港口。由于货物从腹地运至港口的过程包括内陆运输和港口装卸两个环节，因此内陆运输费用和货物在港费用构成腹地至港口的综合运输成本。根据埃尔法瑞兹等（2015）的研究可知，在选择门户港口时，托运人一般会选择综合成本最低的港口，从起运地到门户港的综合运输成本可表示如下：

$$C_r = \begin{cases} T_c \cdot |x_r - e| + \lambda_1 \dfrac{X_1}{K_1}, \text{使用港口 1} \\ T_c \cdot |x_r - (e+d)| + \lambda_2 \dfrac{X_2}{K_2}, \text{使用港口 2} \end{cases} \qquad (4-1)$$

式（4-1）中，C_r 为腹地 r 到港口的综合运输成本；x_r 为腹地 r 在线性腹地上的位置；T_c 为单位距离的内陆运输成本。$\Lambda_1 \dfrac{X_1}{K_1}$ 和 $\lambda_2 \dfrac{X_2}{K_2}$ 为不同港口能力下货主须承担的港口使费，其中 λ_1 和 λ_2 分别为供给可以有效满足需求时的港口基本使费，X_1 和 X_2 为通过两个港口的货运量，K_1 和 K_2 为两个港口的通过能力，托运人需要支付的港口费用通常包括码头工人和货物操作费以及其他清关费用。在竞争模式下，两个港口自主确定自身的能力，以吸引腹地托运人选择本港口为门户港；而在合作模式下，两港口合作决策确定各自的最佳能力，以最大化外运系统的内部运输社会福利。$\dfrac{X_1}{K_1}$ 和 $\dfrac{X_2}{K_2}$ 用于衡量发生在港口的节点阻抗，当港口能力不变，通过的货物越多，港口使用费越高，而当通过的货量不变时，增加港口吞吐能力，港口使用费下降。划分港口腹地的关键是找到两个港口综合运输成本相等的地点 x_r^*。下文，用 C_{r1} 和 C_{r2} 分别表示腹地 r 至两个港口的综合运输成本，令 $g_1 = \dfrac{\lambda_1}{K_1}$ 和 $g_2 = \dfrac{\lambda_2}{K_2}$，然后根据不同启运地的港口选择划分两港口的腹地。

（1）当 $0 \leqslant x_r \leqslant e$ 时，有 $C_{r1} - C_{r2} = g_1 X_1 - g_2 X_2 - T_c \cdot d$。若存在使 $C_{r1} \geqslant C_{r2}$ 的 d（即 $d \leqslant \dfrac{(g_1 + g_2)ae - g_2 aD}{T_c}$），令 $C_{r1} = C_{r2}$，即 $g_1 a \cdot x'_r - g_2 a \cdot (D - x'_r) - T_c \cdot d = 0$，则有 $x_r^* = x'_r = \dfrac{g_2 aD + T_c d}{(g_1 + g_2)a}$。此时，$[0, x'_r]$ 内的启运地为

港口 1 的腹地，而 $[x'_r, D]$ 内的启运地为港口 2 的腹地。若不存在使 $C_{r1} \geqslant C_{r2}$ 的 d（即 $d > \dfrac{(g_1 + g_2)ae - g_2 aD}{T_c}$），则位于 $[0, e]$ 的启运地均为港口 1 的腹地。

（2）当 $(e + d) \leqslant x_r \leqslant D$ 时，有 $C_{r1} - C_{r2} = T_c \cdot d + g_1 X_1 - g_2 X_2$。若存在使 $C_{r1} \leqslant C_{r2}$ 的 d（即 $d \leqslant \dfrac{g_2 aD - (g_1 + g_2)ae}{T_c + g_1 a + g_2 a}$），令 $C_{r1} = C_{r2}$，即 $T_c \cdot d + g_1 a \cdot x''_r - g_2 a \cdot (D - x''_r) = 0$，则有 $x_r^* = x''_r = \dfrac{g_2 aD - T_c d}{(g_1 + g_2)a}$。此时，$[0, x''_r]$ 内的启运地为港口 1 的腹地，而 $[x''_r, D]$ 内的启运地为港口 2 的腹地。若不存在使 $C_{r1} \leqslant C_{r2}$ 的 d（即 $d > \dfrac{g_2 aD - (g_1 + g_2)ae}{T_c + g_1 a + g_2 a}$），则 $[e + d, D]$ 内的启运地均为港口 2 的腹地。

（3）当 $e < x_r < (e + d)$ 时，$C_{r1} - C_{r2} = T_c \cdot (2 x_r - 2e - d) + g_1 X_1 - g_2 X_2$。若存在使 $C_{r1} = C_{r2}$ 的 d（即 $d > \dfrac{g_2 aD - (g_1 + g_2)ae}{T_c + g_1 a + g_2 a}$ 且 $d > \dfrac{(g_1 + g_2)ae - g_2 aD}{T_c}$），则当 $C_{r1} = C_{r2}$ 时可求得 $x_r^* = x'''_r = \dfrac{T_c(d + 2e) + g_2 aD}{2 T_c + g_1 a + g_2 a}$。此时，$[0, x'''_r]$ 内的启运地为港口 1 的腹地，而 $[x'''_r, D]$ 内的启运地为港口 2 的腹地。若不存在使 $C_{r1} = C_{r2}$ 的 d，即 $d \leqslant \dfrac{g_2 aD - (g_1 + g_2)ae}{T_c + g_1 a + g_2 a}$ 或 $d \leqslant \dfrac{(g_1 + g_2)ae - g_2 aD}{T_c}$，则 $(e, e + d)$ 内的启运地只为一个港口的腹地。当 $d \leqslant \dfrac{g_2 aD - (g_1 + g_2)ae}{T_c + g_1 a + g_2 a}$ 时，$(e, e + d)$ 内的启运地均为港口 1 的腹地，而当 $d \leqslant \dfrac{(g_1 + g_2)ae - g_2 aD}{T_c}$ 时，$(e, e + d)$ 内的启运地均为港口 2 的腹地。

综上，当 $d \leqslant \dfrac{(g_1 + g_2)ae - g_2 aD}{T_c}$ 时，两港口货物量为：$X_1 = a \cdot x'_r = \dfrac{a(g_2 aD + T_c d)}{(g_1 + g_2)a}$，$X_2 = a \cdot (D - x'_r) = \dfrac{a(g_1 aD - T_c d)}{(g_1 + g_2)a}$；当 $d \leqslant \dfrac{g_2 aD - (g_1 + g_2)ae}{T_c + g_1 a + g_2 a}$ 时，两港口货物量为：$X_1 = \dfrac{a(g_2 aD - T_c d)}{(g_1 + g_2)a}$，$X_2 =$

$$\frac{a(g_1 aD + T_c d)}{(g_1 + g_2)a} \; ; \; \text{当} \; d > \frac{g_2 aD - (g_1 + g_2)ae}{T_c + g_1 a + g_2 a} \; \text{且} \; d > \frac{(g_1 + g_2)ae - g_2 aD}{T_c} \; \text{时}, X_1$$

$$= \frac{T_c a(d + 2e) + g_2 a^2 D}{2T_c + g_1 a + g_2 a}, \; X_2 = \frac{T_c a(d - 2e) + g_1 a^2 D}{2T_c + g_1 a + g_2 a} \; 。$$

在确定 d 满足不同条件时的港口腹地划分后，即 $\left[\, 0, x_r^* \,\right]$ 的启运地为港口 1 的腹地，$\left[\, x_r^*, D \,\right]$ 的启运地为港口 2 的腹地，就可以计算封闭线性腹地内各启运地至节点港口的内陆运输总成本：$C = \int_0^{x_r^*} T_c a \mid x - e \mid dx +$

$\int_{x_r^*}^{D} T_c a \mid x - e - d \mid dx$，其中 $x_r^* = x'_r, x''_r, x'''_r$ 。

4.2.3　港口建设成本

基础设施投资建设具有规模经济（戴克，2005），港口投资（用于扩大吞吐能力）的规模经济指的是当港口吞吐能力达到一定规模后，再增加单位吞吐能力所需的投资量逐渐递减，基于该原理港口固定资产与港口吞吐能力的关系可定义为：

$$B = h \cdot K^m (0 < m < 1) \tag{4-2}$$

式（4-2）中，B 为港口总固定资产规模（即建设成本），K 为港口吞吐能力，h 为规模参数，m 为比例系数。由于港口的建设资金通常是一次性投入，为考虑资金的时间价值，需把其折合成年均成本，计算公式为：$B'(K) = \dfrac{B(K)}{p(F, i, z)}$，其中 $p(F, i, z)$ 为年金现值系数，i 为折现率，z 为港口固定资产使用寿命。

将内陆运输总成本与港口建设年均成本加总，可以计算出港口群地区的外运系统的年内部总成本为：

$$A = C + B' = \int_0^{x_r^*} T_c a \mid x - e \mid dx + \int_{x_r^*}^{D} T_c a \mid x - e - d \mid dx + B'(K) \; (x_r^* = x'_r,$$

$x''_r, x'''_r)$

4.2.4　最适港口群规模

封闭地区以港口为节点的外运系统的内部运输社会福利最大表现为：在运

输需求得到有效服务的情况下，运输成本和基础设施建设成本之和最小。优化港口群规模就是确定能最大化此社会福利的港口数量、规模及位置。截面型港口布局的港口腹地划分与港口数量和规模间的动态关系较为复杂，其最适港口群规模确定面临诸多困难。本章以漏斗型港口布局为例，研究最适港口群规模。

如图 4 - 5 所示，假设在 $[0, D]$ 的漏斗型港口布局的线性腹地上，可建设港口的范围为 $[0, s]$，除港口外其他陆路运输基础设施均存在。由于需建设的港口数量主要由多港口地区的海运需求决定，这里将会用建设一个或两个港口为例来分析确定港口最佳规模的决策过程。定义 A_1^* 和 A_2^* 分别为建设一个港口和两个港口的最小内部成本。当只建一个港口时，由于服务能力要等于运输需求，即 $K = aD$，因此由式（4 - 1）和式（4 - 2）可知，港口应该建在 s 处，此时腹地到港口的年内部总成本最小：

$$A_1^* = \int_0^s T_c a x \mathrm{d}x + \int_0^{D-s} T_c a x \mathrm{d}x + B'(aD) \qquad (4-3)$$

式（4 - 3）中，$B'(aD)$ 为折合的港口年建设成本，简化式（4 - 3）可得：

$$A_1^* = \frac{1}{2} T_c a s^2 + \frac{1}{2} T_c a (D - s)^2 + B'(aD) \qquad (4-4)$$

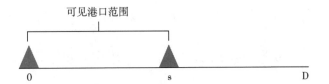

图 4 - 5 漏斗型港口布局形式

资料来源：由本书作者整理提供。

当建两个港口时，其服务能力之和应等于货运需求，同样可知，当港口 1 建在 0 处、服务能力为 $a\frac{s}{2}$，港口 2 建在 s 处、服务能力为 $a\left(D - \frac{s}{2}\right)$ 时，内部总成本最小，为：

$$A_2^* = 2 \cdot \int_0^{\frac{s}{2}} T_c a x \mathrm{d}x + \int_0^{D-s} T_c a x \mathrm{d}x + \left[B'\left(\frac{as}{2}\right) + B'\left(\frac{2aD-as}{2}\right) \right] \qquad (4-5)$$

式（4 - 5）中，$B'\left(\frac{as}{2}\right)$ 和 $B'\left(\frac{2aD-as}{2}\right)$ 分别为折合的各港口年建设成本，简化式（4 - 5）可得：

$$A_2^* = \frac{1}{4} T_c a s^2 + \frac{1}{2} T_c a (D - s)^2 + \left[B'(\tfrac{as}{2}) + B'(\tfrac{2aD-as}{2}) \right] \quad (4-6)$$

上面分别研究了建设 1 个或 2 个港口时港口的选址和规模，需要建设港口的数量是由运输需求决定的。这里以 1 个和 2 个港口哪个更优为例，研究基于需求的港口数量决策问题。将 A_1^* 和 A_2^* 作差有：

$$\Delta A = A_1^* - A_2^* = \frac{1}{4} T_c a s^2 + \left[B'(aD) - B'(\tfrac{as}{2}) - B'(\tfrac{2aD-as}{2}) \right] \quad (4-7)$$

由式（4-2）可知，$\dfrac{\partial B}{\partial K} > 0$ 和 $\dfrac{\partial^2 B}{\partial K^2} < 0$，则有 $B'(aD) - B'\left(\dfrac{as}{2}\right) -$

$B'\left(\dfrac{2aD-as}{2}\right) < 0$。假设 a 是内生变量，令 $\Delta A = 0$，则可得建设 1 个港口和 2 个港口时，最小总成本相等的需求密度的临界值：

$$a^* = \left(\frac{4h}{T_c s^2 p(F,i,z)} \right)^{\frac{1}{1-m}} \left[\left(\frac{s}{2} \right)^m + \left(D - \frac{s}{2} \right)^m - D^m \right]^{\frac{1}{1-m}} \quad (4-8)$$

根据 a^* 可确定不同需求强度下，漏斗型多港口地区的最适港口群规模如下：

（1）$a > a^*$ 时，有 $A_1^* > A_2^*$，此时应建 2 个港口，当港口 1 建在 0 处且服务能力为 $a\dfrac{s}{2}$、港口 2 建在 s 处且服务能力为 $a\left(D - \dfrac{s}{2}\right)$ 时，总成本最小，为：

$$\frac{1}{4} T_c a s^2 + \frac{1}{2} T_c a (D - s)^2 + \left[B'(\tfrac{as}{2}) + B'(\tfrac{2aD-as}{2}) \right] \quad (4-9)$$

（2）$a < a^*$ 时，有 $A_1^* < A_2^*$，此时应在 s 处建 1 个吞吐能力为 aD 的港口，总成本最小，为：

$$\frac{1}{2} T_c a s^2 + \frac{1}{2} T_c a (D - s)^2 + B'(aD) \quad (4-10)$$

是否需建设 3 个及更多的港口也可以用这种方法来判别。也就是说当增加港口所节省的内部陆路运输费用无法弥补所增加的港口建设资金时，就不应再新增港口。陆路运输费用的减少是否可以弥补增加的港口建设投资是由腹地的运输需求决定的，腹地单位面积的运输需求越大，需要建设的港口越多。在现实世界中可以基于需求密度，用上述方法确定最佳的港口数和各自的规模。

4.3　港口群多期投资与退出整合机制

第 4.2 节给出了漏斗型港口布局的多港口地区的港口能力满足货运需求时，确定以港口为节点的外运系统的内部运输社会福利最大时的港口数量、规模和选址的方法。现实世界中区域港口的数量、规模和布局往往并不是最优的，在我国，港口的无序扩张导致供给过剩和资源浪费现象非常严重。此外，港口整合的问题不是短期内能快速实现的，而是需要一个较长的时间调整。为应对此问题，有必要整合港口资源，实施多港口协同运营。本节基于外运系统的内部运输社会福利最大化原则，从理论上给出漏斗型港口布局地区的港口资源整合、多港口协同运营的多期投资与部分港口退出机制的方法与步骤。

假设在 $[0, D]$ 区间的海岸线上有两个港口，如图 4-6 所示，港口 1 位于 0 处，港口 2 位于 b 处，两港的供给恰好可满足地区的外运需求，但港口 1 的能力大大高于港口 2，此时若根据随机效用最大原理划分腹地，则港口 1 的能力超出其腹地的需求，港口资源会有所闲置；港口 2 的能力无法满足其腹地的需求，如果港口 2 的腹地需求全部前往港口 2，则港口 2 将发生拥堵。在现实世界中，在这种情况下港口 1 会以能力优势在港口 2 的腹地获得货运需求，弥补港口 2 的服务欠缺。

图 4-6　多港口地区港口布局现状

资料来源：由本书作者整理提供。

在上述情境中，多港口地区对外运输的内部陆路运输费用增加，因此资源整合与两港口协同运营的思路是：（1）增加港口 2 的能力，即投资扩建港口 2，使其分担更多的腹地货运需求，以减少陆路运输成本；（2）闲置部分港口 1 的能力，使港口 1 过剩的能力逐步退出市场。

下面用港口群多期投资与退出整合机制研究上述两个决策问题。假设港口 2 投资扩建和港口 1 闲置吞吐能力的时间间隔相同，每期期末港口 2 的投资形成能力，港口 1 闲置的能力退出市场。图 4-7 描述了港口 2 分期投资和港口 1 闲置吞吐能力过程中两港吞吐能力的变化，其数学表达式如下：

$$K_2^t - K_2^{t-1} = \Delta K_2^t = f'^{(B_{20} + (t-1) \cdot x)} \cdot x \tag{4-11}$$

$$K_1^t - K_1^{t-1} = \Delta K_1^t = f'(B_{10} - (t-1) \cdot y) \cdot y \tag{4-12}$$

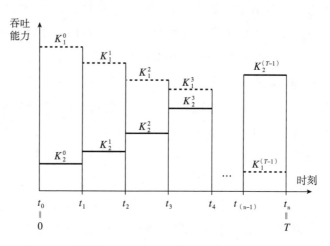

图 4-7   分期投资和闲置吞吐能力下港口能力变化情况

资料来源：由本书作者整理提供。

这里，K_1^t 和 K_2^t 分别为港口 1 和港口 2 第 t 期的服务能力；ΔK_1^t 和 ΔK_2^t 分别为第 $(t-1)$ 期至第 t 期港口 1 和港口 2 减少和新增的能力；B_{10} 和 B_{20} 分别为港口 1 和港口 2 第 0 时刻的固定资产规模；x 为港口 2 每期投资规模；y 为港口 1 每期资产闲置规模；$f(B)$ 为式（4-2）中的固定资产规模与服务能力关系函数（$B = h \cdot K^m$）的反函数。

随着港口 2 逐期投资，其服务能力逐渐变大，而港口 1 由于闲置能力，其能力逐渐减小，每期投资后通过港口 2 运输的货物都增加，而港口 1 运输的货物减少，则每期投资后节省的内部陆路运输成本为：

$$C^t = C(X_1^{t-1}, X_2^{t-1}) - C(X_1^t, X_2^t) \tag{4-13}$$

式（4-13）中，$C(X_1^t, X_2^t)$ 为 t 期末腹地到港口的陆运成本，X_1^t 和 X_2^t 分别为 t 期末通过港口 1 和 2 的货运量。由第 4.2.2 节可知，X_1^t 和 X_2^t 由腹地划分时的 x_r^{*t} 决定，因此 $C(X_1^t, X_2^t)$ 可表示为 $C(x_r^{*t})$。由 4.2.4 节的腹地划分可知，在漏

斗型港口布局的多港口地区，当 $b > \dfrac{g_2^t aD}{T_c + g_1^t a + g_2^t a}$ 时，$X_1^t = a \cdot x_r^{*t} =$

$\dfrac{a(T_c b + g_2^t aD)}{2 T_c + g_1^t a + g_2^t a}$，$X_2^t = a \cdot (D - x_r^{*t}) = \dfrac{a(2 T_c D - T_c b + g_1^t aD)}{2 T_c + g_1^t a + g_2^t a}$，则 $C(X_1^t,$

$X_2^t)$ 为：

$$C(x_r^{*t}) = \int_0^{x_r^{*t}} T_c ax\,dx + \int_{x_r^{*t}}^{b} T_c a(b - x)\,dx + \int_b^D T_c a(x - b)\,dx \quad (4-14)$$

简化得：

$$C(x_r^{*t}) = \frac{T_c}{2}a\,(x_r^{*t})^2 + \frac{T_c}{2}a\,(b - x_r^{*t})^2 + \frac{T_c}{2}a(D - b)^2 \quad (4-15)$$

当 $b \leqslant \dfrac{g_2^t aD}{T_c + g_1^t a + g_2^t a}$ 时，$X_1^t = \dfrac{a(g_2^t aD - T_c b)}{(g_1^t + g_2^t)a}$，$X_2^t = \dfrac{a(g_1^t aD + T_c b)}{(g_1^t + g_2^t)a}$，此时有：

$$C(x_r^{*t}) = \int_0^{(x^t_r)'} T_c ax\,dx + \int_{(x_r^t)'}^{D} T_c a(x - b)\,dx = \frac{T_c}{2}a\,((x_r^t)')^2 + \frac{T_c}{2}a(D - b)^2$$

$$-\frac{T_c}{2}a\,((x_r^t)' - b)^2 \quad (4-16)$$

另外，随着港口 1 能力的减少，其每期的资产闲置成本为：

$$L_t = y - y \cdot r \cdot (t - 1) \quad (4-17)$$

式（4-17）中，L_t 为港口 1 在第 t 期的闲置成本，r 为折旧率。

由上述计算可知，分期投资港口 2 和闲置港口 1 的能力，以整合资源，最大化外运系统的内部运输社会福利的决策模型为：

$$Min:Z = C(x_r^{*T}) + \frac{\left(B_{10} - \sum_{t=1}^{T} y/(1 + i)^t\right)}{P(F, i, n)} + \left(\frac{B_{20}}{P(F, i, n)} + x\right) - C^* -$$

$$\frac{B^*}{P(F, i, n)} \quad (4-18)$$

s. t. :

$$\sum_{t=1}^{T} (C(x_r^{*(t-1)})/(1 + i)^{t-1} - C(x_r^{*t})/(1 + i)^t) \geqslant \sum_{t=1}^{T} L_t/(1 + i)^t +$$

$$\sum_{t=1}^{T} x/(1 + i)^t \quad (4-19)$$

$$f(B_{10} - y \cdot t) = K_1^t \quad (4-20)$$

$$f(B_{20} + x \cdot t) = K_2^t \quad (4-21)$$

$$K_1^T + K_2^T = a \cdot D \tag{4-22}$$

$$x_r^{*t} = \begin{cases} \dfrac{T_c b + g_2^t aD}{2 T_c + g_1^t a + g_2^t a}, & b > \dfrac{g_2^t aD}{T_c + g_1^t a + g_2^t a} \\[4mm] \dfrac{g_2^t aD - T_c b}{(g_1^t + g_2^t)a}, & b \leq \dfrac{g_2^t aD}{T_c + g_1^t a + g_2^t a} \end{cases} \tag{4-23}$$

$$0 < T \leqslant n^2 \tag{4-24}$$

$$x, y \in R_{++} \tag{4-25}$$

模型的决策变量为 T, x 和 y，其中 T 为整合计划期，x 为每期港口 2 的投资额，y 为每期港口 1 的资产闲置规模；式（4-18）为目标函数，表示在整合计划期 T 时刻末，外运系统内部总成本与最适港口布局时的总成本之差，其中 i 为折现率，n 为最大整合计划期，$p(F, I, n)$ 为年金现值系数，C^* 为最适港口布局时的陆运成本，B^* 为最适港口布局时的港口建设成本；式（4-19）表示节省的陆路运输成本不小于港口 1 资产闲置成本和港口 2 的投资成本之和；式（4-20）和式（4-21）分别表示 t 时刻两个港口的能力；式（4-22）表示整合结束时两港口的能力恰好等于地区的总需求；式（4-23）为 t 时刻的腹地划分情况；式（4-24）表示整合计划期在最大计划期内；式（4-25）表示每期投资额和闲置资产规模均为正实数。

4.4 算例研究

本节以我国辽东半岛港口群整合为例进行算例研究，解析港口整合的机制。我国东北地区 41 个城市围绕辽宁省境内的海岸线构成漏斗型港口布局的多港口地区。在该地区内大约有 40 个港口，但是它们的市场定位和功能大不相同。在 40 个港口中，大部分是小港口且只服务于本地产业、客运和渔业等，只有大连港和营口港为两个主要门户港口。其中港口 2 为营口港、港口 1 为大连港。根据《中国统计年鉴》，2016 年这两个港口的总吞吐量占整个区域的总港口吞吐量的 85%。大连港是东北地区最大的港口和中国第七大港口，它拥有非常好的港口基础设施、优良的港口航道和深水泊位，但是它与内陆腹地相距较远。与大连港相比，营口港是一个新建的港口，但凭借着与内陆腹地相距较近的优势，近些年实现了快速发展。营口港的吞吐量从 2005 年的 7 540 万吨增长至 2018 年的 3.8 亿吨，在全国港口吞吐量的排名中从 2005 年的第十一增长至 2015 年的第八。

由于这两个主要门户港口的外贸吞吐量占整个地区的外贸港口吞吐量的 93%，因此假定该多港口地区内只有这两个港口，其相关属性数据如表 4 - 1 所示。下面以这两个港口的整合作为算例进行研究。

表 4 - 1　　　　　　　　主要门户港口相关属性数据（2015 年）

港口	固定资产规模（亿元）	货运量（亿吨）	吞吐能力（亿吨）	泊位数量	泊位长度（米）	基础港口使费（元/吨）
港口 1	1 070.3	2.13	3.21	120	27 318	200
港口 2	571.7	1.87	1.62	78	18 016	200

资料来源：2015 年《中国港口年鉴》。

把上述多港口地区抽象为图 4 - 5 所示的线性地区，其长度 D 为 1661 千米，海岸线长度 s 为 380 千米，港口 1 位于 0 处，港口 2 位于 b 处（$b = 197$ 千米）。2015 年地区的港口货运总需求为 4 亿吨，基于此计算得到直线腹地上港口货运需求密度为 $a = 0.0024$ 亿吨／千米。由于该地区的港口集疏运主要由公路承担，因此基于公路运费率将陆运单价定为 0.5RMB/t。

用辽宁省上市港口 2007 ~ 2015 年的固定资产和吞吐能力数据标定函数 $B = h \cdot K^m$ 得，$lnB = 0.91lnK + 15.12$（$R^2 = 0.83, p = 0.005$）。设港口固定资产使用寿命和整合的最长期限均为 30 年，2015 年为初始年。由于中国的折现率（即贷款利率）主要由中国人民银行确定且基本上是稳定的，使用 2007 ~ 2015 年的中国平均贷款利率 0.04（银行信息网，2016）来表示折现率并假定它在整合规划期是保持不变的。不同港口的固定资产折旧率不同，本节依据大连港 2015 年发布年报将其设定为 0.05（营口港年报，2015）。

4.4.1　港口群最适规模和投资退出整合机制

用 C + + 编写程序求解港口群规模优化模型和区域港口整合决策模型，结果如表 4 - 2 和表 4 - 3 所示。由表 4 - 2 可知，当以港口为节点的外运系统的内部运输的社会福利最大时，应该在位于距 0 点 380 千米处的 s 点建设 1 个港口，其能力恰好等于 4 亿吨的总货运需求，港口建设成本为 1 300 亿元，折合的年建设成本为 75.3 亿元，年陆路运输成本为 1272 亿元。

表 4 – 2 最适港口群规模

港口数量	港口位置 （千米）	港口建设成本 （亿元）	年陆路运输成本 （亿元）	折合年建设成本 （亿元）
1	380	1 300	1 272	75.3

资料来源：由本书作者整理提供。

由表 4 – 3 可知，要想实现两港口的整合和协同运营，需分 20 期投资扩建港口 2（每期投资 32 亿元），同时相应地闲置港口 1 的能力（每期闲置 47 亿固定资产）。到第 20 期期末，港口 1 的固定资产规模仅剩 130.3 亿元，而港口 2 的固定资产规模增加到 1 211.7 亿元。此时，地区以港口为节点的外运系统的内部年总成本为 1 399.8 亿元，与社会福利最大时的年总成本差距最小，仅多出 24.5 亿元。

表 4 – 3 最优港口投资与退出整合机制

整合计划期 （年）	港口 2 每期投资额 （亿元）	港口 1 每期资产闲置 （亿元）	年内部总成本与最优时的差 （亿元）
20	32	47	24.5

资料来源：由本书作者整理提供。

4.4.2 港口腹地和吞吐能力的变化

图 4 – 8 给出了资源整合过程中，两港口的货运量和吞吐能力的变化情况，图 4 – 9 显示了腹地范围的变化。可以看出，从第 0 期至第 20 期的投资扩建港口 2 和闲置港口 1 能力的过程中，港口 1 的能力、腹地范围和货运量逐渐减少，港口 2 的逐渐增加。到第 20 期期末，两港口的能力均可以有效地服务通过各自的货运量。此时，港口 1 的货运量由第 0 期的 2.13 亿吨减少至 0.3 亿吨，而港口 2 的货运量由第 0 期的 1.87 亿吨增长至 3.7 亿吨。另外，在第 17 期期末，港口 1 的腹地范围（183 千米）已小于 b（197 千米），腹地至港口的陆路交叉运输大幅度减少。到第 20 期期末，港口 1 的腹地（125 千米）已恰好等于其可服务的腹地范围，腹地至港口的交叉运输已完全消失，区域港口整合的投资与退出机制得以实现，外运系统的内部运输费用趋近最佳状态时的数值。

资源整合过程还显示，到整合结束之前，港口 1 的能力始终大于其可获得的货运量，而港口 2 的能力始终小于其可获得的货运量，但两个港口能力与货运量之差在逐渐缩小，能力均逐渐逼近于它们可获得的货运量。另外，第 1 期末港口 2 获得的货运量已超过港口 1 获得的货运量（多 0.04 亿吨），说明此时港口 2 开始发挥距内陆腹地更近的优势。就两个港口能力的大小关系而言，在第 7 期期末港口 2 的能力超过了港口 1 的能力（多 0.19 亿吨），此时该地区的港口规模格局开始发生转变，港口 2 奠定了核心港口的地位。

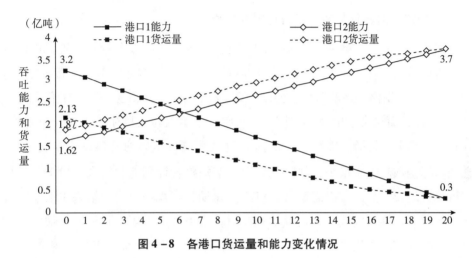

图 4 – 8　各港口货运量和能力变化情况

资料来源：由本书作者整理提供。

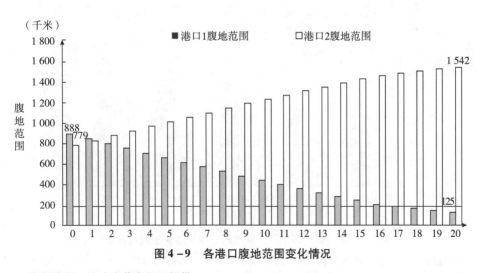

图 4 – 9　各港口腹地范围变化情况

资料来源：由本书作者整理提供。

4.4.3 敏感性分析

金融市场上折现率 i 的波动，港口基本使费的变化等都会影响多港口资源整合及协同运营过程，因此针对这两个指标实施敏感性分析，讨论各种港口整合的多期投资与退出机制的优化问题。

1. 折现率对最优投资与退出机制的影响

图 4-10 给出了不同 i 下整合的最优计划期、各期投资量和闲置资产的规模。可以看出，在 i 由 0.02 增加到 0.06 的过程中，各期港口 2 的投资量与港口 1 的资产闲置规模均逐渐增加，分别由 21 亿元增长至 44 亿元和由 31 亿元增长至 64 亿元，而整合期由 29 年减少至 16 年。这是因为在目标函数式（18）中，$p(F,i,z)$ 会随 i 的增大而减小，从而导致最适港口布局的年建设成本会增大。为使目标函数趋近于最小，这时一方面需缩短整合计划期和增大港口 1 每期的闲置资产规模，另一方面需增大港口 2 的每期投资规模。这个结果也表明，在折现率增大、港口建设的融资成本变高时，决策者需缩短整合周期，加大需闲置港口的资产闲置规模及需扩建港口的投资规模，以应对金融市场的变化。

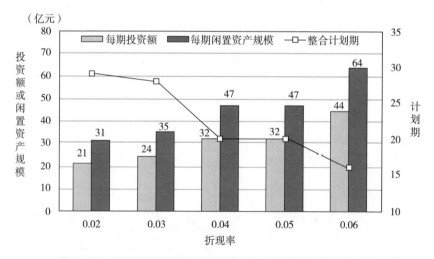

图 4-10　不同折现率水平下区域港口整合最优投资与退出机制

资料来源：由本书作者整理提供。

2. 基础港口使费对最优投资与退出机制的影响

假设两港的基础使费相等，图 4－11 给出了各种基础使费所对应的整合计划期、各期投资量和资产闲置规模。可以看出，当使费由 50 元/吨增加到 300 元/吨时，各期港口 2 的投资量、港口 1 的资产闲置规模及整合计划期均基本保持不变，每期最优投资额为 45 亿～51 亿元、最优资产闲置规模为 31 亿～35 亿元，最优整合计划期为 19～21 年。说明整合方案对基础使费不敏感，基础使费基本不影响港口群的资源整合。

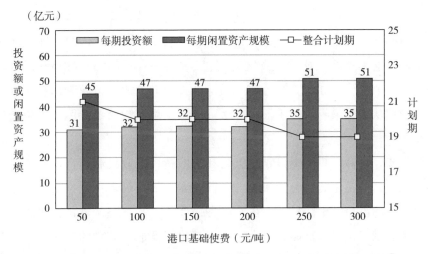

图 4－11　不同港口基础使费水平下的区域港口整合最优投资与退出机制

资料来源：由本书作者整理提供。

4.5　对我国港口群资源整合的意义和启示

本章针对我国港口投资过量的现象，以最大化内部运输社会福利为目标，确定港口群的最优规模，包括港口的数量、位置和能力，并设计了港口群的多期投资和退出整合机制。通过对漏斗型辽东半岛多港口地区的算例分析表明，该方法可确定多港口地区港口最佳布局形态，并有效模拟了港口资源整合的过程，提高了港口资源的利用效率。通过敏感性分析可知，港口基础使费对港口资源整合的投资与退出整合方案影响不大，但折现率对整合方案的设计有较大影响。当折现率升高时，决策者应增加各期的投资额和闲置资产规模，缩短整合期。该整合机制的设计能够帮助整合决策者明确港口整合规划，优化港口群的闲置资源，推进港口群规模效益释放，确定港口群中不同港口的腹地范围划分和需要的吞吐能力，从而让港口整合推进有的放矢，有路径可循。

本章所给出的港口群整合机制针对的是宏观层面上的资源整合问题，但在具体实施这种整合方案时，还需要注意激励机制的设计，即如何使资源过剩的港口愿意退出市场和能力不足的港口投资扩大能力。具体而言，可以分三步实现港口资源整合：

第一步，顶层设计。例如，成立由省级政府直接领导的港口集团，统一管理地区内的港口，实现统一规划，统一运营。目前，浙江、广西、江苏和河北已经采取了这种策略，这四个省区使用行政命令和国资委的资产管理等手段，践行着"一省一港"的理念。在省级层面的港口整合中，行政管理和国有资产统一管理被认为是最有效的手段和方法。该方法可实现系统最优和避免港口的无序竞争。

第二步，设计合理的港口收费机制和实施费用征收机制。合理的港口收费机制的主要目的是阻止价格垄断。"一省一港"战略会弱化港口竞争，减少托运人可选择的港口范围。另外，在"一省一港"的局面下，港口群集团会更容易控制市场港口价格，从而导致港口出现高价格低服务质量的局面。为应对这些缺陷，行政管理部门应保证托运人的利益，根据历史数据、市场需求和相邻港口的价格合理制定指导价格和设置价格上限。实施费用征收机制的主要目的是将节省的陆路运输成本转化为政府收入。为实现最大化的社会福利，政府可设立基金（通常由国资委企业投资）支持港口资源整合。由于基金主要来源于税收，因此港口整合的收益最后应转移到政府。

第三步，政府把征收的财政性收入通过转移支付的方式补贴给资源过剩需要闲置资产的港口。转移支付对区域内的港口均有益处，对于需闲置资产的港口而言，转移支付一方面可避免这些港口由于闲置吞吐能力所带来的货运收益损失，另一方面这些港口可将转移支付得到的资金投资到更有发展潜力的行业中，以赚取比运营港口更多的利润；对于吞吐能力不足的港口而言，转移支付可改善区域内港口无序竞争的局面，促使它们能更加积极地投资扩建港口。更适合发展港口业的城市会更热衷于港口的扩张。

　　需要注意的是，本章在分析港口投资扩大吞吐能力时，建设存在规模经济。但是，在实际的扩建过程中，当港口规模超过一定限度后，会带来严重的拥挤及其他安全和环境问题，进而增加额外的社会成本，出现规模不经济现象。此时，在确定社会福利最大的最适港口群规模和设计港口资源整合的多期投资与退出机制时，先要确定港口规模经济的临界点，然后讨论港口投资后的规模与临界点的关系，若港口规模超过临界点，在计算港口的年建设成本或年固定成本时，需增加港口规模不经济所带来的额外成本，这样本书的研究才更符合港口增长和港口群整合的实际。

第5章 面向转型升级的港口群整合机制研究

第4章基于最大化对外运输系统的内部运输社会福利给出了港口群的整合机制设计方法，但并未考虑退出市场的门户港口的转型升级以及政府的转移支付等问题。此外，在确定最适港口群规模时只针对漏斗型布局进行了研究。本章在第4章的基础上，提出考虑港口转型升级的港口群整合机制设计方法。首先，基于产品空间理论提出港口转型升级的路径及可能获得的额外利润；其次，基于连续选址理论提出一般化的多港口地区的最佳港口群规模；最后，在考虑港口转型升级的影响下设计港口群的多期投资与退出整合机制。

5.1 港口群转型升级路径

5.1.1 产品空间理论

产业升级的方向和产业升级的幅度是产业升级路径选择需解决的关键问题。区别于传统研究产业升级的比较优势理论只强调比较优势变化的外部力量，黑戴尔哥等（2007）创造性地提出的产品空间理论从谈及产品空间内部的比较优势理论出发，认为产品空间的分布结构决定了比较优势的升级路径。产品空间理论从比较优势动态演化视角，重新审视一国或地区的初始能力禀赋（产业布局）对产业升级路径的影响，指出产品间生产能力的相似性决定着产品转换或产业升级是否能够顺利实现。产品空间理论认为，不同产品含有的生产能力存在差异，从一种产品到另一种产品转换过程的能力具有不完全替代性。

1. 产品距离

产品生产是使用一定的技术作用于若干种生产要素，创造出与现有物体不

84

同物理或化学性质的物质的过程。在技术不发生变化时，生产既定产品的要素组合是唯一的，即生产要素组合具有专用性。而这种投入要素的专用性源于生产不同产品的要素投入比例固定，但要素种类却非完全不同，因而不同产品的生产要素间是非完全替代的。因此，根据各产品的生产要素替代性的差异程度不同，生产行为在不同产品间转移的难易程度不同。因此，假定任意两种产品A、B，由于生产两种产品分别要求差异化的要素投入（如知识、实物资本、中间投入、劳动力技能、基础设施、产权、公共品投入等），因此生产从 A 向 B 转移显然比继续生产 A 产品更具难度。这种由投入要素相似性所决定的生产在产品间转移的难易程度可称之为产品距离，投入要素相似性越高，产品距离越近，产品转换越容易；反之则相反。

2. 产品空间

同一时期内，由于生产同品种单位产品的生产要素组合是特定的，而不随生产者自身的属性及其所处的环境而改变，且假定同种生产要素是同质的，不随生产者、生产方式、生产环境等的不同而改变，因此，各种产品间的距离是恒定的。那么，两两产品间的恒定距离便构成了所有产品的恒定分布状态，即产品空间。如果假定生产要素投入变化是连续的，便总可以在产品空间内找到某种产品的邻近者，而由于要素变化的程度不同，也同时存在该产品的疏远者。由此，从产品空间结构来看，若干邻近的产品便因相对聚集而形成了空间内的产品密集区域，其他的产品则分布在空间的稀疏区域内。因此产品空间的分布具有异质性，是不均匀的。对于产品空间，可以用两两产品间距离矩阵来简化表示，即：

$$
\Delta = \begin{bmatrix}
0 & D_{a,b} & D_{a,c} & \cdots & D_{an} \\
 & 0 & D_{b,c} & \cdots & \cdots \\
 & & & \cdots & \cdots \\
 & & & & D_{n-1,n} \\
 & & & & 0
\end{bmatrix}
$$

距离矩阵为 n 维矩阵，矩阵中的每个元素代表了两种产品间的距离，对角线上的元素表示产品与自身的距离，都为 0。

3. 产品空间理论模型表述

产品空间理论可用 *HK* 模型表述为：假设市场中有生产产品 *A* 的企业，其收益为 P_A ，还有另一家企业生产收益更高的产品 *B* ，*B* 的产量与 *A* 相同时其收益为 $P_B(P_B > P_A)$ 。若 *A* 的生产者为获取更大收益转而生产 *B* ，则可获得的额外收益记为 P_{B-A} ，P_{B-A} 与 *A* 至 *B* 间的跳跃距离成正比，有 $P_{B-A} = P_B - P_A = w \cdot \delta$ ，其中 δ 为跳跃距离，w 为单位跳跃距离的收益。另外，由于生产 *A* 的企业尚不具备生产 *B* 的全部条件，因此需支付跳跃成本（或转型成本）U 。U 随跳跃距离增长，即生产要素差异越大，跳跃成本越大。此处认为它与跳跃距离的平方成正比，即 $U = \dfrac{u \delta^2}{2}$ ，u 为转换成本系数。综上，产业转型升级的额外利润为：

$$\pi = P_{B-A} - U = w \cdot \delta - u \cdot \dfrac{\delta^2}{2} \qquad (5-1)$$

5.1.2　港口群转型升级路径及额外利润

对于多港口地区的港口管理者或运营者而言，当港口的能力超出其可获得的港口货运需求时，他们需要考虑港口产业的转型升级，调整供给侧结构，抑制港口资源的持续浪费，使原本用于发展港口的土地或资源能发挥出最大的效用。以大连港为例，其在发展闲置港口资源方面获得了相关经验。港口当局制定了在闲置的大连湾码头（邻近市中心）的地方发展房地产业和相关的现代服务业的计划。该转型升级战略给大连港带来了巨大的经济利益，而且给大连市的发展做出了巨大的贡献。

然而，不是所有门户港口都找到了有效的方式来升级港口闲置的资源，为确定港口业可转型升级的路径和计算额外获得的利润，这里将产品空间理论引入本书的研究中。对于港口业而言，确定港口可升级的路径的核心是确定产品空间（即产业空间）。由豪斯曼和克林格（2006）、豪斯曼等（2007）的研究可知，现代行业可作为交通运输业的产品空间。由于港口业是交通运输业的重要组成部分，因此假定港口业可升级的产业空间也是现代产业。

为确定港口业在产业空间内进行产业升级时的额外利润，我们使用产品空间理论中的 *HK* 模型来确定。使用 *HK* 模型的关键是确定其转型升级时的跳跃距离，以最大化转型升级所能获得的额外利润。此时，可以依据豪斯曼等

（2007）以及豪斯曼和罗迪克（2002）确定式（5-1）中的单位跳跃距离的收益 w 和转换成本系数 u。w 可由豪斯曼等（2007）中的 EXPY 指标（表示产品空间内单位投资的总产出）代替，其计算方法为：

$$Z_m = \sum_n z_{mn} \tag{5-2}$$

$$PRODY_n = \sum_m \frac{\left(\dfrac{z_{mn}}{Z_m}\right)}{\sum_m \left(\dfrac{z_{mn}}{Z_m}\right)} H_m \tag{5-3}$$

$$EXP\,Y_m = \sum_n \left(\frac{z_{mn}}{Z_n}\right) PRODY_n \tag{5-4}$$

式（5-2）~式（5-4）中，m 为研究港口所在的城市，n 为行业空间内的行业，z_{mn} 为 m 城市内行业 n 的总出口额，Z_m 为 m 城市总出口额，$PRODY_n$ 为行业 n 的生产力水平，H_m 为城市 m 的人均 GDP。另外，u 可用豪斯曼和罗迪克（2002）中生产单位产量的产品的平均工资来表示，具体为：

$$u = \varepsilon \cdot \eta \tag{5-5}$$

式（5-5）中，ε 为行业空间内所有行业平均工资水平，η 为所有行业生产单位产品所需要的平均工人数量。

5.2　基于连续逼近选址的最适港口群规模

封闭地区的内陆腹地至其门户港的陆上运输、港口节点和门户港至海外地区的海上运输构成了封闭地区的对外运输系统。与第 4 章类似，从实现最优的外运系统内部运输社会福利的角度出发，确定最适的港口群规模就是要最小化各内陆腹地节点至门户港的总内陆运输成本和港口基础设施的建设成本。本章将腹地也抽象为图 5-1 所示的线性腹地，相关参数定义、内部成本计算及腹地划分方式与第 4.2 节相同。下面首先给出内部运输成本和港口建设成本的计算方法，然后再给出最适港口群规模。腹地划分与总内部成本计算不再赘述。

图 5-1 线性多港口地区港口腹地布局

资料来源：由本书作者整理提供。

托运人（货主）基于一般化运输成本选择门户港口，而一般化运输成本的构成为：

$$C_i = \begin{cases} c \cdot |x_i - e| + \theta_1 \dfrac{X_1}{K_1}, \text{使用港口 1} \\ c \cdot |x_i - (e + d)| + \theta_2 \dfrac{X_2}{K_2}, \text{使用港口 2} \end{cases} \qquad (5-6)$$

式（5-6）中，C_i 为腹地 i 到港口的综合运输成本；x_i 为腹地 i 在线性腹地上的位置；c 为单位距离的陆运输成本。$\theta_1 \dfrac{X_1}{K_1}$ 和 $\theta_2 \dfrac{X_2}{K_2}$ 为不同港口能力下托运人须承担的港口使费，其中 θ_1 和 θ_2 分别为两个港口的能力可有效满足需求时的基础港口使费，X_1 和 X_2 为通过两个港口的货运量，K_1 和 K_2 为两个港口的能力。

港口建设成本（即固定资产规模）与港口能力的关系可定义为：

$$B = h \cdot K^q (0 < q < 1) \qquad (5-7)$$

式（5-7）中，B 为港口总固定资产规模（即建设成本），K 为港口吞吐能力，h 为规模参数，q 为比例系数。为考虑资金的时间价值，需把港口一次性建设成本折合成年均建设成本：$B'(K) = \dfrac{B(K)}{p(F, r, Q)}$，其中 $p(F, r, Q)$ 为年金现值系数，r 为折现率，Q 为港口固定资产使用寿命。

下面给出一般化布局的多港口地区港口最适港口群规模的确定方法。封闭地区的外运系统的门户港组成的港口群处于最优状态的表现形式为：在腹地运输需求得到有效服务的情况下，运输成本和基础设施建设成本之和所构成的内部总成本最小。优化港口群规模就是确定能最小化该成本的港口数量、规模及选址。下面基于凯普贝尔等（1990；2013）所提出的"连续逼近"方法确定区域的最适港口群规模。区别于第 5 章中用于确定漏斗型港口布局最佳港口群规模的方法，这里把港口 1 的位置 e 当作内生变量，这样本章的研究方法可适用于所有布局的多港口地区。

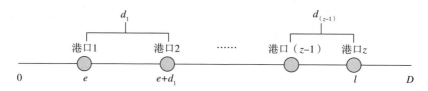

图 5 – 2　线性腹地港口布局

资料来源：由本书作者整理提供。

如图 5 – 2 所示，在区间 $[0, D]$ 的线性腹地上，各点的运输需求密度为 a，除港口外其他陆路运输基础设施均存在。假定线性腹地上需布置 z 个港口，港口 1 的位置为 e，港口 z 的位置为 l，连续两个港口间的距离用 $d_j(j = 1, 2, \cdots, z-1)$ 表示。要实现最小的内部成本应有：

$$e = D - l \tag{5-8}$$

$$d_1 = d_2 = \cdots = d_{(z-1)} = d \tag{5-9}$$

$$d \cdot (z - 1) = D - 2e \tag{5-10}$$

此时，各港口的总能力应恰好等于腹地的需求，即港口 1 和港口 z 的能力为 $a\left(e + \dfrac{d}{2}\right)$，而港口 2 至港口（$z-1$）的能力为 ad。因此，当 $z > 1$，最小的内部运输总成本应为：

$$A = 2\int_0^e cax\,dx + 2 \cdot (z-1) \cdot \int_0^{\frac{d}{2}} cax\,dx + (z-2) \cdot B'(ad) + 2 \cdot B'\left[a\left(e + \frac{d}{2}\right)\right] \tag{5-11}$$

将 $d = \dfrac{D - 2e}{z - 1}$ 和式（5 – 7）代入式（5 – 11），可得：

$$A = ca \cdot \frac{D^2 - 4De + 4z\,e^2}{4(z-1)} + h \cdot a^q \cdot P(F, r, Q)\left[\frac{(z-2)(D-2e)^q + 2^{1-q}(2ze + D - 4e)^q}{(z-1)^q}\right] \tag{5-12}$$

式（5 – 12）只给出了港口数量大于 1 时的最小内部总成本，当只有 1 个港口时，建在 $\dfrac{D}{2}$ 处才能使内部总成本最小，且港口能力恰好等于海运需求。综上，可给出不同港口数量时的最小内部总成本的表达式：

$$A = \begin{cases} \dfrac{caD^2}{4} + h \cdot (aD)^q \cdot P(F,r,Q), z = 1 \\[3mm] ca \cdot \dfrac{D^2 - 4De + 4ze^2}{4(z-1)} + \dfrac{h \cdot a^q \cdot P(F,r,Q) \left[(z-2)(D-2e)^q + 2^{1-q}(2ze + D - 4e)^q \right]}{(z-1)^q}, z > 1 \end{cases}$$

$$(5-13)$$

虽然给出了不同港口数量时最小内部总成本的表达式及各港口的选址和规模，但到目前为止最优的港口数量还是未知的，因此下面将以建设 1 个或 2 个港口为例，讨论与需求密度 a 对应的最优港口数量的决策问题。建设 1 个的最小总成本减去建设 2 个港口的最小总成本得式（5-14）：

$$\Delta A = A_1 - A_2 = cae(D - 2e) + (1 - 2^{1-q}) \cdot h \cdot (aD)^q \cdot P(F,r,Q)$$

$$(5-14)$$

由上述分析可知，$(D - 2e)$ 始终大于 0，而由式（5-7）中的 $q \in (0,1)$ 可知 $(1 - 2^{1-q})$ 始终小于 0，因此必定存在使 ΔA 等于 0 的需求密度 a。令 $\Delta A = 0$，可求得需求密度的临界值：

$$a^* = \left[\frac{(2^{1-q} - 1) \cdot h \cdot (D)^q \cdot P(F,r,Q)}{ce(D-2e)} \right]^{\frac{1}{1-q}} \qquad (5-15)$$

参照 a^* 可确定不同需求密度下，多门户港口地区的最优港口数量，具体为：（1）当 $a > a^*$ 时，有 $A_1 > A_2$，此时需要 2 个港口；（2）当 $a < a^*$ 时，有 $A_1 < A_2$，此时需要 1 个港口。

上面给出了以建设 1 个或 2 个港口为例的多港口地区的最适港口群规模的确定方法。是否需建设 3 个或更多的港口同样可以用此方法来确定，也就是说若增加港口所节省的总内陆运输成本无法弥补增加的资金投入时，就不需再新建港口。与第 5 章中的确定方法类似，节省的内陆运输成本是否可以弥补增加的港口资金是由内陆腹地的运输需求决定的，运输需求越大，需要建设的港口越多。

5.3　考虑港口群转型升级的多期整合机制

由于实现资源过剩港口的转型升级后，会给整个封闭多港口地区带来额外的经济利益和影响整个地区的社会福利，本节将考虑港口转型升级的影响，结合上述全新的港口群最佳规模确定方法得到的港口最适规模，给出最新的港口多期投资与退出模型及对应的整合机制。

与第 4 章类似，假设在线性腹地 [0, D] 上有两个门户港（如图 5 - 3 所示），其中港口 1 与港口 2 间的距离为 b，但港口 1 距线性腹地的中间位置的距离远于港口 2（表明港口 2 有距内陆腹地更近的优势，两港口可能在腹地中间位置的同一侧也可能在异侧）。两个港口的吞吐能力同样刚好满足腹地的海运需求，而且港口 1 的能力大大高于港口 2。

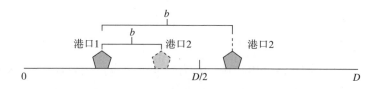

图 5 - 3　多港口地区港口布局现状

资料来源：由本书作者整理提供。

基于"一般化运输成本"的腹地划分方法，可以发现，上述现状港口布局情况下，封闭地区的社会福利不是最优的，整个地区存在严重交叉运输，内陆总运输成本非常高。基于此，我们提出新的多期港口整合思路如下：

（1）逐期增加港口 2 的能力（即投资扩建港口 2），使其分担更多的腹地货运需求，以降低腹地的内部陆路运输总成本；

（2）逐期闲置港口 1 的能力，并对闲置的港口资源转型升级，发展更有潜力的产业；

（3）港口 2 对港口 1 实施转移支付，弥补港口 1 的资产闲置成本和货运收益损失。

可以看到，这里的整合过程也是需要分多期完成的，假定整合周期为 T，某一期为 t，需投资的港口 2 每期投资额相同、需闲置资产的港口 1 每期闲置规模相同，且每个港口的投资或闲置均在期初发生，期末吞吐能力形成或退出市场；令 $K = f(B)$ 为式（5 - 7）的反函数，则两港口的吞吐能力在整合过程中的变化可用数学公式表示为：

$$f(B_{10} - y \cdot t) = K_1^t \tag{5 - 16}$$

$$f(B_{20} + s \cdot t) = K_2^t \tag{5 - 17}$$

式（5-16）和式（5-17）中，K_1^t 和 K_2^t 分别为港口 1 和港口 2 第 t 整合期的吞吐能力；B_{10} 和 B_{20} 为两个港口期初的固定资产规模；s 为每期港口 2 投资规模；y 为每期港口 1 闲置资产规模。另外，港口 1 每期闲置资产减少吞吐能力的过程中，会产生闲置成本和货运收益损失，其计算方法为：

$$O^t = y - y \cdot v \cdot (t-1) \tag{5-18}$$

$$R^t = \theta_1 \frac{a((x_i^*)^t)'}{(K_1^t)'} \cdot a((x_i^*)^t)' - \theta_1 \frac{a(x_i^*)^t}{K_1^t} \cdot a(x_i^*)^t =$$

$$\theta_1 a^2 \left[\frac{(((x_i^*)^t)')^2}{(K_1^t)'} - \frac{((x_i^*)^t)^2}{K_1^t} \right] \tag{5-19}$$

式（5-18）和式（5-19）中，O^t 为每期港口资产闲置成本，v 为折旧率。R^t 为每期港口 1 由于闲置资产所引起的货运收益损失；$(K_1^t)'$ 为港口 1 第 t 期末闲置资产的吞吐能力；$a((x_i^*)^t)'$ 为港口 1 第 t 期末闲置资产时通过其的货运量。

基于上述整合思路，可以构建考虑了闲置资源港口的转型升级的多期投资与退出决策模型，以使现状港口群接近于最优的社会福利。模型中其他主要使用的参数和决策变量定义在表 5-1 中。

表 5-1　　　　　　　　决策变量和模型中其他主要使用的参数

符号		含义
参数	C^*	最适港口群布局时的内陆运输总成本
	B^*	最适港口群布局时的港口建设成本
	r	折现率
	$P(F,r,N)$	年金现值系数
	j	银行利率
	N	最大整合计划期数
决策变量	$|T|$	整合计划期数
	s	每期港口 2 的投资额
	y	每期港口 1 的资产闲置规模
	δ	港口 1 转型升级时的跳跃距离

考虑港口转型升级的多期投资与退出整合机制模型的主要结构为：

$$Min: \Lambda = C((x_i^*)^{|r|}) + \left(B_{10} - \sum_{t=1}^{|T|} y/(1+r)^t\right)/P(F,r,N) + (B_{20}/P(F,r,N) +$$

$$s) - \left(\sum_{t=1}^{|T|} y(m \cdot \delta - w(\delta)^2/2)/(1+r)^t\right)/P(F,r,N) - C^* - B^*/P(F,r,N)$$

$$(5-20)$$

$S.T.$:

$$\sum_{i \in T} \left(C((x_i^*)^{t-1})/(1+r)^{t-1} - C((x_i^*)^t)/(1+r)^t\right) +$$

$$\left(\sum_{t \in T} y(m \cdot \delta - w(\delta)^2/2)/(1+r)^t\right) \geqslant \sum_{t \in T} O^t/(1+r)^t + \sum_{t \in T} s/(1+r)^t,$$

$$t \in T/\{1\} \tag{5-21}$$

$$\left(\sum_{t \in T} y(m \cdot \delta - w(\delta)^2/2)/(1+r)^t\right) \geqslant \sum_{t \in T} R^t/(1+r)^t, t \in T$$

$$(5-22)$$

$$\left(\sum_{t \in T} y(m \cdot \delta - w(\delta)^2/2)/(1+r)^t\right) \geqslant \sum_{t \in T} (R^t + O^t) \cdot j/(1+r)^t, t \in T$$

$$(5-23)$$

$$K_1^{|T|} + K_2^{|T|} = a \cdot D \tag{5-24}$$

$$(x_r^*)^t = \begin{cases} \dfrac{cb + g_2^t aD}{2c + g_1^t a + g_2^t a}, b > \dfrac{g_2^t aD}{c + g_1^t a + g_2^t a} \\ \dfrac{g_2^t aD - cb}{(g_1^t + g_2^t)a}, b \leqslant \dfrac{g_2^t aD}{c + g_1^t a + g_2^t a} \end{cases}, t \in T \tag{5-25}$$

$$0 < |T| \leqslant N \tag{5-26}$$

$$s, y, \delta \in R_{++} \tag{5-27}$$

式（5-20）为目标函数，表示港口整合结束时多港口地区的腹地到门户港的年内部总成本与港口转型升级利润及最适港口群布局时年内部总成本间的差距；式（5-21）表示港口整合节省的内陆运输成本与转型升级的额外利润之和应不小于港口 1 的闲置成本和港口 2 投资成本之和；式（5-22）表示港口1 转型升级外利润应能弥补其货运收益损失；式（5-23）表示港口转型升级的利润应不小于港口 2 对港口 1 的转移支付；式（5-24）表示整合结束时两港口的能力恰好满足货运需求；式（5-25）为腹地划分结果；式（5-26）为整合的计划期应小于最大整合计划期；式（5-27）为决策变量取值范围约束，其中 s、y 和 δ 均正实数。

5.4 算例分析

本节依然使用辽东半岛的大连港与营口港的整合进行算例分析，在得到考虑了港口转型升级的多期投资与退出机制后，我们将首先分析港口吞吐能力和腹地范围的相关变化，然后与第 5 章得到的最佳整合机制进行对比，得到两种整合方法的异同，以更好地指导多港口地区门户港口的整合。算例分析过程使用的港口基础属性（如港口资产规模、吞吐能力、整合前的货运量、基础港口使费等）、抽象为线性腹地的相关数据（如腹地货运需求、腹地长度、两港口的位置等）以及其他需使用到的数据均与第 4.4 节中使用到的算例数据相同。

在使用考虑港口转型升级的港口整合决策模型，确定港口转型升级时的最佳跳跃距离前，需先确定港口产业转型升级的行业空间。依据毛琦梁和王菲（2017）以及豪斯曼和克林格的产品空间构建方法，这里用 2000～2015 年联合国贸易数据库（UN Comtrade Database）中 SITC−2 级别的现代产业（组合成 18 种）贸易数据和服务贸易的数据，确定港口可转型升级的行业空间及与各行业之间的技术距离（见表 5−2）。然后，用《中国统计年鉴》上的各行业出口及就业相关数据，计算得到式（5−1）中 $w = 3\ 126$ 元，$u = 1\ 289$ 元。

表 5−2　　　　　　　　现代产业分类及其与港口业的平均技术距离

编号	行业	海关商品编码	与港口业的平均技术距离
1	农业及农副产品加工业	1−21，23，25，26	2.24
2	酒，饮料和烟草制品业	22，24	1.85
3	纺织品业	50−55，56−59，60，63	2.29
4	纺织服饰，服饰业	43，61，62，65	2.38
5	皮革，毛皮，羽毛及其制品业	41，42，64	3.44
6	木材加工业	44−46	3.08
7	造纸和纸制品业	47−49	2.64
8	石油加工，炼焦和核燃料加工业	27	10.33
9	化学原料和化学制品制造业	28−40	5.17
10	非金属矿物制品业	68−70	2.43

编号	行业	海关商品编码	与港口业的平均技术距离
11	钢铁制造业	72，73	2.82
12	有色金属冶炼和压延加工业	71，74－81	2.54
13	金属制品业	82，83	10.33
14	汽车制造业	87	7.75
15	其他运输设备制造业	86，88，89	4.43
16	电子设备制造业	84，85	6.2
17	机器设备制造业	90，91，93	3.1
18	其他制造业	66，67，92，94－97	15.5

资料来源：由本书作者整理提供。

使用 C＋＋编写计算程序，并在 SAGA GIS 平台上实施计算，确定区域最佳的港口群规模和求解港口多期整合机制模型，相关的求解步骤简述如下：

步骤 0：初始化。令 $|T| = 1$，结合腹地需求密度 a 根据式（5-6）~式（5-8）确定最适港口群布局时的内陆运输总成本 C^* 和港口建设成本 B^*；

步骤 1：令 $t = 0$，根据式（5-1）的腹地划分原理，确定通过两个港口的货运量并计算对应的内陆运输总成本 $C((x_i^*)^0)$；

步骤 2：给定港口 2 每期投资规模 s，港口 1 每期资产闲置规模 y 和港口 1 转型升级的 δ；令 $t = t + 1$，计算出每期整合后的节省的内陆运输成本，港口闲置成本和转型升级的额外利润等；当 $t = |T|$ 时，停止计算，求出此时所对应的目标函数 $\Lambda_{|T|}(s, y, \delta)$；

步骤 3：比较不同 (s, y, δ) 组合时的目标函数，确定出整合计划期为 $|T|$ 时的最佳整合方案（$|T|, s^*, y^*, \delta^*$）；

步骤 4：令 $|T| = |T| + 1$，重复步骤 1~3，计算出不同整合计划期所对应的最佳整合方案集合 $\{(1, s^*, y^*, \delta^*), (2, s^*, y^*, \delta^*), \cdots, (|T|, s^*, y^*, \delta^*)\}$；当 $|T| = N$ 时，停止计算，比较上述最佳整合方案集合中各方案所对应的目标函数，确定出港口整合的最优机制（$|T|^*, s^*, y^*, \delta^*$）。

步骤 5：当 $|T| = N$ 时，停止计算，比较上述最佳整合方案集合中各方案所对应的目标函数，确定出港口整合的最优机制（$|T|^*, s^*, y^*, \delta^*$）。

5.4.1 最适港口群规模和最优整合机制

经过上述计算可知，为实现辽东半岛地区最佳的内部运输状态（即最小化内部成本）需要在封闭区域内建设 2 个港口，其中港口 1 位于原点，吞吐能力为 0.456 亿吨；港口 2 位于距原点 380 千米处，吞吐能力为 3.544 亿吨。此时内陆运输成本最小，为 1 031.4 亿元，折合年港口建设成本为 77.84 亿元。

确定港口群整合的最优机制如表 5 – 3 所示。需分 28 期进行辽东半岛多门户港口地区现有的两个门户港的整合，其中每期营口港的投资规模为 24 亿元，每期大连港闲置资产 35 亿元，大连港转型升级优先发展的产业为机器设备制造业（跳跃距离为 3.1）。另外到第 28 期期末，目标函数值达到最小，为 266 亿元。此时，营口港固定资产规模为 1 243.7 亿元，大连港仅剩 90.3 亿元，但大连港升级的额外总利润达到 20.4 亿元。

表 5 – 3   辽东半岛多门户港口地区港口整合最优机制

整合计划期 （｜T｜*）	营口港每期投资 规模（s*，亿元）	大连港每期资产闲 置规模（y*，亿元）	大连港转型升级 跳跃距离（δ*）	目标函数 （Λ，亿元）
28	24	35	3.1	266

资料来源：由本书作者整理提供。

与第 4.4.1 节中的算例结果相比，本章中的港口群最佳规模和最佳港口整合机制有诸多不同。例如，本章中最佳的整合计划期（28 年）要长于 4.4.1 节中的整合计划期 20 年，然而需投资港口的每期投资额（24 亿元）和需闲置资产港口的每期资产闲置额（35 亿元）都要小于第 4 章中的结果，而且总投资额和总闲置资产规模也更小。这些差别存在的主要原因是本章所提出的全新整合机制考虑了港口业转型升级的影响。港口转型升级所带来的额外利润（20.4 亿元）在整个整合过程中可显著减少港口投资的资金投入和节省需闲置的港口资产规模。因此，可以得知本章中所提出的考虑了港口转型升级的整合机制是第 4 章中的多期投资与退出整合机制的重要补充。

5.4.2　港口吞吐能力和腹地范围的变化

图 5-4 显示了大连港和营口港在整合过程中吞吐能力和腹地的变化。可以看到，大连港的吞吐能力逐渐减小，而营口港的能力逐渐增大，到第 9 期期末，营口港的吞吐能力开始大于大连港（多 0.12 亿吨）；到整合完成时，大连港的能力仅有 0.2 亿吨，而营口港的能力已增长至 3.8 亿吨。在整合期间，大连港的腹地范围由开始时的 888 千米减少至整合期末的 88 千米，营口港则由 779 千米增长至 1 579 千米；到第 2 期期末，营口港的腹地范围开始大于大连港（大 29 千米）；到 22 期末，整个地区的交叉运输现象开始得到有效缓解（此时大连港的腹地范围已小于 b）；到整合期末，两个港口的能力均恰好等于它们服务的腹地内的货运需求，交叉运输完全消失，整个封闭运输系统处于最佳的状态。

另外，还可以发现在整合过程中，需投资的港口的吞吐能力相对于它的货运需求而言一直是缺少吞吐能力的，而需闲置资产减少吞吐能力的港口始终有多余的吞吐能力。出现这种现象可以从两个方面来解释。一方面，此时两个港口的位置不是处在最佳的布局，精确的整合使两港口在每期的需求与供给相同，不能保证式（5-20）的目标函数是最小的；另一方面，港口转型升级带来的额外利润也会影响目标函数的值。

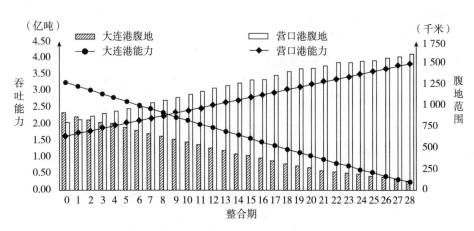

图 5-4　辽东半岛地区港口整合过程中吞吐能力和腹地范围变化

资料来源：由本书作者整理提供。

5.4.3 需求不确定性对港口整合的影响

需求不确定性会造成港口群的过度整合或整合不彻底。为衡量不确定性，假定上述算例研究中的线性腹地需求密度 a 是一个随机变量。假定 a' 是定义在概率空间 （F，P）内的随机海运需求密度变量，其中 F 和 P 分别是需求密度空间和概率集合。基于弗等（2014），需求密度可以假定为服从正态分布。则令 μ 是平均海运需求密度，σ 为需求密度的标准偏差，ξ 为变异系数（比值 $\frac{\mu}{\sigma}$ ）。

针对上述辽东半岛港口群整合算例分析需求不确定对港口整合的影响。假设需求密度的平均值 μ 等于上述算例分析中所用到的需求密度 a ，然后令变异系数 ξ 分别取值0.1、0.2和0.5进行三组实验，以确定需求不确定性对港口整合机制的影响。表5-4给出了变异系数（用于衡量需求不确定性）对最优整合机制的影响。随着 ξ 值的增大，整合计划期逐渐增大，而每期的投资规模和闲置资产规模在逐渐减小。这个算例结果表明，越大的海运需求通常意味着需要越多的额外港口吞吐能力。因此，在供给不足的港口增加更多的港口基础设施和在供给过剩的港口增大闲置资产规模是应对高海运需求的一个有效方法。此外，这些研究结果也进一步证明了准确预测海运需求对多港口地区港口整合决策者的重要意义。

表5-4 变异系数对最优整合机制的影响

ξ	整合计划期	港口转型升级跳跃距离	每期投资规模（亿元）	每期闲置资产规模（亿元）
0.1	22	2.43	37	46
0.2	23	3.08	39	42
0.5	27	2.24	47	37

资料来源：由本书作者整理提供。

5.4.4 敏感性分析

由于银行利率金融市场的影响较大，且直接影响决策者在港口整合时的策略选择，本节分析利率对港口整合的影响，结果见表 5 - 5。可以看出，随着银行利率的增加，整合计划期内转型升级的跳跃距离和每期投资或闲置的规模均有阶梯式变化。其中，最佳整合计划期由 28 年减少至 17 年，跳跃距离由 3.1 降至 2.29，相应的优先发展的产业变成纺织品业。每期投资规模由 24 亿元增加至 39 亿元，而每期闲置资产规模由 35 亿元增加至 57 亿元。这种变化的原因是当银行利率升高时，为使港口转型升级的额外利润能弥补港口闲置资产的货运收益损失和有投资港口对其的转移支付额，一方面需缩短年限以增大式（5 - 15）和式（5 - 16）的现值系数，另外需优先发展与港口业技术距离较近的产业，以增大港口转型升级时的额外利润。

表 5 - 5　　　　　　　　银行利率对辽东半岛最佳港口群整合机制的影响

利率	整合计划期	港口转型升级跳跃距离	每期投资规模（亿元）	每期闲置规模（亿元）
0.02	28	3.10	24	35
0.03	28	3.10	24	35
0.04	28	3.10	24	35
0.05	28	3.10	24	35
0.06	21	2.54	33	48
0.07	21	2.54	33	48
0.08	17	2.29	39	57

资料来源：由本书作者整理提供。

5.5　对我国港口群资源整合的意义和启示

本章在第 4 章的基础上，进一步考虑了资源闲置港口的转型升级问题。基于产品空间理论，给出了闲置资源港口可转型升级的路径、行业空间和可获得的额外利润；基于"连续逼近"选址理论，给出了一般化布局的多港口地区最佳港口群规模的确定方法；最后，在考虑港口转型升级的影响情况下，重新构建多港口地区主要门户港口整合的机制，提出更为全面的港口整合方法。

通过对辽东半岛多港口地区的算例分析比较，验证了本章提出的最适港口群规模确定方法和港口多期整合决策模型的有效性和实用性；通过对需求不确定性的分析，证明了准确预测海运需求对多港口地区港口整合决策者的重要意义。此外，银行利率对最佳港口整合机制影响的敏感性分析表明，当利率升高时，港口整合计划期和转型升级的跳跃距离将减小，而每期投资或闲置的资产规模会增大。

本章的港口群整合机制设计方法是对第4章整合机制设计的有力补充，进一步解决了港口资源浪费和资产闲置问题。在港口整合过程中，如果能将港口退出资产进行有效利用，则转型升级所带来的额外利润在整个整合过程中可显著减少港口投资的资金投入和节省需闲置的港口资产规模，从而提高整合过程的总体经济效益。

需要注意的是，要使该种整合机制实施，管理决策者需要制定相关政策，以促进港口进行转型升级和实施整合策略。由于港口行业在将过剩的港口资源转型升级的过程中会遇到诸多技术壁垒，如确定如何将港口过剩的资产转让给其他运营者和这些转让的资源如何管理等。因此决策者需要制定有效政策，指导和扶持港口的转型升级。另外，本章整合机制的设计依然建立在港口群总体资源过剩的基础上，若当腹地货运需求高速发展时，港口能力无法满足腹地货运需求，一部分货主会选择区外的港口作为门户港口。此时的研究涉及多个港口群间的竞争，针对一个封闭区域的多港口整合问题就变成优化投资扩建本地港口，构建最佳的港口群空间布局，提升本地区的港口群在与其他港口群竞争时的竞争力，进而捕获多地的货运需求。

第Ⅲ 部分

港口群资源整合模式选择

第6章 我国区域港口群发展现状分析

近年来，在我国国家战略以及我国经济社会发展需求的推动下，沿海省份已经普遍开展了区域港口一体化与港口整合活动。国内港口资源整合、区域间合作或联盟的趋势越来越明显，我国沿海港口掀起"整合热潮"。同时，港口整合优势也日益显现，不但提升了港口的竞争力，而且促进了区域经济的发展。2006年，国务院审议并通过《全国沿海港口布局规划》，把全国沿海港口划分为环渤海地区、长江三角洲地区、东南沿海地区、珠江三角洲地区、西南沿海地区5个港口群，如图6-1所示，这有利于引导港口进行资源整合及发展格局的优化升级，标志着我国沿海港口建设与发展进入了新的发展阶段。

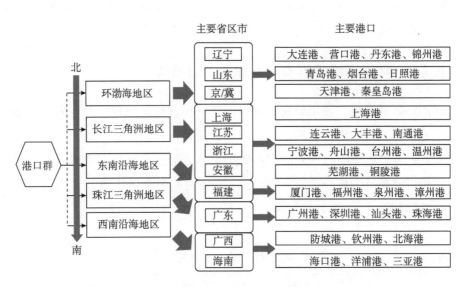

图6-1 中国五大港口群概览

资料来源：由本书作者整理提供。

103

6.1 环渤海港口群发展现状分析

环渤海港口群作为我国三大区域港口群之一，是沿海经济增长、区域建设的重要支撑。环渤海经济圈包括渤海湾沿岸的北京、辽宁、天津、山东、河北等省市，服务于我国北方沿海和内陆地区的社会经济发展，主要分为京津冀、辽宁半岛、山东半岛三大部分，海岸线长达 5 800 千米，分布着 60 多个港口，其中沿线亿吨级大港有大连港、天津港、青岛港、秦皇岛港、日照港，占全国沿海亿吨大港的一半。从地理位置来看，它处于东北亚经济区的中心位置，作为中国欧亚大陆桥东端重要的桥头堡之一，在亚太地区国际经济合作与发展中发挥着重要作用，对于推动我国西部大开发、振兴东北老工业基地都具有重要意义。从地形特征来看，该区域以北京、天津为中心形成一个"C"形发展区域。从经济发展来看，具有不可替代的物流优势，依托迅速发展的东北亚和亚太经济圈，环渤海港口群已成为国内乃至国际范围内工业群、港口群、城市群最为密集的区域之一。总体来看，环渤海港口群地理位置优越，各种自然资源非常多，产业实力雄厚，腹地经济发达，自然条件优越，有效推动我国周边城市及港口的发展，对整个东北亚以及太平洋地区发展都具有重要意义。

6.1.1 环渤海港口群资源禀赋及产业结构

环渤海区域呈现"三足鼎立"发展态势，根据空间分布，可分为三大港口群体：一是以大连港为核心的东北港口群，包括葫芦岛、锦州港、营口港、丹东港等；二是以天津港为核心的京津冀港口群，包括秦皇岛、京唐港、黄骅港等；三是以青岛港为核心的山东港口群，包括龙口港、威海港、日照港和烟台港等。具体如表 6-1 所示。

表 6-1　　　　　　　　　环渤海区域港口群概况

港口群	东北三省港口群	京津冀港口群	山东半岛港口群
核心港	大连港	天津港	青岛港
支线港	葫芦岛、锦州港、营口港、丹东港、旅顺港	秦皇岛港、京唐港、黄骅港	日照港、龙口港、威海港、烟台港、蓬莱港

续表

港口群	东北三省港口群	京津冀港口群	山东半岛港口群
腹地	黑龙江、吉林、辽宁、内蒙古东部	北京、天津、山西和河北	山东、河南
货物类型	粮食、石油、钢铁、金属矿石、煤炭	煤炭及其制品、钢铁、金属矿石、非金属矿石	煤炭、钢材、石油、矿石、集装箱

资料来源：由本书作者收集整理。

　　三大子港口群直接腹地彼此分离，但是间接腹地是相互交叉的，因此港口群之间的关系以竞争为主，并集中表现为大连、天津和青岛为代表的三个主要枢纽港之间（见图 6 - 2）。

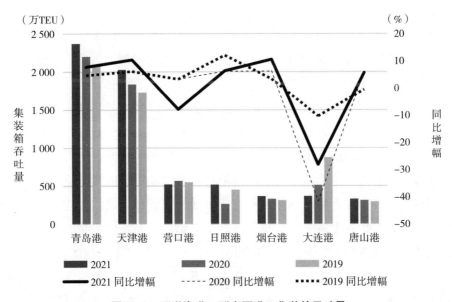

图 6 - 2　环渤海港口群主要港口集装箱吞吐量

注：数据来源于 Alphaliner 的全球集装箱港口吞吐量排名。

　　营口港、抚顺港、锦州港、盘锦港、大连港组成了东北港口群，大连港处于港口群核心地位，港口群与国际班轮公司合作拥有至美西、至欧洲多条集装箱远洋班轮航线，主要负责东北三省和内蒙古东部地区进出口资源如石油、粮食，码头泊位 300 余个，最大靠泊能力为 30 万吨级，海港年货物吞吐量 40 亿吨。2017 年为全面贯彻交通运输部《水运"十三五"发展规划》，创建了辽宁港口集团,以优化港口资源、发挥整体优势为目的。2018年,在招商局和辽宁省政府的主导下,辽宁港口集团成立,整合了包括大连、营口、盘锦、绥中、丹东等港口企业,整合外贸航线80余条,航线网络覆盖欧洲、非洲、美洲等160多个国家和地区,在辽宁外贸物流网络的完善,和东北亚航运中心的建设过程中起到了重要的作用。辽宁港口整合坚持了市场化、法治化的前提,并基于此确定了针对区域内不同港口企业的整合方案,在推动区域港口一体化运营的同时,立足"服务东北振兴、服务国内国际双循环、服务东北亚自贸区"的战略目标,积极推动辽宁港口功能布局结构调整,深入打造以大连外贸集装箱枢纽港、营口内贸集装箱枢纽港、渤海湾滚装枢纽港、冷链物流中心、东北亚铁矿石混配中心、东北亚原油分拨中心、商品车转运中心为核心的"三枢纽、四中心"的功能布局。

天津港、秦皇岛港、唐山港、黄骅港构成了京津冀地区港口群,2018～2019年河北省人民政府办公厅先后印发了《关于加快沿海地区开放开发实施方案》《关于大力推进沿海经济带高质量发展的意见》等多项政府性指导文件,为河北沿海港口发展指明了方向。国务院更是在2019年8月将中国(河北)自由贸易试验区曹妃甸片区作为唯一沿海片区正式批准为6个新建立的自贸区之一,重点突出了充分发挥港口地位优势,实现京冀协同发展,全面促进环渤海地区重要增长极建设。天津港是京津冀地区经济发展重要的交通枢纽,已形成一定规模的立体交通,集疏运体系和连接多地的纽带和通道,全港集装箱航线达到120条,与世界上多个国家和港口进行着贸易往来。现总共拥有173个泊位,其中万吨级泊位119个,生产用泊位151个,非生产用泊位22个。天津港拥有多个专业化的泊位,其中包括集装箱、煤炭、矿石国际邮轮等泊位。随着港口投资规模不断扩大,大津港的港口功能不断完善,极大地增强了对腹地区域的辐射带动能力,腹地面积不断延伸,并主动适应腹地经济结构的变化,到目前为止已超过500万平方千米。为了进一步对覆盖内陆腹地的港口物流网络进行完善,天津港在内陆腹地地区分别设置了5个区域营销中心和25个"无水港",当前全港的大部分货物吞吐量以及口岸进出口货物均来自其他省份。

山东半岛港口群作为环渤海港口群的重要组成部分,东邻日韩,西接中原,南靠长江三角洲经济圈,是国际航线南来北往的必经之路。坚持走以青岛港为核心,烟台港、日照港、威海港为辅助港口,合理分工、平衡发展的路线。主要从事集装箱、煤炭、原油、铁矿、粮食等进出货物的运输、仓储、中转和分拨等物流服务。现有泊位 600 余个，深水泊位占比接近 60%，港口货物吞吐量达 15.3 亿吨，建有全国最大的集装箱码头、原油码头及矿石码头，其中集装箱吞吐量约 2 800 万 TEU。为加强区域合作，使港口整合后出现"1 + 1 > 2"的效应，山东省在 2018 年 3 月启动了整合工作。一是依托山东高速集团的省级平台组建渤海湾港，来整合所属的滨州港、潍坊港和东营港。二是依托青岛港这一省级第一大港，来整合威海港；完成第一、第二步之后便将山东的港口形成了青岛港、渤海湾港、烟台港和日照港四大集团的格局。三是依托山东省政府与国资委的支持，2019 年 8 月成立山东港口集团，实现全省港口统筹发展的大格局。整合完成后，实现了山东省内港口由同质化竞争转化为错位发展、协同发展的局面，由单兵作战转化为组合发展、抱团取暖的局面，最终促进了港口的提质增效，实现了港口的高质量发展。

近年来，区域港口群的发展迅猛，港口规模不断扩大，总体水平不断提高。环渤海地区各港口都在加快建设，以此来带动经济发展。港口下放后，大大调动地方政府的积极性，很多地方提出"以港兴市"的发展战略，发挥港口和城市对外开放的窗口作用。

6.1.2　环渤海港口群港口功能定位分析

环渤海港口群国际性枢纽港包括青岛、天津和大连港。青岛港、天津港和大连港应充分利用本港的所处区位、腹地和深水岸线等优势，建设大型深水泊位，配套智能化程度比较高的集装箱装卸设备，积极发展第四代港口的功能，辅以柔性化管理，以外贸集装箱运输、能源、原材料等大宗材料运输、转运功能为主的现代化港口。同时加快本地产业结构调整，以提高航运主业和相关产业对港口城市经济贡献的力度为导向，强化港口资源配置功能，推动保税物流同区和临港工业建设，从而带动相关产业发展，促进区域经济增长，提高港口货物进出口运输量，但务必注意的是，三大综合性港口在地理位置上相距不远，又在同一港口群内，建设三大航运中心，要实现多赢局面，应合理分工，避免恶性竞争。青岛港的功能定位为国际物流中心以及集装箱干线港，主要发展以日照、烟台和威海三港的支线或作为喂给港口的集装箱集散系统。作为集装箱干线港，青岛港应引进现代管理技术以提升港口业务，以黄岛港区主要进口商品为矿石、原油、燃料油、纸浆和钢材等大宗散货及集装箱货物，而出口商品为煤及钢铁制品，形成了北方最大的矿石进口中转港、全国最大的原油进口基地、我国重要的煤炭出口基地。天津港定位为北方国际航运中心，主要服务于我国华北、西北地区的货物进出口，目标是使其发展成为我国北方最大的散货主干港、自由港、集装箱干线港和现代物流的重要港口。天津港作为集装箱干线港，相应布局东营、滨州、黄骅、唐山、秦皇岛、葫芦岛和锦州等港的集装箱支线和喂给港。大连港腹地、港内外交通体系完善，具有良好的货物集疏运、内外部环境等优势，以及定位建设的东北亚航运中心、集装箱干线港，可以相应布局锦州、营口和丹东等港口作为其集装箱支线运输或喂给港口，逐步发展成为设备设施配套齐全、集疏运条件优良、服务功能完善的现代化、综合性大港。发挥我国最大、最先进的 30 万吨级矿石、原油码头、散装液体化工产品转运基地以及利用矿石码头卸船机和装车系统效率最高优势，也是我国最大的海上客车/滚装运输港口。建设专业化、无缝隙的物流体系，为客户提供最优化的物流供应链服务，积极推进"数字口岸"建设，尽快建设成为大型化、现代化、专业化的国际深水中转港和现代化信息港，构筑集装箱产业信息交换的网络平台，使之具有国际第四代港口的功能与运营机制。

营口港是环渤海港口群的地方性枢纽港。营口港为环渤海综合物流运输系统的地区性物流枢纽，作为我国沿海近年增长最快的内贸大型港，是全国重要的综合性主枢纽港，也是环渤海三大航运中心北翼集装箱干线港。营口港定位为装卸效率高、服务质量好、具有明显竞争力的主枢纽港。营口港应积极推进原材料、能源中转与区域性枢纽港抬头并进，加快国际集装箱深水港建设，完善集疏运输系统，充分利用现代信息技术的优势，建立与港口业务有关的商务网络信息系统，满足物流信息的供需要求，提高口岸货物通过能力，从而降低货物运输综合成本；完善工作环境，抓紧目前的发展机遇，提高市场开发深度，同时广纳贤才并完善员工培训制度，给员工提供合理的竞争环境和激励的机制，从而提高员工的整体素质，建立一支高素质要求的员工队伍，以适应现代化港口管理需要（见图 6-3）。

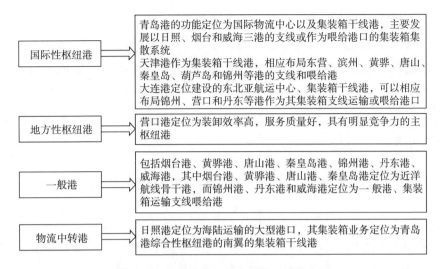

图 6 - 3　环渤海港口群主要港口功能定位

资料来源：由本书作者整理提供。

此外，环渤海港口群的一般港口包括：烟台港、黄骅港、唐山港、秦皇岛港、锦州港、丹东港、威海港。烟台港、黄骅港、唐山港和秦皇岛港定位为近洋航线骨干港，而锦州港、丹东港和威海港定位为一般港。

日照港是环渤海港口群的物流中转港。日照港是我国沿海主枢纽港和天然深水良港，也是新亚欧大陆桥东方启运港，是连接南北、沟通亚欧现代化物流综合性国际枢纽，日照港定位为海陆运输的大型港口，其集装箱业务定位为青岛港综合性枢纽港南翼的集装箱干线港。

环渤海港口群主要港口功能定位如图 6 - 3 所示。此外，上述各港应完善管理机制，在人才引进以及人力资源管理战略、港口货物流通的信息化平台建设方面加大力度，积极引入战略合作伙伴，开展物流基础建设方面的金融服务建设，推进物流业务外包和发展第三方、第四方物流，为港口货源供需、流通做保障，努力维护自己的核心竞争力。

6.2　珠三角港口群发展现状分析

珠江三角洲港口群作为现代物流业发展的"带动器"，由广东东部和珠江三角洲地区港口组成。该地区港口群依托中国香港特区经济、贸易、金融、信息和国际航运中心的优势，在巩固中国香港特区国际航运中心地位的同时，以广州、深圳、珠海、汕头港为主，相应发展汕尾、惠州、虎门、茂名、阳江等港口，服务于华南、西南部分地区，加强广东省和内陆地区与港澳地区的交流。以港口为中心的现代物流业，已成为"珠三角"港口群所在城市的重要支柱产业之一，对于该地区综合实力的提升、综合运输网的完善等，正发挥着越来越重要的作用。

6.2.1 珠三角港口群资源禀赋及产业结构

目前，珠三角港口群已发展成为规模化作业的世界级港口群。2021 年，广州港累计完成货物吞吐量 62 367 万吨，同比增长 1.8%，位列全球第五；深圳港全年累计完成集装箱吞吐量 2 877 万 TEU，同比增长 8.4%，超额完成年度目标，创历史新高，集装箱吞吐量位居全球第四位。中国香港港达 1 778 万 TEU，位于全球第十位。从专业化泊位来看，集装箱泊位方面，广州港、深圳港拥有 10 万～15 万吨级集装箱泊位，具备靠泊当前最大集装箱的能力。油品泊位方面，惠州港建有 30 万吨级油品泊位，具备条件靠泊 30 万吨级超大型油轮（VLCC），深圳港、珠海港拥有 10 万～15 万吨级的专业化 LNG 接卸泊位，能够满足当前最大 LNG 船舶停靠要求。煤炭、铁矿石等大宗散货方面，珠海港拥有 10 万～15 万吨泊位，可满足世界大型散货的靠泊要求。珠三角地区已建成适应当前最大船舶进出港的航道。进港航道主要有广州港出海航道；深圳港西部港区的铜鼓航道、西部港口公共航道、蛇口航道、赤湾航道和东部港区的三门水道、大亚湾航道、大鹏湾航道、盐田港区航道等；惠州港荃湾港区进出港航道、马鞭洲作业区主航道、惠东港区碧甲作业区金进港珠航道：珠海港的高栏主航道、桂山港区航道。此外，珠三角海铁联运业务已经开始实施。广州在 2021 年为海铁联运国际物流中心开始投产，这是广州港在粤港澳大湾区有一席之地的重大决策，并会加大相应"一带一路"建设政策的力度，进一步拓展广州的外贸航线，为深化粤港澳地区发展做出最大努力。如图 6 - 4 所示，2019～2020年珠三角港口群主要港口集装箱吞吐量变化较为稳定。

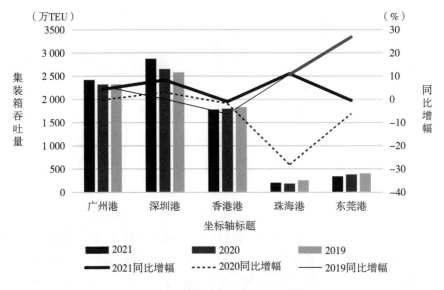

图6-4　珠三角港口群主要港口集装箱吞吐量

注：数据来源于 Alphaliner 的全球集装箱港口吞吐量排名。

其中，中国香港特区、广州、深圳三港是整个港口群外贸内贸货物海运的主体，中国香港特区、深圳是外贸集装箱运输的主要干线港，汇集了整个腹地绝大部分外贸集装箱直达运输；广州港依托江海联运优势，是煤炭、油气品以及钢材等能源、原材料运输的综合性枢纽。其他港口则为综合性大港提供集散运输，并在各地临海、临江工业发展中发挥重要作用。

作为华南地区最大的综合性主枢纽港，中国内贸集装箱第一大港、国际集装箱干线港、非洲航线核心枢纽港，广州港货物吞吐量、集装箱吞吐量稳居全球十大港口行列，有力支撑着广州港货物吞吐量和航运发展指数排名保持稳定，国际知名度和影响力持续提升。立足带动服务区域经济发展，广州港在加快港口基础设施建设，提升港口枢纽能级方面步履铿锵。南沙港铁路于 2021 年 12 月 31 日建成通车，打通海铁联运"最后一公里"，推动南沙港区成为世界级"海铁联运"物流枢纽。南沙国际物流中心北区项目开仓试运行，南区项目作为全国最大的单体冷库已进入制冷调温阶段，投产后总体仓容超 70 万吨。南沙国际通用码头、南沙港区五期建设加快推进。在落实粤港澳大湾区国家战略和广东省"一核一带一区"建设的稳健步伐中，成为助推城市发展、开放引领的桥头堡。在区域合作中，广州港发挥港口在经济产业发展和枢纽城市建设中的战略性、基础性、先导性作用，连接江海，形成华南大物流格局，进一步提升广州在粤港澳大湾区以及全省区域发展的核心引擎作用。

深圳港不断提升港航业发展质量，加快盐田港东作业区、小漠国际物流港等重大项目建设，大力发展"水水中转""海铁联运"，努力打造成为全球湾区核心枢纽海港。作为全球第四大集装箱枢纽港，深圳港现有国际班轮航线200多条，通达100多个国家和地区共300多个港口，与意大利热亚那等26个港口建立友好港关系，形成了远近洋、干支线、内外贸相结合的全球性航运网络体系。2021年，深圳港集装箱吞吐量达到2 877万TEU，较2017年2 520万TEU增长12.4%。目前，深圳港已开通超过60条湾区驳船货运航线，服务网络覆盖泛珠三角50多个码头，覆盖率达九成以上。创新构建以深圳港为核心的大湾区组合港体系，与20多个湾区港口签订组合港协议。"大湾区组合港"模式充分发挥以深圳港为核心的大湾区水运"一盘棋"全局效应，有效促进深圳枢纽港国际航运资源和珠三角沿江港口腹地制造业货源进行深度整合，推动大湾区港口资源整合互补和要素合理分配，全面提升大湾区港口群整体竞争力。

在临港物流产业的拓展方面，依托现代化港口作业业务和扩大物流公司的业务范围，珠三角港口群的港口集团拥有相对完善的物流链。从港口作业到市场经营再到地区分销配送，每一步都体现出珠三角港口群各集团的专业。目前，一批世界500强企业在南沙港保税港区内操作物流业务，一些大型物流企业进驻园区，一些知名跨国公司在保税港区设立采购配送基地。另外，在前海注册并运营的现代物流业企业超过5 000家，初步形成了包括供应链管理、第三方物流、航运服务等在内的现代物流业体系。从分系统布局情况看，珠三角港口群集装箱、煤炭、粮食以及油气运输系统布局也已基本形成。集装箱作业主要集中在深圳港和广州港，煤炭接卸主要集中在广州港、东莞港和珠海港，但广州港近年来逐步放慢煤炭中转运输的发展步伐，深圳港也逐步向虎门港等转移煤炭等大宗散杂货的装卸运输业务，珠海港依托一批10万吨级及以上的大型深水散货泊位建设逐步改变地区大宗干散货运输格局。散粮作业主要集中在广州港和深圳港，成品油作业主要集中在广州港和惠州港，惠州港为主要原油接卸港。

珠三角港口群基本形成以市场为主导，功能错位的港口群布局。深圳港直接支撑的珠江口东岸地区，外向型经济发达，使得深圳港外贸吞吐量占总吞吐量比重高达84%，成为华南地区参与经济全球化和全球资源配置的重要窗口。而广州港的内贸吞吐量占总吞吐量比重高达77%，为腹地内向型产业提供能源、原材料等物资中转运输服务。惠州、珠海等港口则为临港重化产业布局提供重要支撑，港口主要服务货类为石油天然气及制品、煤炭及金属矿石等大宗散货。东莞港作为深圳港和广州港的重要补充，以大宗散货运输、临港工业为主，积极发展集装箱运输，已逐步发展成为珠江三角洲煤炭及粮食等大宗散货的主要接卸港。江门、中山、佛山、汕尾及肇庆等港口主要是为本市及周边地区城市建设、产业布局及经济发展提供支撑。

6.2.2 珠三角港口群港口功能定位分析

珠三角港口群作为我国重要的港口群之一，地处太平洋东岸，远东—欧洲和远东—北美两大国际航线交汇于此，为我国的南大门。珠三角港口群以中国香港港、广州港和深圳港为主体，港口群通过航运发达的珠江水系，四通八达的高等级公路，京广和京九等铁路干线连通广大内陆腹地，为腹地加工贸易、现代加工制造基地的发展创造了条件，使得珠三角地区沿海港口与广大腹地有了更好的衔接。当下重要的是，粤港澳大湾区应当把握我国现在良好的发展机遇，在"一带一路"和"自由贸易改革"等政策的助力下，以金融、科技创新、先进制造为发力点，从而快速崛起。海运方面，粤港澳大湾区依托于世界排名靠前的广州港、深圳港和中国香港港，港口吞吐量位居世界湾区之首。未来也应继续强化内地与港澳的交通联系，构建高效便捷的现代综合交通运输体系。发挥中国香港特区作为国际航运中心的优势，带动大湾区其他城市共建世界级港口群和空港群，优化高速公路、铁路、城市轨道交通网络布局，推动各种运输方式综合衔接、一体高效。

根据国家对珠江三角洲圈区域发展战略，协调港口发展对区域经济作用直接影响，必须对港口进行科学定位。

从广州港自身来看，目前广州港已经形成以南沙港区为主导、黄埔港区和新沙港区为辅助、内港港区逐步调整为城市功能的港区发展格局。因自然条件优越，广州港集装箱运输重点布局南沙港区，而新沙港区集装箱运输主要作为南沙港区的补充。根据港口最新发展形势，可考虑充分利用驳船岸线发展集装箱驳船运输。同时，新沙港区南部码头区具有其自身特点和优势，其后方布局有大量粮油、钢铁加工贸易等临港产业，为其未来发展提供较好支撑。基于临港产业发展趋势，统筹考虑与深圳港等珠三角其他港口发展趋势，新沙港区南部码头区定位为以粮油、钢铁等件杂货为主，同时为充分利用驳船岸线考虑集装箱驳船运输以缓解广州港集装箱驳船码头能力紧张的局面。广州港坚持推动港城融合发展，充分发挥广州港作为广州城市核心资源、战略资源、独特资源的优势，统筹协调推进广州港航产业改革和发展，为广州国际综合交通枢纽建设提供坚实的基础支撑，构建以南沙港区为核心、黄埔新港和新沙港区为重要功能区、内港港区和内河港区为补充，分工合理、功能分明的港口发展格局。对外广州港通过积极开拓国外集装箱航线，大力发展多式联运，港口辐射能力持续增强。

深圳世界级集装箱枢纽港功能全面强化，为航运科技创新中心。深圳港发展成为全国最大的液化天然气（LNG）接卸港、华南地区超大型集装箱船舶首选港。十四五期间，规划要求打造全球湾区核心枢纽海港，坚持港口与现代航运服务业并重的发展原则，实现贸易大港向"贸易、能源、邮轮、航运"综合性强港转型升级，率先建设成为引领亚太、辐射全球、绿色低碳、智慧高效、港城融合的全球湾区核心枢纽海港。以深圳港为枢纽港，积极推动与喂给港间的联动发展，共建粤港澳大湾区组合港体系。研究运用区块链、大数据等技术，探索搭建港口物流及贸易便利化服务平台，实现港口间资源共享、信息联通，提升组合港一体化发展水平。加快国际中转港建设，实施多国集拼前海、盐田模式，拓展欧美—东南亚国际中转、"一带一路"中转和"驳船—大船"中转业务。创新前海枢纽港、深港组合港、湾区港口群、国际港口链"四港联动"模式。建设特色产品枢纽港，把握外贸进口商机，充分发挥深圳港市场化运作优势，吸引冻品、水果、木材等特色产品集聚深圳港。发挥深圳跨境电商市场规模优势，开拓跨境电商海运快线，拓展国内航线，提升港口贸易服务水平。

中国香港港是以国际集装箱中转业务为特征的集装箱枢纽港。中国香港港靠近国际航运通道，是天然的深水良港，开发深水泊位成本较低，适合不断投资深水泊位建设以适应船舶大型化的发展。依托自由贸易港红利，已成功实现由腹地型航运中心向国际中转型航运中心转型，70%的集装箱吞吐量均来源于国际（境外）中转。港口软硬件设施完善，管理运营经验丰富，金融、航运贸易、法律服务、人才等要素完备，港口综合竞争优势明显。中国香港港运输结构逐步转型，重点发展集装箱运输高端业务，使得腹地集装箱业务越来越多向广州等其他港口转移。依托自由港制度和税收优势，着重处理航运金融、航运交易结算等业务。以自由港优势成为连接"一带一路"沿线国家和地区的重要枢纽和全球高端航运资源配置中心。珠三角港口群主要港口功能定位如图 6 – 5 所示。

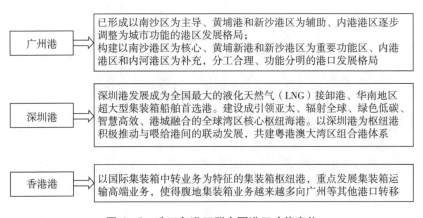

图 6 – 5　珠三角港口群主要港口功能定位

资料来源：由本书作者整理提供。

随着集装箱船舶大型化的发展，航线布局将趋于轴心化，为了提高经济效益，船公司就必须尽可能减少挂靠港口，以增加航行时间和降低港口使费，许多班轮公司通过国际枢纽港将区域网络和干线运输连接起来，以便开发利润丰厚的当地货运市场，这就需要各港口明确自身功能定位，完善港口设施，提高竞争优势。

6.3　长三角港口群发展现状分析

长江三角洲地区位于我国长江经济带与"一带一路"交汇点，是我国东部最具经济活力、对外开放度最高、吸纳外来人才最多、创新能力最强的区域之一，在国家对外开放和现代化建设中发挥着重要作用。2018 年习总书记统筹部署长三角区域高质量一体化成为国家战略,推进更高起点的深化改革和更高层次的对外开放布局;2019 年国务院印发的《长江三角洲区域一体化发展规划纲要》要求推进区域协调发展、产业创新和基础设施互联互通水平,使长三角地区成为全国经济的增长极、区域一体化的样板区。长三角一体化旨在建设世界级城市群,提升长三角城市群在世界经济格局中的能级水平。长江三角洲地区港口群作为全国"经济列车"前进的重要引擎,依托上海国际航运中心,以上海、宁波、连云港为主,充分发挥舟山、温州、南京、镇江、南通、苏州等沿海和长江下游港口的作用,服务于长江三角洲以及长江沿线地区的经济社会发展,是五大港口群中发展最快、实力最强的一个港口群,已成为推动全国"经济列车"前进的重要引擎。上海港、宁波—舟山港作为"长三角"港口群的代表,成为"长三角"经济发展乃至全国经济发展的核心和重要支撑。

6.3.1 长三角港口群资源禀赋及产业结构

长三角港口群协同发展,区域间高等级航道网的通达度显著提高;三省一市港口集团之间合资合作力度不断加强,并向纵深推进;长江经济带航运联盟、长江港口物流联盟等相继成立,促进了港口合作;船舶污染防治、保税燃油加注等政策方面实现了联动;港航信息互联互通也取得了一定突破。2021 年以来,长三角港口群在作业能力、辐射效应、智慧提升、绿色发展等各方面取得突破性进展。长三角港航部门在做好"外防输入"的前提下,积极优化航线布局,推动干支线高效衔接,加强港口资源整合,共建辐射全球的航运枢纽。同时,推动信息资源共享,口岸监管、港口服务等信息加快电子化,数据透明度、联通性进一步提升。为满足"减碳"要求,长三角港口坚持绿色可持续发展,积极推进新能源和清洁能源应用。长三角港口群主要港口集装箱吞吐量如图 6-6 所示。

上海港不仅是我国海上运输通道的枢纽,也是我国重要的贸易港口之一。作为我国贸易出口的重要口岸,上海港的集装箱、货物吞吐量一直稳居世界前列。上海港位于中国大陆东海岸的中部、"黄金水道"长江与沿海运输通道构成的"T"字形水运网络的交汇点,前通中国南、北沿海和世界各大洋,后贯长江流域及江、浙、皖内河、太湖流域。公路、铁路网纵横交错,集疏运渠道

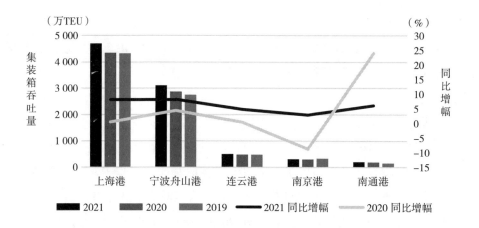

图6-6 长三角港口群主要港口集装箱吞吐量

注：数据来源于Alphaliner的全球集装箱港口吞吐量排名。

畅通，地理位置重要，自然条件优越，腹地经济发达。上海港作为全球第一大港，同时地处一带一路黄金节点，肩负走出去的重大战略使命，在"一带一路"倡议进一步深化之际，上海港的海外扩张及国内业务有望进一步提速。结合国内产能亟待消化的现实，叠加"一带一路"倡议沿线大多数国家具备较强的基础设施建设需求，基建输出可能成为"一带一路"倡议建设的重点工作。2020年上海港连续十一年稳居全球第一，全年集装箱吞吐量总体呈现前低后高的趋势，下半年屡创新高格局，全年逆势达到4 350万TEU历史新高。其中，国际中转完成超530万TEU，同比增长超14%，水水中转比达到51.6%，同比增长约3%。全年箱量增长的背后，内贸箱做出了积极贡献。

宁波舟山港背靠我国经济最为发达的长江三角洲经济区和杭州、宁波、上海等经济发达的大城市群。随着宁波舟山港集团的成立，该港在长三角地区的影响作用正日益增强。港口划分成为19个区域，且每个不同的区域都有各自功能，从而实现了资源的优化配置，使得物流运输功能能够像流水线工作一样快速而又高效地运行。配合长三角地区的基础道路设施，从而加快地区经济的发展。此外，舟山跨海大桥的全线通车也为舟山地区的物流运输提供便捷通道。宁波—舟山港主动对接国家"一带一路"建设，舟山新区紧紧抓住建设国际物流枢纽岛这一主线，利用区域、岸线及政策等优势整合。以战略发展的目标使港口经济成为海洋经济发展的重要增长点，通过招商引资、加大项目建设力度等措施来不断提升港口产能等级。

连云港是中国首批沿海开放城市，也是江苏省最大海港、中国重点海港城市，同时还是陇海、沿海铁路和同三、连霍高速的交汇点，经济腹地广阔。经过多年发展，形成以连云港、盐城、南通三座沿海港口城市为中心的沿海港口群，北部以连云港港为中心大港，包括灌河港口群体，中部以大丰港为中心港口，包括射阳港、陈家港等；南部以南通洋口港为中心大港，包括吕泗港与南通港等。连云港在整合港口资源、组建港口控股集团的过程中，始终坚持做好顶层设计，明确了"突出主业与做大做强相结合、政府推进与市场主导相结合、分步实施与保持稳定相结合、规范运作与监管统一相结合"的四个重组原则，切实做到资产重组与现代企业制度建设、干部管理与激发活力、内控机制建设与提升"两个效益"三个同步，确保了港口资源整合的顺利实施。连云港"一体两翼"四个港区分别设立了相应的港口资源整合机构，统一规划、统一推进，有力推动了行政和企业资源的双重整合，形成了"政府推动、企业参与，以资本为纽带，行政手段与市场手段相结合的方式，整合全市港口资源"的有效模式。在港口控股集团组建之后，注重加强现代企业制度建设，完善法人治理结构，加快推进港口企业向现代化高效企业迈进。

长三角地区产业呈梯度发展模式，上海市处于后工业化时期，江苏省、浙江省处于工业化发展中期。上海市作为国际航运中心城市，其绿色港口、智慧港口、平安港口建设均走在长三角港口群发展前列，高端航运服务业产业链较为完善，支持类高附加值产业发展较快，对外辐射效应明显。这种梯度发展模式对上海港口提出了航运产业链条纵向联动服务需求。上海港是长三角港口群中效益最好、效率最高、绿色智慧引领最强的核心港口，也是"一体两翼"的上海国际航运中心中产业集聚最高、创新能力最强、服务环境最优的全球航运资源配置核心区。因此，上海港与长三角港口联动发展采取"一体、双向、四联、五接"的方向，通过市场化联动、联盟化联动与一体化联动的模式，综合推进长三角港口群"一中心三群"战略目标的实现。

6.3.2 长三角港口群港口功能定位分析

长三角港口群位于我国东部沿海长江三角洲，江流入海，具有得天独厚的区位优势，是我国吞吐量最大的港口群。为贯彻落实长江经济带发展战略，加快长江港口集疏运体系建设，提升货物中转能力和效率，国家发改委、交通运输部、中国铁路总公司印发《"十三五"长江经济带港口多式联运建设实施方案》。方案提出，长江经济带航运中心、航运物流中心具备完善的多式联运功能，重要港口、一般港口多式联运功能显著增强。具体任务包括优先支持枢纽港口、积极支持重点港口、适度支持一般港口。长三角港口群主要港口功能定位如图6-7所示。

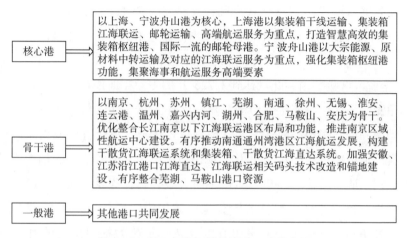

图6-7 长三角港口群主要港口功能定位

资料来源：由本书作者整理提供。

港口作为长江经济带发展的重要物流节点及贸易载体，在促进国家战略落实方面发挥着极其重要的作用。为此，国家通过"一带一路""十三五"等一系列政策措施，紧锣密鼓地推进长江经济带发展，为长江沿线港口创造了重大发展机遇。加快上海港、宁波舟山港等长江经济带沿线港口多式联运发展，对完善沿江地区综合交通运输体系，推进交通供给侧结构性改革，提升长江黄金水道与长三角港口群功能，推动长江经济带发展具有重要意义。

6.4 东南沿海港口群发展现状分析

东南沿海港口群作为海西经济建设的突破口，全部集中于港口岸线资源丰富、优良深水港湾众多的福建省，由厦门港、福州港、泉州港、莆田港、漳州港等组成，以厦门港、福州港为主。服务于福建省和江西等内陆省份部分地区的经济社会发展和对台"三通"的需要。港口的发展带动了临港工业的布局，满足了福建对外贸易的需求，保障了海峡两岸的经贸交流，在促进海峡两岸经济崛起中作用明显。

6.4.1 东南沿海港口群资源禀赋及产业结构

福建省港口资源丰富，全省大陆海岸线达 3 752 千米，位列全国第二位。截至 2019 年年底，全省沿海港口生产性泊位数达 481 个，万吨级以上的泊位数达到 185 个。2020 年，福建省港口货物吞吐能力达 6.21 亿吨，同比增长4.5%，全省港区集装箱吞吐量达到 1 726 万 TEU。在地理划分上，福建省北邻长江三角洲经济区，东部毗邻台湾海峡，南部紧靠珠江三角洲经济区，西部与赣江、湖南和湖北等中心地区紧邻，地理位置优越。福建省可成为东南亚国家和我国台湾地区的货运中转站。2017 年，福建省国资委将持有的福建省港口建设开发公司的股权转让给福建省运输集团有限公司，这表明福建近海港口一体化逐渐推进，福建省沿海配备有宁德港、莆田港、厦门七港（已与漳州港归并）等大型港口。其中宁德港集团有限公司（也称为福州港集团有限公司），莆田港集团有限公司（也称莆田港集团）和厦门港口控股集团有限公司（也称为厦门港集团）等构成了地方国有港口企业。福建省运输集团发挥领头的公共码头经营者的长处，从巩固港口和航运企业入手，加快福建省沿海港口整合，辐射"一带一路"大型现代港口服务企业集团。东南沿海港口群主要港口集装箱吞吐量如图 6 - 8 所示。

1. 福州港口群

整合福建和宁德两市港口，以福州港为主体，形成覆盖三都澳、罗源湾、福清湾、兴化湾北岸的港口群。目前，福州港主要担负着福州市闽江流域、闽东沿海地区以及湖南省东部、江西省中部等邻近省份部分地区的物资集散和外贸进出口任务，其直接腹地范围包括福州市和南平地区全部和宁德地区的绝大部分。间接腹地包括省内中、西部及北部，江西省的中部、湖南省的东部以及浙江省的西南部地区。腹地工业有造船、冶金、机械、化工、建材、电子、工

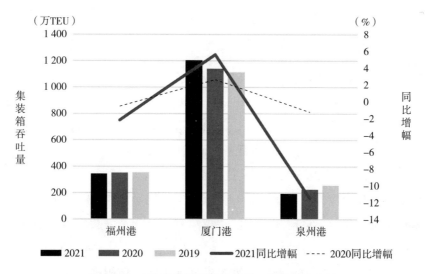

图 6 - 8　东南沿海港口群主要港口集装箱吞吐量

注：数据来源于 Alphaliner 的全球集装箱港口吞吐量排名。

艺品等。农业除粮油作物外，水产、水果产量甚丰。矿产资源主要有叶蜡石、高岭土、花岗石料、石英砂等。福州港是腹地能源物资、原材料和外贸物资中转运输的重要港口，是发展临海工业的依托，是对台"三通"的主要口岸。今后随着腹地经济发展和外海港区的建设，将逐步开展集装箱干线运输，远期发展成为集装箱和大宗散杂货运输相协调的国际航运枢纽港。福建省商品进出主要依靠海运，专业化港口码头支撑着全省的石化、汽车、能源和钢铁等重工业与外向型加工业的发展。

立足福建沿海经济带深水港口优势、区位优势，以发展产业群和港口群为突破口，重点提升制造业发展水平，把信息、石化、机械三大主导产业做大做强，重点推进以大型火电厂、钢铁、修造船、汽车、冶金、能源、原材料等大型重化工业为主的 48 个临港重化工项目落地建设，加快现有临港产业整合调整和结构优化升级，推进发展战略性新兴产业。福州港主要发展电力、石化、冶金、修造船、机械、汽车及零部件等临港重化产业，培育壮大电子信息、纺织、塑胶及商贸加工业、海洋产业等重点产业集群。建设大型煤炭、矿石等干散货中转基地，推进中海油海西宁德（溪南半岛）工业区、福建（宁德）沿海大型钢铁等项目，培育壮大电机电器等产业集群，集中力量建设宁德溪南、白马，福州罗源湾、江阴临港产业集中区。

2. 湄洲湾港口群

整合莆田和泉州两市港口，形成覆盖湄洲湾、兴化湾南岸、泉州湾的港口群。湄洲湾港的直接腹地包括泉州、莆田地区，间接腹地延伸至闽西、闽北、赣南、湘南一带。原莆田港主要担任湄洲湾电厂的煤炭运输，三江口等港区（港点）服务地方物资运输及陆岛交通运输等任务，而泉州的经济以外向型经济为主，支柱产业是石油化工、纺织服装鞋业帽、建材陶瓷、食品饮料和电子机械业。

两个港区整合应打破行政区划、合理分工、统筹协调，将湄洲湾港建设成以大宗散杂货和集装箱运输相协调的主枢纽港。湄洲湾继续着力打造石化、机械等先进制造业基地，带动和培育相关产业专业园区发展，同时发展船舶修造、液化天然气、冶金、电力、制浆造纸及木材加工业、纺织鞋服、工艺陶瓷等重点产业集群，建设物流基地；南岸重点推进福建炼化一体化炼油乙烯改造扩建及新增 1 200 万吨/年炼油、中化泉州 1 200 万吨/年炼油、福建石化合成橡胶等项目；北岸重点推进金鹰集团有限公司金鹰林浆纸一体化项目一期、国投莆田湄洲湾（石门澳）产业园、福建 LN6 冷能利用丁基橡胶生产等项目。

3. 厦门港口群

整合厦门和漳州两市港口，以厦门港为主体，形成覆盖厦门湾、东山湾的港口群。厦门港的直接腹地为闽南的厦门、漳州和闽西的龙岩、三明明地区，间接腹地包括福建全省，西北包括粤东和江西东南地区。厦门港已被国家确定为沿海主枢纽港和八大集装箱干线港之一，而漳州港不仅是福建省进口原木最大的港口集散地，而且是福建省进口大豆的第一港。通过厦门湾港口的整合，扩大规模，提升水平，将厦门港建设成为集装箱运输为主、散杂货为辅的国际航运枢纽港。主要发展石化、机械、汽车产业、工程机械、闽台合作农产品加工、光电、生物与新医药等重点产业集群建设物流基地，古雷半岛重点发展石油化工等产业，推进漳州古雷炼化一体化、漳浦台玻璃生产等项目。

6.4.2　东南沿海港口群港口功能定位分析

进一步完善沿海港区发展布局，推进港口管理体制一体化，初步建立布局合理、功能完善、管理先进的海峡西岸北部、中部、南部三大港口的海峡西岸港口群发展格局，改变原先福建港口分散、割据的局面，提高福建港口的辐射力、扩散力和竞争力，对东南沿海港口群进行功能定位。

1. 国际航运枢纽港——厦门港

推动以集装箱运输为主、散杂货运输为辅的国际集装箱中转中心建设，形成"环两湾辖十区"的总体发展格局，积极开拓外贸集装箱中转和内陆腹地海铁联运业务，强化对台贸易集散服务功能。加快港区功能优化调整，东渡港区重点发展国际邮轮、对台客运；翔安港区重点发展集装箱干线运输为主，兼顾散杂货运输；后石、海沧、嵩屿及刘五店港区发展大宗散货、远洋集装箱和部分散杂货运输。主推北部翔安、南部古雷两大深水港区的建设；扩大海沧、招银、嵩屿、东山、石码等港区泊位建设；着力建设邮轮母港，促进南部云霄、诏安、六鳌等中小港区的起步开发。加快海沧航道扩建三期工程、主航道扩建三期工程、招银航道扩建二期工程、古雷航道二期工程（15 万吨级）、古雷航道三期工程（30 万吨级）等重点航道建设。

2. 大宗散杂货运输港——福州港

将宁德港、海坛港区、鉴江作业区作为福州港的组成部分，加快推进福州—宁德港一体化整合，发展为一港八区。加快建设大宗散装货物接卸转运中心，积极拓展集装箱运输业务，建成集装箱和大宗散杂货运输相协调的国际航运枢纽港。培育江阴港区集装箱干线运输为主、散杂货和化工品运输；发展罗源湾大宗散装货物接卸转运业务；推进松下港区粮食中转、加工、储运的重要基地建设。建设罗源湾港区可门作业区泊位，重点推进罗源湾港区将军帽30 万吨级码头建设，加快推进江阴航道二期工程建设，福清湾、沙埕湾、兴化湾10 万吨级航道建设。

3. 大宗能源运输港——湄洲湾港

将湄洲湾港建成大宗能源、重型石化、散货和内外贸集装箱运输为特色的主枢纽港。加快拓宽、拓深湄洲湾航道，建成40 万吨级湄洲湾港主航道，15 万吨级航道、莆头7 万吨级航道、5 万吨级分道通航航道。加快石湖、秀涂支线集装箱运输发展，有效整合部分港区多用途泊位功能。加快建设湄洲湾罗屿作业区深水泊位矿石散货中转基地、东吴港区 1 500 万吨煤炭中转储备基地、成品油储备基地和秀屿港区木材加工基地。预计到 2025 年年底，湄洲湾港吞吐能力将达 2 亿吨，生产性泊位将达 100 多个，其中万吨级以上泊位超过 50 个，罗屿、东吴作业区的最大泊位等级分别可达 40 万吨级、15 万吨级、15 万吨级。东南沿海港口群主要港口功能定位如图 6 – 9 所示。

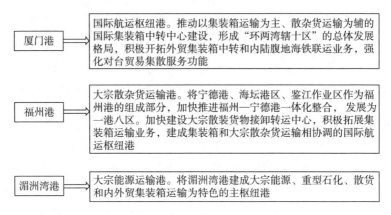

图 6 – 9　东南沿海港口群主要港口功能定位

资料来源：由本书作者整理提供。

6.4.3　东南沿海港口群资源整合现状分析

2019 年年初，福建省委、福建省人民政府印发的《关于进一步深化改革扩大开放的若干措施》明确表示，将积极推进港口运营管理体制机制的改革创新和港口资源优化配置，实现全省港口运营企业管理一体化。由于长期受到港口利益矛盾突出的影响，福建港口整合虽然起步较早，但整体发展进程较慢。2020 年 8 月，福建港口集团成立，完成了对区域内厦门、漳州、泉州、福州等港口的整合，初步实现了省内国有港口企业一体化经营。2021 年，福建省人民政府公布《关于印发加快建设"海上福建"推进海洋经济高质量发展三年行动方案（2021—2023 年)》，提出了福建要"做大做强东南国际航运中心，建设世界一流现代化智慧港口，要着力打造厦门国际集装箱干线港，加快建设福州国际深水大港"的目标。

6.5　西南沿海港口群发展现状分析

西南沿海港口群作为西部崛起的"火车头"，特色鲜明，由广东西部、广西和海南的港口组成。该地区港口的布局以湛江、防城港、海口港为主，相应发展北海、钦州、洋浦、八所、三亚等港口。虽然该港口群集装箱运输起步较晚，但近年来发展势头锐不可当。由于背靠深广、资源富集、发展潜力巨大的广西、贵州、云南、四川、重庆、西藏内陆腹地，又面向不断升温的东盟经济圈，西南沿海港口能大力助推我国西部崛起，为海南省扩大与岛外的物资交流提供运输保障，已成为我国与东盟开展经济贸易交流的"黄金通道"。

6.5.1 西南沿海港口群资源禀赋及产业结构

我国与东盟各国之间的商贸往来、大宗货物主要是靠海运进行运输，海运的出海口主要是通过包括海南、广东、广西在内的西南沿海港口组成的港口群。西南沿海港口群以跨区域独资或合作构建港口物流网络，主要代表性港口包括广西北部湾港口、可门港及黄埔港。

广西北部湾港口群是促进中国—东盟自由贸易区发展的区域，它是我国向东盟进出口货物的主要通道。防城港、北海、钦州是广西北部湾港口群组成部分，这些港口也是中国—东盟最便捷的出口港岸。"一带一路"背景下，北部湾作为"海上丝绸之路"上重要的区域合作平台之一。广西北部湾防城港、钦州、北海等三港的整合，实现了"一港、三域、八区、多港点"的港口布局体系。其中，"一港"即广西北部湾港；"三域"指防城、钦州和北海港域；"八区"指渔口、企沙西、龙门、金谷、大榄坪、石步岭、铁山港西、铁山港东等八个枢纽港区；"多港点"指规模较小的港点，主要功能是为当地的生产生活及旅游客运提供相关服务。目前，广西北部湾港已经建成的生产性泊位共有263个，年货物吞吐能力超过2亿吨，年集装箱通过能力达468万TEU。广西北部湾港口管理局的成立，标志着在北部湾沿海港口行政管理方面实现了规划、建设、管理、运营的统一。广西北部湾港口群由广西负责领导挂帅，承担广西北部湾港口的统一规划、岸线利用前置审核、项目建设协调以及港口建设扶持基金的核拨等四大职责。该港口管理局的成立提升了港口的运营管理水平，实现了港口行政管理高效运行。整合后的北部湾港通过三港统一调度，航线已通达80多个国家和地区，航线挂靠港口220多个，实现了港口年吞吐能力和港口货物吞吐量均突破2亿吨的大关。广西北部湾充分发展临港工业，把机械、造船、临港化工业等重点产业作为临港产业发展的主攻方向，形成区域性加工制造业基地；充分发挥重大产业项目的带动效应，重点打造石化、钢铁、林浆纸、能源、修造船等五大产业集群，大幅度提高港口吞吐量。广西北部湾沿海港口资源整合的主要方面如图 6 – 10 所示。

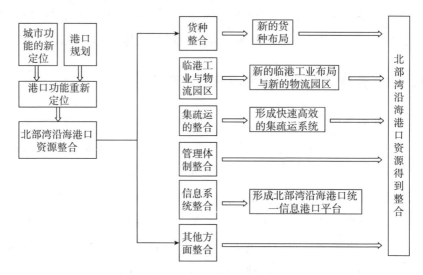

图 6 – 10 广西北部湾沿海港口资源整合的主要方面

资料来源：由本书作者整理提供。

湛江港素以天然深水良港闻名，具有"大、深、阔、掩护好"等特点，港岸线资源丰富，海岸线长达 2023 千米。港口主要开展散货、件杂货、集装箱、石油、液体化工、危险品、重大件等多种货物的装卸、仓储、中转业务，满足油品、矿石、煤炭等能源、原材料大宗散货的运输需求。湛江港经济腹地横跨中国华南、西南、中南三大经济区域，是我国通往东南亚、非洲、欧洲、大洋洲航程最短的重要港口，是全国沿海港口布局规划中西南沿海港口群的中心港口，是华南铁矿石、原油主要接卸港和集装箱支线港。随着码头、航道等基础设施不断提升，服务功能不断完善，湛江港集团铁矿石业务由传统的为腹地钢厂保供的单一模式，转型为以钢厂保供、矿山直销、简单加工、现货贸易、保税转口等多元化业务相融合的综合服务模式，不断丰富以铁矿石保税、混矿、筛分及贸易为支撑的产业链供应链服务功能。湛江高新技术、优势资源、装备制造、农产品加工等四大优势产业已初具规模。基本形成以临港石化、近海油气开发、电力、造纸、农海产品加工、饲料、纺织服装、电器机械等八大支柱产业，有南方石化、农海产品加工出口、高级纸业和小家电制造业等四大产业集聚基地。目前，正在大力推进以钢铁、石化及造纸为龙头的现代产业体系建设。

海南省积极整合港口资源，目前已形成北有海口港，南有三亚港，西有洋浦港、八所港，东有清澜港的"四方五港多港点"格局，港口功能定位明确。近两年，海南港口业发展迅猛，港口重点建设进程加快，港口资源整合稳步推进，当前港口整体布局结构调整已获得显著成效，码头长度持续增加，港口泊位及万吨级泊位不断增多。据统计，2018 年海口港泊位长度为 7427 米、泊位数为 49 个；八所港泊位长度为 2 219 米、泊位数为 11 个；洋浦港泊位长度为 8 672 米、泊位数为 42 个。海南省重点项目陆续开工，经济增长持续升温，港口化工产品、建材等需求较大。其中煤炭、钢材、水泥等传统大宗货源需求稳定，吞吐量达到海南港口总吞吐量的 60% 以上，支撑海南港口生产的稳定发展。以海南热带特色为主的农业、现代物流业等产业的快速发展，带动集装箱吞吐量的快速增长；同时，海南旅游业的建设与发展也为港口带来了日益增长的旅客数量以及大幅增长的免税消费品需求。

6.5.2　西南沿海港口群港口功能定位分析

就广西北部湾内部港口而言，防城港的主导功能定位为：由于防城港建港条件优越，按照目前的吞吐量增速，作为北部湾港口群的主体港，面向东盟国家乃至世界的洲际枢纽港。此外，防城港作为我国西南地区散货运输专业化现代化港口，是我国西南地区金属矿石、煤炭、磷肥、硫磺、水泥、粮食、木片等散货的最主要中转港，也是东盟乃至国际近洋、远洋集装箱干线港，同时也是我国西部具有多功能、现代化的综合性集装箱枢纽港。钦州港定位主导功能定位为：由于钦州港建港条件优越，按照目前的吞吐量增速，即将跨入超大型港行列，其主导功能是广西北部湾港口群中的重要骨干港，也成为我国西南地区重要的能源（特别是石油）运输与中转基地，并且作为集装箱干线港，承担西南地区工业货物往来的自由贸易港与工业港口。北海港也是北部湾的重要骨干港，其中石步岭港区发展为现代化商贸旅游和清洁型物资运输为主的综合性货物运输，铁山港发展为北部湾集装箱支线港、工业港。

在国家的"一带一路"规划中，明确提出粤港澳合作。打造粤港澳大湾区，发展成为推进海上丝绸之路战略的重要平台。湛江定位为主要节点和重要平台，湛江港作为外贸进口原油及铁矿石接卸港，已形成以湛江港务局码头为主，地方码头和货主码头共同发展的总体布局，承担集装箱、件杂货、散货、重大件、危险品、石油、液体等百余种货物的装卸、储存、转运等。湛江湾内港区投入营运的有调顺岛港区、霞海港区、宝满港区、霞山港区和坡头港区五个，铁矿石、原油是主要大宗货类。

海南港发挥以海口港和洋浦港为中心的海上交通枢纽和物流中心作用，加快邮轮母港建设、大吨位停靠港口建设，使过往邮轮、货轮有港可停，为海上丝绸之路的中继服务提供必要的硬件支持。海南省政府立足洋浦产业发展现状、资源禀赋和服务国家战略，提出了洋浦港产业发展战略：紧紧抓住"21世纪海上丝绸之路"和"自由贸易园区"的战略机遇，着力打造面向东南亚的石化产品出口加工基地和国际能源交易中心两个平台，实现洋浦新型工业与现代服务业双轮驱动的发展策略。八所港应充分利用港口的区域、资源和物流优势，紧紧抓住"一带一路"倡议、环北部湾经济圈和腹地经济发展的良好机遇，将主营业务和地区经济发展紧密结合，不断拓展港口功能和延伸产业链，全力打造成为海南西部现代化工业强港和辐射全国沿海及东南亚地区的区域性国际物流集散地。重点建设深水码头及专业化码头，以此来提升港口的效益水平。完善周边的交通体系建设，目前已经建成的高速公路有：绕城高速、东线、西线、海文、海榆（东、西、中线），以此打造属于琼北地区的一小时经济圈。环岛高铁也已通车。西南沿海港口群主要港口功能定位如图6-11所示。

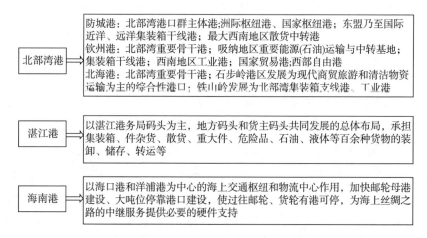

图6-11　西南沿海港口群主要港口功能定位

资料来源：由本书作者整理提供。

第7章 国内外港口群资源整合经验借鉴

7.1 国内港口群资源整合经验借鉴

7.1.1 辽宁港口群

辽宁有着 2100 多千米大陆海岸线，是东北区域唯一的出海口，是环渤海港口群的重要组成部分，具有广阔的发展空间。改革开放以来，辽宁港口产业发展取得了令人瞩目的成就，货物吞吐量和交易量飞速增长。东北地区大多数的海运货物和外贸货物都要通过辽宁港口群出入，因此也被称为"东北地区经济的晴雨表"。辽宁港口资源丰富，分布着大连港、营口港、丹东港、锦州港、葫芦岛港、盘锦港等四十余个大小不一的港口，目前辽宁港口群初步形成了以大连、营口为主要港口，其余为地区性和一般港口的层次体系（吴洪涛，2008）。

辽宁省港口资源整合最早开始于 2006 年，大连港参股锦州港集装箱码头公司，经过多年的企业与企业之间，企业与政府之间的合作，收获了良好的整合基础。2012 年 5 月，由大连市政府牵头，大连港与营口港、丹东港签署丹东海洋红港区资源合作协议，三方成立合资公司，共同开发港口资源。2017 年 6 月，辽宁省政府与招商局港口集团正式签署《港口合作框架协议》，建立以大连、营口为主的辽宁港口统一经营平台，标志政府对港口资源整合的介入，建立了辽宁东北亚港航发展有限公司，并于 2018 年 11 月 29 日更名为辽宁港口集团有限公司后，整合了包括大连、营口、盘锦、绥中、丹东等港口。

2020 年 6 月，大连港拟以发行 A 股方式换股吸收合并营口港。同年 7 月，大连港与营口港同步公告《交易预案》，标志两大东北海上枢纽的合并进程迈出实质性一步，辽宁港口整合稳步推进，正在迈向新的台阶（鲁渤，2021）。总体而言，辽宁港口资源整合以政府为主导，第三方市场适当参与，提高整合效率。具体来说，整合要点分为三步：（1）改善港口基础设施。2009 年 7 月，国务院出台《辽宁沿海经济带发展规划》，明确要求港口资源整合，全面提升港口航运与物流的服务水平。（2）提高港口海岸管理。2009 年 3 月 2 日，辽宁省出台《辽宁省口岸管理办法》，完善港口监管简牍设施和制度，对相关工作人员进行培训，完善港口管理体系。（3）实现政府对港口的统一规划管理。2018 年 2 月，大连港集团和营口港集团全部股权无偿划转至东北亚港航公司，大连港、营口港的实际控制权全部交由辽宁省国资委管理。近年来，辽宁省部分主要港口的管理由各市转变到辽宁省统一管理，这种管理模式下，港口资源整合会取到更好的成效。

辽宁港口整合可以为我国港口整合提供的经验启示如下：

（1）政府主导和市场化运营结合。整合过程中政府要发挥整体规划和调控的主导作用。第三方企业的参与也会提高整合效率，缓解地方财政的压力。辽宁政府以大连港和营口港的联合为基础，加上招商局的合作，寻求多方合作，以市场经营的方式组建辽宁港口集团，实现港口整合和资源一体化。

（2）兼顾统筹谋划与整体推进。辽宁港口的整合由政府与招商局一同参与，分步骤层层递进完成整合以减少阻力，如首先实现大连—营口港的整合，后续又在招商局的主导下整合丹东港。

（3）淡化行政划分，实现分工合作。港口群的整合必然要打破行政划分的界线，用经济发展规律和港口的现有条件进行协调发展，巩固枢纽港的主导作用，整合中也应适当照顾发展较弱的港口，实现整体协调发展，在互补中实现规模效应（张馨，2013）。

7.1.2　山东港口群

山东省海岸线长度为 3 024.4 千米，占全国的 1/6，15 米等深线以内水域约 1.3 万余平方千米，自然资源十分丰富，三面环海，非常适合港口的建设与发展。山东港口群是环渤海地区港口群的重要组成部分，其中，青岛、日照和烟台是我国排名前十位的枢纽港口，威海、潍坊、东营和滨州为四个一般性港口（刘桐，2020）。山东各港口位于渤海湾和东北亚经济圈的核心位置，与韩国隔海相望，地理位置优越，交通便利。实现山东省港口群资源整合，对于实现我国沿海区域战略布局和促进山东省整体经济的发展都有着至关重要的作用。

山东各港口货源腹地交叉，同质化竞争严重，有很高的提升空间：（1）长期以来山东港口建设呈多点开花状态，低水平重复建设严重，海岸线上港口林立，平均每 40 千米就存在一个港口，如青岛港下设的董家口港，距离山东另一大港口日照港的海上直线距离只有 30 千米左右。如此高的密度显然不利于港口的发展，急需进行港口整合从而优化配置。（2）各港口缺乏相应的经济协调机制和统一管理机制，现有基础设施不能充分利用货物分流。并且由于山东港口的"七雄格局"，港口间是竞争对手的关系，很难形成合作共赢的态势。（3）许多中小港口功能定位不合理，业务严重重合，面对大港的压力时，往往降低费用来提高短期效益，但并未提升总体利润。近些年各港口的盈利水平差距也很大，除青岛港外其他港口盈利水平并不稳定（张婧，2018）。

作为有着 3 000 多千米海岸线的山东半岛港口群，为提高港口整体竞争力，实现优势互补，山东省早在 2004 年就提出系统性、开放性实施半岛港口群资源整合。从山东省通过将日照港务局与岚山港务局部分重组为日照港集团公司开始，逐步推进港口整合步伐。首先将青岛港与威海港、烟台港与龙头港分别整合为威海青威集装箱码头公司与烟台港务集团，实现青岛港整合，结束内部不良竞争，提升烟台港的核心竞争力。其次，启动新的港口整合方案，在 2018 年将东营港、滨州港、潍坊港合并成为山东渤海湾港口集团。最后，2019 年 7 月 9 日，再次将青岛港与威海港整合，山东港口集团挂牌成立，青岛港、日照港、烟台港、渤海湾港四大港口集团国有股权划转至山东省港口集团，山东全省港口规划"一盘棋"、管理服务"一张网"、资源开发"一张图"的一体化发展新格局开始构建（曲晓琳，2010）。

整合过程中山东省着眼一体化与市场化，突出"三个不搞"避免问题。（1）不搞"表面整合"，股权重新分配确保整合效果，将各港口的国有资产全部上交，再按估值将股权划分给各港口，确保整体性，避免假合并。（2）不搞"整体打包"，仅将经营性资产整合，公用资产仍由地方政府管理，山东省港口集团可以集中力量于主业。（3）不搞"以股定权"，将决策权、管理权、收益权三权分立确保统一经营，决策权归政府、管理权归企业、收益权由全体股东共享。

自山东省港口集团组建数年来，联动与整合效果显著，货物吞吐量与集装箱吞吐量分别跃居全球第一和第三位，服务"国内国际双循环"的能力不断提升，奠定了北方枢纽港的地位。不可否认，外界对于港口整合一直有着疑虑，担心出现强港被弱化的"此消彼长"现象。但事实证明，青岛港的龙头地位更加高昂，日照港、烟台港和渤海湾港的各自优势也得以强化。以 2020 年为例，疫情冲击下的全球海运市场压力加剧，但山东港口旗下所有港口均实现了增长。其中，青岛港货物吞吐量超越新加坡港，跃居全球第五位；集装箱吞吐量超越釜山港，位居全球第六位、东北亚第一位。日照港货物吞吐量则超越鹿特丹港，首次跻身全球港口前十位。青岛港登顶东北亚的背后，正是山东港口以全集团之力将青岛港打造成东北亚国际航运枢纽中心，改变了整个区域竞争格局（黄昶生，2018）。

在山东加快推进海洋强省建设的当下，整合一体化发展的沿海港口，将成为山东"向海图强"的有力支点，港口整合带来的积极意义，还在于全省港口一盘棋的资源整合上。其贡献的经验具体总结如下：

（1）码头功能需细分化，注重港口利益动态平衡。以 2018 年港口吞吐量数据来看，山东的沿海港口年吞吐量超过 15 亿吨，位列全国第二位，年吞吐量 4 亿吨以上港口数量达到了 3 个，位居全国第一位，分别是青岛港、日照港和烟台港。这一方面显示了山东的实力，但从另一方面来看，一个省的空间内分布着 3 个各自为政的 4 亿吨级港口，竞争是何其惨烈。港口整合之后，山东各港口从竞争对手变成了港口群的合作者，"各自为政"变成了"整合、融合、耦合"。

（2）港口群管理集中统一，协调发展。2019 年，山东省港口集团 7 个港口联手，连续开通了 12 条航线。初步形成了"以青岛港为枢纽港，日照港、烟台港、渤海湾港围绕各自区域腹地形成海上支线布局"的干支线网络配套发展格局。这就在航运货物中转上，形成了省内各港口互通有无、优势互补的集疏运体系，盘活了东北亚航运体系中渤海、黄海区域的微循环线网。资源统筹、科学调配下，许多原本就适合从青岛港中转的货物不再因为其他因素流失（卢书要，2019）。

7.1.3　宁波—舟山港

宁波与舟山两个港口都具有丰富的岸线与港口资源，特别是舟山群岛辖有 1 390 个岛屿，在这些群岛的背风面，都是具有建港条件的优良岸线，自然岸线狭长达 2 444 千米。基础设施完备，开发潜力巨大。在地理位置上，两地之间只有一海之隔，经济、交通联系密切，另外，两地还共享浙江省和长江三角洲沿线城市的经济腹地（李雪，2015）。

两港各项资源成互补态势。宁波港在岸线资源上，可供开发的深水岸线有限，而舟山群岛的深水岸线资源却十分富余，只是因为与腹地分离，而导致开发难度较大，基础设施建造成本较高。从投资的角度来看，宁波舟山两港地理位置接近，在各类业务与投资上都有较多的重叠，可以通过一体化缓解或避免这两方面产生的摩擦与矛盾。这样的现实背景下，通过宁波的资金，开发舟山的港口资源，就成为此次一体化总体上的思路。将两港一体化资源整合，形成一个现代化综合性的大型港群，将会产生整体优势，使得港口的各项设施配套协调。营运的一体化、协作化必然会降低运输成本，提高整体经济效益。

从战略部署上来看，我国的海岸线狭长，海运默认以厦门港为分界线，厦门港以南港口归的海运属广州海运局管理，海运货物通常在中国香港港中转；而以北则是归上海海运局管理，这部分货物的中转并没有固定的综合型港口可以承担，而宁波—舟山的大型港口是存在满足作为中转港口需求的。综上所述，整合过程中有几个主要的问题亟待解决：

（1）行政与管理上的问题，宁波港与舟山港是分属两个不同的行政主体管辖。而我国以往的港口整合多是在同属一个行政主体内的情况下进行的，如何跨行政区域的整合，协调好两地政府统一方向协同并进是一项新的挑战，对各类权限、利益的分配模式上都需要做出新的尝试与探索。

（2）经营机制上的阻碍，宁波舟山两港作为国有企业，也是两地经济发展的重要支撑，长久以来实施的都是单一的公有制。如果仅是进行单纯在行政上的整合，就需要思考是否能对两港发展做出有效贡献，是否只是通过整合使吞吐量得到增长。是否能实现信息与资源的共享，是否能达到简化运营管理流程的效果？如果要达到以上的目标，必然需要引入市场机制，将所有权与经营权相分离，那对两地政府及港口企业来说，将是一次本质上的大转变（杨小波，2015）。

多种整合模式并用。由于分属于不同行政区域的独有背景，宁波—舟山港采取在管理体制上选择建立统一管理机构，而在运营上采取地主港模式进行开发建设以及获取投资。地主港（landlord port）模式，就是指政府委托特许经营机构代表国家拥有港区及后方一定范围的土地、岸线及基础设施的产权。对该范围内的土地、岸线、航道等进行统一开发，并以租赁方式把港口码头租给国内外港口经营企业或船公司经营，实行产权和经营权分离，特许经营机构收取一定租金，用于港口建设的滚动发展（李雪，2015）。

在合并过程中，经由政府主导建立宁波—舟山港口管理局，解决两港口分属两地政府的困境，深入展开合作，协调各类资源和管理权限分配。在两个港口统一过程中，特别是远离腹地的舟山港，为获取足够的资金支持，吸引民资、外资和船方等渠道资金。在宁波—舟山港合并归于港口管理局统一管理，并采取地主港模式引资后，经过实践检验，这样的整合模式切实促进了两地港口及经济发展。由于所有权、经营权相分离，做到明确产权关系，统一规划各港口的功能定位与未来规划。宁波舟山港打破原有体制下的束缚，释放市场经济活力，不仅减轻财政负担，同时兼顾了政府与企业的利益。

组建政策性投资开发公司。由浙江省政府主导，带领两市政府一起成立宁波舟山港口投资开发有限责任公司，由国有资本控股，并引入多种战略投资者融资。投资开发公司目的在于确保两港口处于政府指挥下，而运营管理上按照市场化高效率运作，秉持这样的行动准则，对宁波—舟山两港岸线进行整体开发建设。投资开发公司准备了三种营运方式：第一种，公司以开发区形式对港口及腹地进行建设，再向市场发布招租信息；第二种，公司仅建设光板码头，建成后对外招租；第三种，公司投资并建设全部港口设施，建成后自主经营。通过该开发公司，建设港口基础设施，形成的资产和债务归港口管理机构。然后将建成的泊位区通过市场公开招标后出租给码头经营企业，通过收取租金和土地开发所得偿还基础设施建设债务。政府投资建设的项目，在一定时期后有偿转让于非政府投资主体经营。政府回收资金可用于新项目建设，并最终拥有项目所有权。

作为我国最典型的港口整合范例，宁波—舟山港提供的港口整合经验如下：

（1）私有化经营。通过地主港的整合方式，弥补政府资金的短板，吸引市场中的私人资金以及私营部门参与港口的建设。在此类基础性建设投资中，由于资金回笼、获得收益的期限较长，资金长期套牢在一个项目中，承担风险较大，因此私人资本在这类政府项目投资中往往积极性不高。而在该模式下，可以通过直接出售、转让或租赁港口所有权，使港口、港口服务或港口经营等实现私有化，而不涉及产权问题，很好地保障了投资者的利益，提升了项目对投资人的吸引力。

（2）明确产权，妥善处理资产与债务。资产和债务分割不清是造成港口分家后政企之间产生新矛盾的又一重要原因。资产和债务如何分割，实际上涉及这个港口今后将采取何种管理模式和发展方式。在采用地主港模式的过程中，这个问题就解决得很好。港口基础性设施以及码头建造中形成的资产和债务也归港口管理机构，然后码头的生产经营性设施设备由码头经营企业负责建设和安装，所形成的资产和债务归码头经营企业。对于宁波—舟山港一体化建设的港口项目基本上是新建设码头泊位，新建设的码头泊位能比较清晰地划分资产和债务，因此更适合采取地主模式进行建设。

7.1.4　江苏港口群

江苏作为一个港口大省，在国家交通运输部 2004 年公布的全国 53 个主要港口名录中，江苏占了 7 个，分别为连云港港、南通港、苏州港、镇江港、南京港、徐州港、无锡港。其中包括连云港港、南通港、苏州港、镇江港、南京港在内的 5 个港口列席沿海 25 个主要港口。目前，苏州港、连云港港、南京港、南通港、镇江港、扬州港、泰州港、江阴港的货物吞吐量均超过 1 亿吨，使江苏省成为国内拥有最多亿吨大港的省份。而相较于其他省份，它的港口群独具特色，一是同时具备数个体量巨大的沿海港口与密集的内河港口；二是这些沿着长江两岸分布的内河港口，往往以某个沿海港口为龙头，在各市建立许多港区，下属的各县也都发展出自己的港口，形成独有的水运经济模式（吴亲晓，2018）。在这样"一县一港"的治理格局下，江苏港口群普遍存在一些共有的问题：

（1）同质化严重，长期停留在较低水平的竞争中，各港口都由地方的行政单位管理，港口间缺乏联动与高效合作。港口利用度以及专业化程度不高，港口群规模虽大，但大都由地方政府运营管理，资源配置能力有限，港口开发程度相对较低。

（2）由于体制障碍导致的物流运力不足，港口周边的硬件设备缺乏，铁路运输以及个港口配合不到位，缺乏龙头企业引导，无法提供具备足够吸引力的物流外包服务，中小企业都在追求小而全，各港口间缺乏信息及资源共享。

（3）港口建设规划不合理，沿海岸线资源利用率不及全国平均水平，开发度仅20%，主要原因在于环保要求下所设立的各类土地指标、海域指标等带来的制约；另外，也是由于沿海岸线开发成本较高，地方政府难以吸引足量资金，使得已有港口规划用地用作他途，进一步浪费沿海岸线资源。

（4）锚地泊位浪费严重，主要原因在于市、县等地方政府为了抓住政策带来的发展契机，都在进行大量投入建造自己的港口，申报国家开放口岸。过程中往往缺乏对行政区内自然资源是否适于进行港口开发的深入考察以及对港口建造中的合理规划。所以内河港口在建设中缺乏对水域特点的因地制宜，许多在河口地带建设的锚地，本身存在沿江港口锚地资源紧张的限制；缺乏定点指泊、定点抛锚与分区管理；加之缺乏统一管理机构，监管不足，大量非法码头占据岸线资源，进一步浪费了锚地资源。

江苏港口群内部陷入低水平竞争的同时，也面临着来自周边青岛港和日照港的外部竞争压力，内忧外患下港口整合重组已是大势所趋。交通运输部发布了《关于推进港口转型升级的指导意见》，提出"支持国有港口企业发展混合所有制经济，鼓励港口企业以资本为纽带进行兼并重组，用市场的作用配置优化整合资源"。推动江苏沿海港口资源整合进程，促使各港口间实施战略合作。

江苏港口群可以提供的经验启示如下：

（1）以资金为纽带，合作促进融合。江苏港口群的整合并非简单的统一化，由于具有沿海沿江港口密集、总体量巨大、岸线狭长的特点。对江苏港口群来说，保留内部竞争以促进运营管理效率是十分有必要的。简单的合并与资源整合并非最优解，考虑到管理成本的上升，应当找到合并的最佳颗粒度，既能实现利用率与运营效率上的提升，又不会打击各地级市发展港口的积极性。而一方面考虑到地级市这一治理主体已经能够避免当前江苏沿海港口"县级"治理的相应弊端，能够满足港口发展必要的规模性和治理层级；另一方面，为使江苏港口群更好地服务于实现"一带一路"倡议的发展需求，实现统一的规划与运营管理。

所以总体上通过资金作为纽带，设置统一的管理机构，但是对各地区的港口因地制宜采取不同措施，分地区进行管理，赋予各个沿江港口不同的市场定位，解决业务高度重合的弊病。其次，通过该统一的管理机构，使各市域港口服务价格标准化，以遏制港口间的低水平价格竞争。具体措施上，对于各市域内的密集型港口资源进行整合，建立各市的沿海港口集团，把市域内的县级港口都整合进港口集团，由其对市行政区域内部港口资源统一管理，合理规划市内不同港口未来的发展计划，实行错位发展，改变"一县一港区"的发展现状；对于各市域间的港口资源，坚持以连云港、南通港、盐城港为核心作为控股股东，跨地域进行资本合作，通过市场的途径建立新的经营主体，形成涵盖各类业务的规模化港口企业。通过这三个地级市的港口企业进行战略合作，实现效益的提升。

（2）加快未利用资源的回收，加大监管力度。通过市域内港口整合，将战略决策的权利收归各市的沿海港口集团，从而实现更高水平地对岸线资源进行合理规划，强化对港口硬件设施的配备建设与管理，对县级港口的闲置资源和未开发资源做好配置与监管，取缔非法码头并对污染排放不合格码头进行排查与整改。对相关口岸部门进行一定的协调，推动江苏省内不同港口之间的口岸通关，实现一站式服务，不断增强其通关意识，推行"6 + 2"制度，对出入境的进出口货物进行报关和预约式的服务，达成最高效率的通关服务。政府出台相关优惠政策，调动资源整合的积极性，如土地优惠政策，对港口物流园区和临港产业的用地建设给予大量的支持。

在关注港口群整合发展与营收增长的同时，更重视江苏港口群对我国在国际航运市场竞争中的战略性作用，主动协调好港口与临港工业的共同发展，打造现代化、集约化的港口产业集群。使各港口临港工业的错位发展能与港口形成良性循环，互相促进。具体以连云港为龙头，协同大丰港，致力于江苏省整体的经济发展，服务于苏北地区经济产业振兴，服务陇海沿线等中西部地区扩大对外开放、外向型经济的发展，服务于区域产业结构调整与转移等，以点带面，促进整体产业经济发展。

（3）建立网络信息交换平台，施行资源再配置。航道信息、客户信息、码头泊位信息都是港口日常运营的重要决策依据，信息的不完整、不对称、不准确、不及时都会给港口运营带来巨大的麻烦，使运营效率得不到有效提高。所以根据国家"深水深用，浅水浅用，综合开发，合理使用"和"统一规划，远近结合，合理布置，分期实施"的岸线利用总体原则，通过建立信息共享平台，对各港口信息进行实时监控、更新和管理，再将资源统一分配给各个港区，提高锚地泊位等资源的利用率。

7.1.5 北部湾港

防城港、钦州港和北海港作为地处广西南部的天然港口，在位置上相邻近，且遮蔽条件、水深以及岸线资源等自然条件优良，是我国西部大开发区域中唯一的沿海区域。其次，该区域在地理位置上也具有突出战略重要性，由在该区域往东是广东、中国香港特区、澳门特区，南部是海南岛，这些都是与外贸息息相关的行政区域，北部紧靠云贵川，联通内陆与沿海，处于各个经济圈交点处，三个港口一直处于共享经济腹地的状态。自改革开放以来，基于政府的政策激励，各港口开始依赖所在地城市，互为依仗共同发展，使得北部湾各港口各自为政，逐步形成了北部湾港口"小而全"的局面（文园园，2019）。由于各地方政府陷入财政赤字，加之本土投资匮乏，使得自然条件优越的岸线资源迟迟无法得到有效利用与深度开发，抑制了各港口在全球水平上的竞争力与议价能力，与外部无法充分展开合作。

随着改革开放的深化以及国际经济形势的下行，全球化下企业竞争边界的扩宽，对企业核心竞争力以及运营管理效率提出更高要求，野蛮生长的时代进入尾声，同时行业和企业从增量竞争过渡到存量竞争。同样地，各港口间的竞争关系也逐渐落入在存量市场竞争的恶性循环中，在这样的外部环境下，横向一体化下企业个体间的并购乃至行业的整合便成为获取市场份额与议价权的通用路径。为适应国内外经济环境的动态变化，满足"一带一路"倡议推进的需要，解决北部湾三个港口间的非良性竞争带来的内耗以及同质化问题，自2006年起广西壮族自治区政府着手对防城港、钦州港、北海港进行资源整合（魏俊辉，2020）。

北部湾港口整合的主要措施如下：

（1）经营主体整合。2006年广西壮族自治区成立北部湾经济区规划建设管理委员会及办公室，主要职责是组织协调，制定北部湾经济区重大发展战略、发展规划和重大政策，确定相关地区发展政策。2007年正式由广西壮族自治区政府牵头，组建公司，整合资产。由政府作为出资人，通过直接划转的方式组建大型国有独资企业。新组建的公司资产来源于4个部分：原北海市北海港股份有限公司；钦州市港口（集团）有限责任公司；防城港务集团有限公司；广西沿海铁路股份有限公司的国有产权资产（自治区部分）。并于 2009 年，获得批准，将三港整合命名为"广西北部湾港"，陆续建成生产性泊位 256 个，使得综合竞争力大幅增强，并通过北海市政府的股份划转，广西北部湾国际港务集团成为 A 股上市公司北海港股份有限公司的控股股东，以此对股权结构进行优化（陈以浩，2018）。在 2013 年，对北部湾港股份有限公司进行重组，使得三个港口整体上市，此后，三个港口在经营上也逐渐趋于统一。

（2）行政主体整合。2014 年，广西壮族自治区政府正式出台文件，确定将以自治区政府为主导，集合北海、防城港、钦州市政府，将北部湾港构建成国际化港口。2015 年，开始进行行政主体整合，成立北部湾港口管理局，提出在品牌、管理、政策、信息等方面的一体化目标。2016 年北部湾港口管理局钦州分局、防城港分局以及北海分局挂牌成立。3 个港口分局的成立，正式开启了规划、建设、管理、运营的"四个统一"模式（陈以浩，2018）。整合并入广西北部湾港口管理局的机构有北海市港务管理局、钦州市港口管理局、钦州市港口调度中心、防城港市港口建设管理办公室。成建制收入广西北部湾港口管理局的机构有北海、钦州及防城港引航站。原来由市政府承担的港口行政管理职责统一归属广西北部湾港口管理局承担。大幅度精简管理机构，极大提升了港口的运营管理效率（见图 7 - 1）。

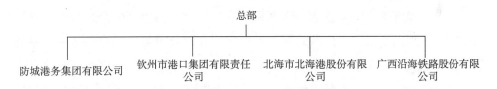

图 7 - 1 行政主体初步整合后组织结构

资料来源：由本书作者整理提供。

通过上述行政主体的整合，在精简政府的港口管理机构后，广西北部湾港口管理局一直坚持扁平化结构，北部湾港口管理局对各个港口的子公司有人事任命权，各个港口的新建项目都需要由管理局总部进行统一规划、建设、投资。而且在整合之后，三子公司逐渐在功能布局上各有侧重，例如在集装箱业务方面防城港、钦州港以内贸集装箱为主，北海港侧重外贸，有效解决业务重叠与同质化问题。并以此实现统一指挥，做到统一调度、信息共享，有力保障行政效率。在整合后，北部湾港口整体货物集散效率提升了30%以上。

并且在经过整合后，通过优化业务流程、商务政策减少货损货差，对竞争性客户的吸引力提升，在区域的市场占有率提升，成为区域性航运中心。通过此次整合，广西实现GDP进一步发展，更是加强对港口基础设施的投入以及管理机智的改善。至此，北部湾港口的航线已经蔓延至世界各地超过80多个国家和地区，与超过220个港口通航，集装箱吞吐量超过100万TEU，货物吞吐量超2亿吨，这些数据代表着它已将原有的老对手湛江港远远甩在身后。

北部湾港口整合所带来的经验启示如下：

（1）统筹顶层设计，统一管理。通过广西区政府牵头，以此为协调各部门的主体，做到指令高效层层执行，各项重大决策都有充分的权利保障。像北部湾整体规划，岸线资源开发、各单位协调任务、专项基金审核拨款等都有专门的北部湾办跟进负责，使得北部湾港口整合有序推进，避免了职能部门权限与责任的不清与冲突。另外，专门成立北部湾港口管理局，统一负责港口的基础设施建设与管理工作，有效解决各个港口各自为政的问题，并实现三个港口的扁平化管理结构与高度的信息共享，共同提供引航服务、海事服务、打捞救援服务等，切实提高港口管理和服务能力和效率。

（2）构建平台，建设运营分工明确。在广西北部湾整合的全过程中，自治区政府共成立两个部门：广西北部湾投资集团有限公司与广西北部湾国际港务集团有限公司。两个平台分工明确，互补运作。公益性的公共基础设施建设由广西北部湾投资集团有限公司负责，主要是公共配套项目——港区用电、用水、进港道路的投资建设，资金来源主要是广西区政府财政资金（丁莉，2012）；经营性的设施由广西北部湾国际港务集团有限公司负责，集中处理原来属于市属港务公司的港口码头项目投资建设和经营管理工作，实现了资本运作、投资建设和经营管理各方面能力的有效提升。

7.2　国外港口群资源整合经验借鉴

7.2.1　纽约—新泽西港

纽约—新泽西港口群主要由纽约港和新泽西港组成，位于大西洋美国东部，南北长 9.55 千米，东西宽 12.4 千米。该港口为世界上所有的主要海运公司和全球联盟提供服务，超过70%的第一停靠港，包括约 386 千米的复杂航运通道、锚地和港口设施。港口拥有 6 个集装箱码头，设备先进。纽约—新泽西港口整合是美国乃至世界港口整合的典型案例（王立峰，2010）。

过去纽约港与新泽西港在港口的建设中功能与利益重复严重，二者行政区域相近，都位于纽约湾沿岸，港口腹地十分相同，很长一段时间内双方就港口边界问题争论不休，地方主义泛滥，但随着经济矛盾的白热化以及周边港口陆续成功整合，两港逐渐意识到资源整合的重要性，无休止的竞争只会浪费港口潜力。

为了提高资源利用率，协调港口运输量，两州政府在 1921 年 4 月 30 日决定打破行政区域的限制，组建新的港口整合机构——纽约与新泽西港口事务管理局，纽约与新泽西港口事务管理局的主要职责包括：港口码头建设与维护、公共基础设施的统一建造及维护、港口信息系统建设、港口安全与港口投资。

整合要点主要包括以下三方面：

（1）港务局的财政、税收与决策相对独立，港务局的负责人由双方政府共同任命，双方各出 7 人共组成 14 人的管理机构。联合港务局的主要责任和作用是改善纽约—新泽西港口的经营业务，管理与规划两港，政府把握方向，但不干涉计划和经营活动。

（2）在经营方式上，港务局采取地主港管理方式，按计划将港口设备与土地租赁给公共事务代理机构，港务局不仅可以从中收取一定的租金和费用，也为物流企业创造公平竞争环境。港口的码头则由港务局租赁给各家船公司，港务局与各家船公司签订租赁合同，港务局收取租金费用即可。港务局兼具政府机构和公共机构的性质。

（3）港务局每年将大部分利润进行再投资，用于扩建和增强纽约—新泽西港口群，主要包括港口码头、公共基础设施、港口信息系统等。1986年，建设世界首个"信息港"；2001年打造"实时货运信息系统"，为海岸警卫队、海关、码头公司提供港口的即时信息，打造全球著名的贸易中心。进入21世纪，花费87亿美元翻新港口设施，实施众多港口浚深工程（王列辉，2010）。

在港务局的统筹和管理下，纽约—新泽西港口群实现了良好的发展。2019年纽约新泽西港发展成了北美的第二大集装箱港岸，仅次于洛杉矶，挣得了361亿美元的个人收入和995亿美元的企业收入，创造税收近120亿美元，提供了50万个工作岗位，在与其他港口竞争中占据主动，发挥枢纽作用。

纽约—新泽西港口整合带来的启示如下：

（1）制定针对性的法律法规。由于纽约港与新泽西港行政区域不同，双方政府分别制定地方法案，摒弃传统地区行政思维，淡化行政区划，以法律的形式确保整合的进程，通过制度创新消除行政差异造成的港口竞争，重大事务二者共同处理，避免港口的功能重复与冲突，才能促进港口群的整合，实现优势互补，相互依存，形成规模效应。

（2）建立完善的港口管理机制。纽约—新泽西港口在整合伊始就组建港口局与委员会，实现统一管理，由政府主导，但采用企业化运营模式，直接参与港口的建设和发展，避免资源整合不到位，以合作代替竞争，成立监管部门与港口委员会，将内部竞争转化为外部利益的共同促进。

（3）经营业务市场化运营。纽约与新泽西港口事务管理局几乎实现财政的自给自足，只在成立初期由政府提供少量财政支持，通过向外租赁基础设施和土地实现财政平衡。又将收益投入港口建设与发展，进一步促进港口系统的完善。固定的收入渠道降低了港口运营风险，在政府和社会上树立良好的形象。纽约—新泽西港口群的"地主港"整合模式也被世界许多港口整合所借鉴。纽约—新泽西港口群建设都是由港务局通过销售债券的方式筹集建设资金，不依赖于州政府的预算，也不对地区纳税人增加负担。由于港务局没有股东，也没有征税权，其收入主要是债券的销售和运输设施中征收的使用费和租金，所有的收入扣除折旧、贷款、公债的本息以及其他开支后都归港务局所有，用于港口发展或兴办公共福利事业。港务局的收入也不必交纳给州政府，呈现出自主经营自负盈亏的特点。

7.2.2　西雅图港—塔科马港

塔科马港与西雅图港是美国港口中的主要港口，二者相距50千米，同处于普吉特海湾，是美西线航线的重要港口。美国西雅图港和塔科马港港口的整合一度备受关注。促进两个港口整合最重要的两个因素如下：

（1）国内外竞争激烈。对内，塔科马港与西雅图同处普吉特湾，与前文描述的情况类似，经济腹地与港口建设与功能的重复使得二者处于长期竞争态势，造成资源和市场的不良竞争，2014年也发生过运营不当产生劳资纷争，使得港口长期拥堵，对港口造成许多利润和形象的损失。对外，两大港口都面临着加拿大门户港温哥华港和美国南加州的巨大压力，还面对着集装箱货运市场份额下降的事实。南加州的洛杉矶和长滩港地区人口众多，足以吸引航线中大型船只的停靠，对西雅图和塔科马港造成极大威胁（李敏，2015）。

（2）船舶大型化趋势与航运业变革。据塔科马港的首席执行官所说，集装箱航运业在发生重大变化后，两个港口需要彻底改造自身来保持竞争力，21世纪的前15年，两个港口的集装箱吞吐量市场占有率持续下降。港口整合或成立海港联盟可以保持两大港口运营上的竞争力，提高货运量。

以上因素促使西雅图港务局委员会与塔科马港务局委员会于2014年7月通过了整合西雅图港和塔科马港资源的决议，建立美国西北港口联盟，使得两大长期竞争港口在业务方面可以联合应对市场挑战，海港联盟的长远目标是到2026年将两大港口的货物吞吐量翻一番。整合后的西雅图港和塔科马港仍然是两个相互独立的口岸，拥有各自的原有资产，他们共同成立了一个港口发展局，管理两个港口的集装箱码头、零担货物码头、汽车码头和大宗散货码头，发展局由两个港口共同管辖（王列辉，2010）。

两个港口采取了以下的港口整合策略：

（1）港口基础设施合作。通过修建更多的地下通道、桥梁以及其他运输路线来缓解该地区交通压力。如两港共同投资建设了疏港铁路，促进了该地区多式联运的发展；同时，港口效率的提高吸引了更多的船公司和货主，两港的吞吐量显著提高。

（2）融资合作。为了适应未来的市场需求，两港要扩建码头规模，面对巨额建设资金，光靠两港各自的码头营业收入是远远不够的。为此，两港超越了各自利益，在华盛顿州港口公共协会的协调下，共同从其他渠道筹集了资金，解决了资金短缺问题。

值得一提的是，在吸取纽约—新泽西港口群整合经验的基础上，港口联盟还邀请了航运公司、码头运营商、仓库配送公司、铁路公司的代表，组成顾问委员会，委员会成员负责监管并讨论港口的经营业务，集思广益。它还创建了一个运营中心，为港口建立关键的绩效措施，同客户群并肩工作。

数据显示，2014 年港口集装箱处理数量比 2010 年减少 3.9%，而 2015 年合并后的西雅图—塔科马港的总吞吐量比 2014 年增长 3% 并预计每年保持稳定增长，整合效果明显。西北海港联盟也成为北美第四大海上货运中心。

7.2.3　洛杉矶—长滩港组合港

从地理位置上看，洛杉矶港与长滩港相距 10 千米，分别占据美国最繁忙的集装箱港前两名，是少数能够停靠最大船舶的美国港口之一。洛杉矶港口位于美国西部加利福尼亚州的圣佩德罗湾，面积超过 30 平方千米，由内港和外港组成。内外港由运河连接，年吞吐量为 3 000 多万吨。长滩港与洛杉矶港的码头和航道不仅相邻，而且相互连接。外港的防波堤也是共享的。它们在管理和经济核算上相互独立。两者的主要区别在于码头。杉矶港和长滩港共有 12 个码头，由不同的码头经营方管理。一般将洛杉矶港（Los Angeles）简写 LA，长滩港（Long Beach）简写 LB。实际上 LA 和 LB 是同一个港口不同码头，但因为货运量大，所以习惯把这两个码头称为港口。

双方以市政府管辖的洛杉矶、长滩港务局为基础，将西海岸的洛杉矶与长滩港合并为 LA-LB 组合港。它的主要职责与纽约—新泽西港口群类似，是参与港口的经营和航道疏浚以及基础设施建设，促进港口的良性发展，码头租给各个船公司经营，港务局与船公司签订 25~30 年的租约，港务局只收取码头租金与管理费用。在港务局的协调下，LA-LB 组合港充分发挥其独特的核心优势，依靠其特有的服务，将集装箱以更快的速度运往位于洛杉矶另一端的铁路运输站集中运走。经过多年的发展，该组合港已成为美国最大的集装箱综合处理港，如今已拥有了世界上最先进的港口装卸装备。

7.2.4　哥本哈根—马尔默港

马尔默位于瑞典最南部，濒临波罗的海、尼德海峡和卡特加特海峡。而哥本哈根则是丹麦的首都，拥有发达的造船工业、海运业和港口码头经营业。哥本哈根港与马尔默港位于北欧的厄勒松海峡东西两侧，共同扼守出入波罗的海的咽喉要道（李敏，2015）。这两个不同国家港口的整合，是欧洲港口整合的经典案例。

哥本哈根港口的货物吞吐量是马尔默港的数倍，主要经营游艇、集装箱等业务，并且该地区的经济水平相对较高，港口后续发展空间小，而马尔默港的资源丰富，侧重于经营原材料和散货运输，但发展水平低，二者港口资源可以整合，随着厄勒松跨海大桥的修建通车，也为二者整合提供有利条件。

2001 年，由两国政府和港口董事局决定，在 21 世纪初实现了港口合并，共同组建哥本哈根—马尔默港（简称 CMP）。与众不同的是，CMP 既是港务局，也是港口运营商，不仅全面负责运输、装卸等业务，而且统揽许可和安全等事务，这同时也开创了两个国家两个港口进行合并、由同一个公司同一个团队进行两地管理的先河。

为了公平起见，公司于瑞典注册，总部设在丹麦，在股权方面，哥本哈根市占股 50%，马尔默市政府（27%）和私有股东（23%）持有。显然，这种股权结构有助于构建港口与哥本哈根和马尔默政府间的紧密合作关系，便于港口业务拓展。

整合后，两港业务长足发展，年均增长最高达到 10%，整合的优势体现在以下三个方面：（1）资源共享，双方港口和人员可以自由交换信息和资源，提高灵活性。（2）简化了交易流程，对停靠两港的外国船只和企业来说，谈判内容和对象合二为一，节约许多时间和金钱。此外，类似于欧盟成员国享有的权利，对于两国的航运业主港口群都相当于本国港口，协调货物吞吐量，降低成本。（3）为两个国家的市场提供统一的物流，成为欧洲东、中部乃至整个波罗的海区域的物流集散中心。如今哥本哈根—马尔默港已发展成为北欧最大的汽车滚装码头、最大的游轮码头。

哥本哈根—马尔默港整合给我国港口带来的启示如下：（1）错位发展，减少同质化竞争，走出适合自己的发展道路。港口建设和发展应适当考虑周边地区港口的情况，避免恶性竞争。（2）制定行业高标准，放眼国际并兼顾国内市场，寻找其他国家和地区的合作，利用资源、文化、地缘的优势，与周边国家港口城市进行联合运营，这也是对我国"21世纪海上丝绸之路"的支持。（3）结合地区产业发展因地制宜，学习 CMP 运输码头建设经验建立完整的服务链条（杨京钟，2016）。

7.2.5　安特卫普—泽布吕赫港

安特卫普和泽布吕赫近几年来一直致力于合并其港口。安特卫普港是欧洲第二大港口，仅次于鹿特丹港，比利时全国海上贸易的70%通过该港完成。每年的国际海运吞吐量近2亿吨。它也是最靠近欧洲巨大的生产和消费中心的港口，并且比其他港口更深处内陆。泽布吕赫港是比利时第二大港，距离英国十分接近，因此自古就是连接四方的交通要地。现在泽布吕赫和英国的赫尔、多佛尔等港口之间仍有渡轮来往。由于其优越的地理位置和高性价比的港口收费，泽布吕赫港也是近期众多欧洲专线的首选港口。

据比利时当局的研究，这两个港口的互补性很强，面临相同的挑战。安特卫普是一个重要的化学品转运中心，从事集装箱的运输和堆存、液散货物的运输，而泽布吕赫是欧洲最大的汽车进口港和重要的液化天然气供应港。两者的合并将使其在数字和绿色经济转型的过程中变得更加强大。为了最大限度地完善港口的增值服务，安特卫普—泽布吕赫港会将两个港口之间的铁路货物运输整合在一起，优化内河运输（北海内陆船只），两港之间的管道连接也将被列为优先发展事项。更加紧密的合作与整合将巩固两个港口的可持续增长。

2021年2月12日，比利时安特卫普市和泽布吕赫市已达成合并各自港口的协议，这标志着港口整合的开始，预计将花费一年的时间完成整合事项。整合完成后，港口将以"安特卫普—泽布吕赫港"的名称运营。2022年，比利时竞争管理局（BMa）已正式批准安特卫普港和泽布吕赫港的合并，其中安特卫普将获得合并后港口的80.2%权益，泽布吕赫则获得另外19.8%。

两大港口的整合将能够巩固该港口在全球供应链中的地位，并继续朝着可持续增长的方向发展。此外，整合港口将更好地应对未来的挑战，并将在向低碳经济的过渡中带头。安特卫普—泽布吕赫港将成为世界上第一个兼顾经济、人文和气候的港口。安特卫普—泽布吕赫港合并后将成为欧洲最重要的集装箱港口、最大的散杂货港口和最大的车辆转运港口和化学品运输枢纽港，欧洲液态天然气 15% 以上的运输将通过该港完成。

7.2.6　欧洲海港组织

欧洲海港共拥有各种规模的大小港口 1200 个，分别隶属于 20 多个不同的国家。随着欧盟的外贸与各国间的贸易活动逐渐繁荣，欧洲海港也不断发展。特别是从 20 世纪 90 年代起，随着经济全球化浪潮席卷而来，欧洲整体与世贸组织的成员国之间贸易量逐年迅速增长，进一步促进其发展。由于港口带来的经济收益在国民收入中占比越来越高，各国对枢纽港地位的竞争也越来越激烈，区域内的无序竞争使欧盟各国的利益都受到了严重损害。除了恶性竞争的问题，在可持续化发展的要求下，欧洲海港亦需要考虑自然资源的合理分配以保障环境污染不超过限度。慢慢随着欧盟一体化的继续深入以及国内市场的完整化，欧洲海港的服务区域不再仅限于港口腹地，而是逐渐延伸向整个欧盟地区（戴梓妍，2005）。由此，竞争也渐渐不再局限于港口，而是慢慢向转移向腹地通道乃至整个运输链。在这种情况下，欧盟原有的运输政策已经不能再保障对所有港口的利益进行合理分配，欧洲海港需要一套更严格的区域规则和章程来维护和保证整个欧洲海港的整体利益，因此欧盟于 1993 年成立了欧洲海港组织（ESPO）来协调管理整个欧洲地区的海港。

ESPO 代表着欧盟各海港的港务局、港口行政部门以及港口管理协会，初成立时，加入的会员便已达成同 500 多个港口的直接联系，随着后来陆陆续续有更多成员加入，2005 年发展为 800 多个，于 2012 年发展出 1 200 多个港口。这些港口的所有国以及港口本身虽然存在着规模、管理模式乃至所有制的差异，但在发展欧盟海事及港口政策上的目标却是一致的。各国的港口部门通过委派代表提出自己意见并最终达成一致来为港口的利益服务，同时也为欧洲共同市场和整体运输政策的发展服务。

欧洲海港组织的组织结构如图 7 - 2 所示，它以会员大会为最高决策机构，秘书处负责协调下属的执行委员会和技术委员会，组织开展会员大会。在每两年一次的会员大会上，各国港口代表进行讨论，提出议案并以共同协商的方式做出最终决策。这些决策最终就构成了该组织所遵循的政策。除此之外，会员大会还承担着领导团体的选举责任，需要通过这场大会选出秘书处的负责人。而执行委员会负责欧洲海港组织的日常决策，确保整体的顺畅运行，技术委员会以及其下设的八个专业的委员会将对执行委员会所作决策提供技术上的支持与咨询服务（戴梓妍，2005）。

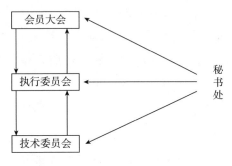

图 7 - 2 欧洲海港组织结构

资料来源：由本书作者整理提供。

整体组织结构分工明确，在确保总体政策不轻易变更的同时，让日常决策具有可协调性，从宏观与微观层面兼顾欧洲海港组织的整体需求。通过欧洲海港组织的设立，通过特定委员会的组织形式，确保每个国家都具有等量的发声权利来维护自己的应得利益，所有的成员国与观察国都有参与权和监督权。另外，也对组织成员国形成具有法律效应的威慑力与约束，会员大会上通过的提议具有强制执行的效果，并制定相对的惩罚措施作为保障。在此基础上，尽管欧洲海港组织对整个欧盟港口的政策具有最高决策权利，却始终坚持不侵犯港口独立性，不参与任何港口的发展建设以及运营管理，并禁止任何组织与国家偏袒、援助某个港口，以此确保各港口间都能在自由市场机制下进行公平竞争，具体效果如下：

（1）保证了市场机制下的充分竞争，遵守共同规则下的信息共享使各港口能实现最优的运营管理与定价决策。一方面，ESPO 自身倡导港口管理企业财务透明化，并以法律来保证均衡同等地对待所有的运输部门，制定不干涉欧洲港口市场力量发挥作用的制度。另一方面，充分利用和发挥欧盟的监督作用，获取欧盟对海港组织所提议政策的支持；并确保支持促进包括短途海运的联合运输的实现，并确保不会因此扭曲港口间的自由公平竞争。

（2）确保海港绿色可持续发展，秉持商业行为应当同环境保护共行的原则，组织以法律条款的形式对 ESPO 成员国做出约束和要求，制定专门的环境保护法，并落实到各国，要求每个成员国都要根据自身自然资源条件及现有状况，依据海港组织提供的标准，制定各国在海港环境保护方面的计划。除了对成员国的约束，ESPO 自身也积极同各国家地区、公益组织进行合作，致力于海洋垃圾的清除（戴梓妍，2005）。

（3）港口服务及管理流程优化。通过制定新标准，优化海关作业流程，精简各类可整合部门与工作程序，将管理工作对港口操作效率的限制不断削减。特别在航运服务方面，依托技术委员会的支持，不断对海运技术与标准进行谨慎创新。

（4）人员素质与作业安全培训。ESPO 始终关注港口企业员工的培训，不论职位职级如何，始终以使其成员国员工素质达到最高标准为目标。并通过定期的安全教育与事故演习，使欧洲海港始终保持高水平安全标准。

ESPO 是协会主导型整合的代表性案例，相较于国家或地方主导型，它的特点是各港口之间始终保持经营管理的独立性，并通过协商的方式使港口间的利益达成一致。对于区域广阔、港口数量众多的整合需求，欧洲海港采取协会主导方式无疑是更适配的。而我国的长江流域，岸线资源丰富，港口数量众多，且横跨诸多市县级行政区域，与欧洲海港将隶属于几十个国家的上千个港口通过 ESPO 进行整合的例子具有较高的相似度。

但是考虑到沿长江流域分布的港口相较于欧洲海港，在硬件设施及深水港口等自然资源方面有所不及，欧洲海港组织模式的成功是建立在市场经济高度发达、法律制度较为完善的基础上。目前长江干线港口的经济仍处于发展阶段，法律制度方面也还不够完善，完全照搬欧洲海港组织模式可能发挥不出相同的作用。除此之外，长江沿线港口还具有发展极度不平衡的特点，在协调合作方面存在相当大的阻力，也难以像 ESPO 一样制定出对沿线港口具有普遍约束力的法律条款。

因此需要依据我国长江流域自身特色，结合欧洲海港组织的整合经验，中央牵头，建立一个权责明确，结构合理的长江干线港口组织，并以各港口为成员建立委员会，承担协调、技术支持、政策制定等核心功能。避免出现偏向只由政府主导，脱离市场机制，干预沿线港口自由竞争的局面。另外，以资产为纽带，引导各个港口互相参股，形成共同利益集团，以保证港口组织所制定政策对成员具有足够的约束力，使港口与参与企业互惠互利。

7.2.7　意大利港口群

作为一个半岛国家，意大利主要由亚平宁半岛以及地中海中的西西里岛与萨丁岛组成，岸线狭长，港口资源丰富，在长达 7000 多千米的海岸线上分布着超过 300 个港口，其中主要港口有热那亚港、威尼斯港、巴里港、塔兰托港、那不勒斯港等，但各个港口在发展状况及规模上也有着较大差距。以热那亚港和那不勒斯港为例，2016 年，热那亚港货物吞吐量将近 500 万吨，集装箱吞吐量也高达 230 万 TEU，相比之下，那不勒斯港的货物吞吐量仅约 2 200 万吨，集装箱吞吐量也仅约 39 万 TEU（章强，2018）。另外，意大利的港口群主要集中分布在几个沿海区域。在各个区域内部，港口数量密集，在地理位置相邻近，所以经济腹地重叠，存在严重的低水平竞争现象。

除此之外，意大利港口群还面对这一个急需解决的历史遗留问题。早在1994 年，意大利港口群就采取过地主港模式进行整合，将港口产权与经营权分离，并在各港口建立港务管理局，却未建设统一所有港口，联通推进信息与资源共享的组织或管理机构。每个港口的管理局职权范围被局限在本港区域，各港口间以及港口与内陆的联系和开发相对缺乏。并且，另一个关键问题在于，各港口用于基础设施投资建设的资金只有政府这一个来源，这样单一的资金来源往往难以满足意大利众多港口的共同发展需求。加之地中海区域的其他港口随着经济全球化潮流下的快速发展，对意大利港口造成了巨大的竞争压力。应该采取怎样的措施突破地主港模式的短板限制，加强意大利各区域港口间的各类资源共享和协调发展，强化港口、腹地与内陆的联系，并提升本国港口相对地中海区域其他国家港口的竞争力，成为意大利政府需要积极面对并解决的问题。

基于内部各港口间缺乏协调与共享，外部受到其他几个国家港口的竞争压力的大环境，意大利政府分别在 2015 年与 2016 年出台"面向港口和物流体系的国家战略规划"与"地方港务管理局的重组、合理化与简化"法令条例，目的在于进一步深化港口群整合，突破地主港模式限制。在这两条法令的指导和强制执行下，意大利港口群开始大刀阔斧的改革与整合，将原有各地方 24 个港口管理局精简成为 15 个区域港务管理局（PSA）。具体情况如表 7 - 1 所示：

表 7 - 1　　　　　　　意大利各区域港务管理局及其下辖的主要港口

区域港口管理局名称	被整合的原地方港务局	下辖的主要港口名称
西利古里亚海港务管理局	热那亚港务管理局、萨沃纳港务管理局	热那亚港、萨沃纳港、瓦多利古雷港
东利古里亚海港务管理局	拉斯佩齐亚港务管理局、马里纳迪卡拉拉港务管理局	拉斯佩齐亚港、马里纳迪卡拉拉港
北第勒尼安海港务管理局	里沃纳港务管理局、皮翁比诺港务管理局	里沃纳港、皮翁比诺港、卡普拉亚港、费拉约港、卡沃港
中北第勒尼安海港务管理局	奇维塔韦基亚港务管理局	奇维塔韦基亚港、菲乌米奇诺港、加埃塔港
第勒尼安海港务管理局	那不勒斯港务管理局、萨勒诺港务管理局	那不勒斯港、萨勒诺港、斯塔比亚海堡港
中南部海及海峡港务管理局	焦亚陶罗港务管理局、墨西拿港务管理局	焦亚陶罗港、墨西拿港、克罗托内港、科里科诺亚 卡拉布罗港、圣乔瓦尼港、米拉佐港、特梅斯第俄瑞港、维博瓦伦提亚港、雷焦卡拉布里亚港
撒丁海港务管理局	卡利亚里港务管理局、奥尔比亚 - 阿兰奇湾港务管理局	卡利亚里港、福克斯 - 萨罗奇港、奥尔比亚港、托雷斯港、阿兰奇湾港、奥里斯塔诺港、斯库索港 - 维斯敏港、圣特雷莎加卢拉港
西西西里海港务管理局	巴勒莫港务管理局	巴勒莫港、泰尔米尼梅雷赛港、恩佩多克莱港、特拉帕尼港
东西西里海港务管理局	奥古斯塔港务管理局	奥古斯塔港、卡塔尼亚港
南亚得里亚海港务管理局	巴里港务管理局、布林迪西港务管理局、弗雷多尼亚港务管理局	巴里港、布林迪西港、弗雷多尼亚港、巴列塔港、莫诺波利港
爱奥尼亚海港务管理局	塔兰托港务管理局	塔兰托港
中亚得里亚海港务管理局	安科纳港务管理局	安科纳港、法尔克纳港、佩斯卡拉港、佩萨罗港、圣贝内代托 - 德尔特龙托港、奥托纳港
中北亚得里亚海港务管理局	拉文纳港务管理局	拉文纳港
北亚得里亚海港务管理局	威尼斯港务管理局	威尼斯港、基奥贾港
东亚得里亚海港务管理局	的里雅斯特港务管理局	的里雅斯特港

资料来源：由本书作者整理提供。

151

这次整合是依据各地港口的自然条件、政治环境以及港口基础设施状况，对地方港口管理局整合为区域港口管理局。而 PSA 本质上还是公共行政机构，没有参与商业活动的权限，PSA 成立后将在区域范围内履行此前由地方港务管理局承担的相关职能，主要是港口规划和港口活动监管职能。

但值得注意的是，本次整合本质上未能改变原有的地主港模式，资金上依旧只能依赖中央进行拨款。不过为了协调国家在各港口间的资金分配，在本次整合中，交通部成立了专门的部门负责对中央财政拨款进行分配；还成立了一个委员会负责各区域港口管理局与交通部之间的沟通，反映各区域港口管理局的需求，使得各个 PSA 获得的资金更均衡；而在区域港口管理局的管辖下，各地方设置了分支机构，成立地方性办公室维系地方和区域总部之间的联系，一定程度上缓解了投资来源单一的问题，使区域内的各个港口之间在资源共享上更具效率，但区域间的资源共享与分配问题仍未得到有效解决。这次整合是在政府主导、自上而下的改革，中央政府是推动改革的关键性力量，但不可否认的是，地方政府及地方政治力量在改革中依然起着重要作用。由于改革方案在一定程度上遭受到地方政治力量的反对，萨沃纳港务管理局和热那亚港务管理局的整合以及那不勒斯港务管理局和萨勒诺港务管理局的整合一度延期。

这次意大利港口群整合显而易见地促进了各港口区域间的协调和联系，更有利于区域内部对投资的优化配置，却仍然存在许多问题。首先，本次整合未能改变港口原有的模式，突破地主港模式在融资方面的限制，仍然只能依靠中央拨款。其次，整合后的管理机构依旧是行政主体，并不具备参与商业活动的权利，所以在 PSA 对各港口进行综合考虑时，参考的主要标准还是无法全部出于经济收益进行决策，必然很大程度上受政治因素制约，不利于充分的市场化与公平竞争。再次，PSA 主要的权利在于对港口规划以及特许经营权的管理，但却不像欧洲海港组织那样拥有技术委员会的技术支持，也没有委员大会对所制定规划与决策赋予强制执行力，因此 PSA 在各类操作流程和标准方面还需要通过完善组织结构以进一步改善。最后，整合虽然精简掉许多地方的港口管理局，却在各区域增加了 PSA 这一机构，且每个区域依旧有数个隶属于 PSA 的地方办公室，总体上看其实管理层次增加了，增加了信息上传下达的传递链，降低了沟通反馈效率。

尽管存在上述这些问题，但是意大利港口群的整合依旧带给我们许多有意义的启发。（1）整合不能只局限在某个区域内，要更多考虑到跨地域跨行政区域的整合，使区域间能进行协调合作。（2）在进行整合的过程，一定要考虑到各个区域的不同状况，因地制宜是很重要的，整体效益的提升有时不能以牺牲某个区域的收益为代价，这是很打击地区积极性的，甚至会引起地方对中央政策的反对。（3）要理顺港口治理结构，明确各治理主体特别是官方公共行政性质的治理主体的职责和管理权限，完善治理机制，保证治理决策的效率（章强，2018）。

7.2.8　东京湾港口群

日本东京湾港口群的地理位置极佳，位于日本本州岛东端，整体上被三浦和房总两个半岛包围着，构成了一个袋状的内凹型海湾，港口群自然条件优越，深水港口丰富（王建红，2008）。东京湾港口群周遭是川崎、横滨、东京和千叶等国际一线城市，是日本最大的港口工业区，同时也为港口发展提供了充足的资金支持。港口群主要包含东京港、横滨港、千叶港、川崎港、横须贺港、君津港等六大港口，这样密集的港口群有着世界一流的吞吐能力，也正是由于在固定的地域空间内存在数个大规模港口，导致了较严重的同质化和低水平竞争。

日本作为一个岛国，所有的生产原材料不得不依靠进口，因此港口不仅是作为海运陆运的交汇，更是被日本政府视为经济发展的核心区域。日本港口管理机构在拥有港口基本管理权外，也掌握了港口规划协调的最终权力，应确保国家利益，避免港口之间的恶意竞争。为了解决同质化的问题，加速港口的发展和基础设施建设，早在 20 世纪 50 年代日本就制定了对应的《港湾法》用以规范港口管理和规划。这部法令将港口的运营管理权由原先的中央直辖下放给地方政府，但却将港口发展规划的权利收归中央，由中央政府决定港口数量、规模和预算规划等。后续又由运输省在 1967 年提出《东京湾港湾计划的基本构想》，在该倡议的影响下，日本政府对东京湾港口群的大型港口进行整合，塑造成为一个各有分工的有机整体。各个港口都根据自身的岸线资源、政治因素和基础设施状况，分工合作，优势互补，已经发展出不同的职能。在地理位置上它们首尾相连，共同接纳海运货物，绑定在一起进行整体的品牌宣传，但在市场目标与功能定位上并不重叠，各有明确的规划。这样一来，东京湾港口群就成了现代化、多功能的复合体，充分共享各类资源，增强了竞争力（王建红，2008）。

其中东京港在本州岛东南沿海部，在 1941 年开始作为对外贸易港口投入使用，货物吞吐量常年位居日本各港口收尾，经过六十多年的发展和资金、技术投入，在集装箱码头这个方面独树一帜，率先建成现代化高科技港口，是日本极为重要的外贸港口。东京港的定位是一个明显的输入港，承担着东京这座城市的各类日常用品消费需求，另外在出口方面，东京港主要出口像电子产品这一高附加值产品。

横滨港位于东京港的西北部，三面山地，东部临海，水深港阔，是天然良港。它的历史相对东京港来说更为久远，是 19 世纪西方列强在日本建立的港口，并在后续使用中不断通过填海造陆等手段增加港口规模与基础设施建设，又在第二次世界大战后成为美国的军事基地。尽管多次经历地震以及战争破坏，横滨港却一直得益于自身的重要战略地位，多次得到重建与扩建。在日本战后的经济高速发展时期中，横滨港一直将提供高质量服务以及降低运营管理成本作为自己的首要目标，努力把横滨港建设成一个集货物运输、商业活动、文化娱乐为一体的综合性港口。在功能定位上，横滨港一直是承担国内大型制造业的原材料需求以及产成品输出功能。

千叶港则在东京港的东北部，是东京湾港口群中最深的港口，自从在 1965 年被日本确定为国家重要港口后，千叶港发展极其迅速，是比东京港吞吐量更大的工业港口，所以经由千叶港流转的货物主要是钢铁、化工及石油产品，它的出口货物则以汽车为主。千叶港的定位主要是面向企业的港口，其中企业专用的码头在货物吞吐量上占据整个港口的 90% 以上。

上述三个港口是东京湾港口群中比较具有代表性的，日本东京湾港口群之间的合理职能分工的成功，一方面是由于日本政府的合理管理，但另外的主要原因也在于各个港口的历史与现实条件的不同。两大工业带的存在决定了工业带中港口的兴盛，工业带的结构不同也就决定了工业带中港口的职能不同（见表 7－2）。

表 7 – 2   东京湾主要港口职能分工表

港口	港口级别	基础和特色	职能
东京港	特定重要港口	较新港口；依托东京、是日本最大的经济中心，金融中心、交通中心	输入型港口；商品进出口港；内贸港口；集装箱港
横滨港	特定重要港口	历史上的重要国际贸易港；京滨工业区的重要组成部分，以重化工业、机械为主	国际贸易港；工业品输出港；集装箱货物集散港
千叶港	特定重要港口	新兴港口；京叶工业区的重要组成部分，日本的重化工业基地	能源输入港；工业港
川崎港	特定重要港口	与东京港与横滨港首尾相连，多为企业专用码头，深水泊位少	原料进口与成品输出
木更津港	地方港口，1968 年改为重要港口	以服务境内的君津钢铁厂为主，旅游资源丰富	地方商港和旅游港
横须贺港	重要港口	主要为军事港口，少部分服务当地企业	军港兼贸易

资料来源：由本书作者整理提供。

东京湾港口整合的一大特征是以整体形式对外竞争，但对内仍然保持各港口经营的独立性。在运输省的协调下，东京湾各大港口坚持错位发展、揽货、整体宣传，以提高整体知名度，提升了区域内港口群参与对外竞争的整体实力。为了控制日本主要大港之间在价格上的自由竞争，缓解港口之间的竞争压力，1985 年运输省同船东协会商定后，规定在东京、川崎、横滨、名古屋、大分、神户、门司、北九州的入港费和岸壁使用费采取统一的标准。这一政策的出台使得日本港口将对内的竞争转向了对外的竞争。2004 年 7 月，日本政府为了同釜山港和高雄港争夺中转货源，决定大幅降低港口收费，并简化繁复的商船进港手续。从而重振东京湾、阪神和伊势湾三大港口群的转运功能，并指定这 3 个港口群为超级枢纽港湾，集中投资建设。

东京湾港口群与我国的环渤海地区港口群都有具有港口密集、经济腹地范围广的特点，其港口群的整合经验可为我国该区域港口的发展提供一些借鉴。出于各自的经济利益考虑，各个港口都会采取必要措施保持自身的竞争优势，这样密集的港口群容易形成非常激烈的竞争。所以应由政府介入，根据不同港口的特点、优劣势以及行政区域划分等因素，其中特别重要的一个要素就是临港城市以及所处区域的工业构成，依据这些要素对港口群进行引导，使各港口具有自己独特的功能定位。

7.2.9 新加坡港口群

新加坡的地理位置在太平洋和印度洋之间的马六甲海峡入口处，这是国际航运的要道。同时这个位于马来西亚南端的岛屿城市国家，居此要塞但自然资源却十分贫乏。而新加坡能实现经济腾飞，正是因为它能做到充分发挥自己海港资源的优势，弥补自然资源不足的劣势，一方面是由于它重视资源的开发利用，每一步都做好合理规划；另一方面则是因为它在港口运营管理上的独到之处，充分实行"自由经济"，颁布政策法令等，积极吸引社会各界投资，大力引进人才，扩大对外贸易，鼓励经济多元化发展，如此通过港口的国际贸易带动整体经济发展。

对于这样一个土地面积与资源匮乏的国家来说，外贸与港口的重要性毋庸置疑，港口不仅是作为海运陆运的交汇，更是被新加坡政府视为经济发展的核心区域。所以在港口的管理上，新加坡政府从20世纪就开始不断探索港口的运营管理模式。在1996年，新加坡政府为更好地适应经济全球化发展要求，对港口实施政企分开的管理体制改革，将原港务局行政管理部门与交通运输部的海事局、海事委员会合并，组建新加坡海运与港口管理局（MPA）并负责港口管理；将原港务局的生产、经营部门改组为新加坡港务集团（PSA）以负责港口生产经营。同时，根据各港区优势特点，优化业务布局，其中新加坡港务集团重点从事国际集装箱业务，裕廊海港私人公司经营的裕廊港依托裕廊工业园区重点从事散杂货业务，促进了新加坡地区港口的有序发展。整合重组后，新加坡港快速发展成为世界上最繁忙的港口之一，2020年集装箱吞吐量达3687万TEU，位列全球第二名；裕廊港也成为亚洲最大的散货运输港，进一步巩固了新加坡的国际中转枢纽港地位。

新加坡港口整合的主要措施如下：

（1）实行自由港政策。新加坡政府考虑到当时的国情和发展规划，将新加坡港口打造成为国际化的自由贸易区，在港口区域内充分实行市场机制，鼓励自由经济和完全竞争。在这样的大环境下，新加坡港务局还做到在尽力抑制成本的同时，以低廉的价格提供物有所值的服务。具体体现在以下几方面：第一点，除去几类较特殊的商品外，新加坡港一般不采取任何的贸易管制。对于进口货物通常不征税；第二点，新加坡港允许各界资本的自由流动，全面放宽外汇管制，取消黄金交易限制；第三点，新加坡港对外资的投入基本也不加限制，除少数部门外，对外资的投入部门、经营方式、持股比例、利润汇出等均不加限制；第四点，新加坡政府制定各类政策，吸引国外的管理人才，积极引入先进技术。

（2）自由企业多元化发展。新加坡政府在对港口整合后，通过新加坡海运与港口管理局（MPA）进行港口管理，而生产经营则由新加坡港务集团（PSA）负责，这样在所有权与经营权分离后，产权清晰，自由的市场化下能使港口最大化形成自己的核心竞争优势。港务集团的自由化与多元化体现在以下两个方面：一方面是实行企业自由经营、自由贸易、自由竞争的经济政策，允许商品、资本以及劳动力相对自由地流动。另一方面，在港口的经济活动中，新加坡的私营企业才是经济运行的主体和动力。比方说港务集团（PSA）附属的 MAP 服务私人有限公司（这是一家专门提供海港管理，作业与技术咨询服务的企业），SPECS 私人咨询有限公司（这是一家专门提供海港与海事发展、货仓和船坞、码头设施建设和规划的企业）。

新加坡港口整合的经验借鉴如下：

（1）实行政企分开。将港务局从现有体制下的集政府职能、事业和社会机制以及企业生产经营于一体的身份中摆脱出来。首先从其所兼有的港务管理等政府职能中脱离出来，然后再将事业和社会机制从港务管理局这一企业中脱离出来，纳入有关公安、医疗和学校等地方编制。最后实现真正的政企分离，彻底改革原有框架，逐渐剥离管理局的权利，成立法人企业对港口进行经营。港务管理局应当只负责执行相关法令，监督港口企业遵守国家有关港口法令、法规，行使港政、航政、港区规划和环境保护等权力。

（2）遵循经济规律，注重环境保护，发展港口多元经济。新加坡能够从一个自然资源奇缺的岛国发展为当今经济高度发达的国家，主要原因是他们能遵循经济发展规律，充分利用自己的港口优势，实行自由经济政策，鼓励经济多元化发展。而随着时代的发展和市场竞争的日趋激烈，那些以装卸和客运为主营业务的港口企业已不再能适应当今社会需要。所以，港口企业一定要转换经营机制，广开生产经营门路，要发展港口工业、运输、仓储、金融和商贸多元化产业。同时要高度重视环境保护管理，牢记可持续发展方针，推动港口环保和旅游业发展。

（3）尊重和培养人才，实现科技兴港。经济的竞争本质上就是人才的竞争、管理的竞争、科技的竞争。没有高素质、专业化的企业管理者、经营者；没有一个既能把握政治方向，又懂经营管理、科学技术，知识结构合理的企业家群体，是实现不了管理现代化、科技兴漕、经济腾飞、富国强民的远大目标的。所以要下决心，出资金，重视人才培养。尊重并合理使用人才，给予其相应的待遇，大力推广科技进步，努力吸收世界上的先进管理经验和科学技术，真正实现科技兴港，为建设具有中国特色的社会主义新型港口而努力。

7.3 国内外港口群资源整合经验总结

7.3.1 充分发挥政府主导作用，完善港口整合顶层设计

综合国内各港口群整合情况，现阶段基本都是围绕国家政策，以政府为主导进行行政资源整合，而从行政角度来看，整合必然涉及各行政地区的管理矛盾与经济利益，需要克服许多阻力，可能需要制定专门的法律政策来保障港口整合。所以整合过程中政府除了掌握港口基本管理权，还必须要发挥整体规划和调控的作用。如辽宁政府以大连港和营口港的联合为基础，加上招商局的合作，以政府主导、第三方市场参与的方式组建辽宁港口集团。纽约—新泽西港口群制定专门的地方法案，挣脱地方保护主义束缚，消除行政差异对港口整合的阻碍（苏芮，2019）。因此，国家和政府要提高对港口的管理手段与规划能力，因地制宜，根据港口的条件选择不同的管理方式。

其实即使是同一区域的港口，所面临的状况也有可能会全然不同。例如宁波—舟山港还有洛杉矶—长滩港组合港，这样的港口虽然在地理位置上极为接近，可是在行政上却分属两个不同的管辖区域，也因此在各类资源整合与共享上产生困难。再如，像东京湾港口群与辽宁港口群，这两个地区的港口特点是港口密集度高，这点上具有很高的相似性。相邻的港口在竞争中为了维系、提高自己的竞争优势，常常会选择盲目对港口进行投资建设、扩大港口容量与提

升通过能力，想要依靠规模效应压低费率，从而抢夺临近港口的货源，这其实大大消耗了港口群内的资源，并不利于港口群的整体发展。

上述问题其实各国政府在全球化的过程中早已经充分意识到，也都明白港口竞争并非是一场零和游戏，采取合作才是走上可持续发展的有效方式（海南省外事侨务办公室调研组，2018）。比较典型的处理方式就是我们在前文中提到的日本运输省对东京湾港口群与欧洲海港组织的整合案例。虽然目标都是在市场化的机制下，通过自由竞争这只无形的手对各类资源的分配求出最优解，但不论是日本运输省选择对各港口的建设规划保留最终的决定权，还是欧洲海港组织通过建立委员会的模式，获取发布港口管理、环境与服务等相关法规的强制权利，都体现着政府作为行政机构的主导作用，微观上我们需要通过市场对资源进行合理配置，但是在宏观上也不能任由资本掌控节奏，而是必须采取政府主导的方式，大量案例与时间都已经证明这一点。

值得注意的一点是，政府进行主导只是前提，整合的关键还是在于要做好顶层设计，否则就会像意大利港口群的两次整合，在 20 世纪 90 年代采取地主港的整合模式，虽然成功将港口产权与经营权分离，并在各港口建立港务管理局，后续却未在政府主导下进一步成立统一所有港口，联通推进信息与资源共享的组织或管理机构。每个港口的管理局职权范围被局限在本港区域，各港口间以及港口与内陆的联系和开发相对缺乏。另一个关键问题在于各港口用于基础设施投资建设的资金只有政府这一个来源，这样单一的资金来源往往难以满足意大利众多港口的共同发展需求。而 2015 年开始的第二次意大利港口群整合中，在政府主导下颁布相关法令对各地方港口管理局精简为区域港务管理局，的确在某种程度上解决了各地港口相对独立的问题。可因为顶层设计缺乏长远考虑，也未能在实质上对第一次地主港模式整合留下的问题予以较完美的解决（陈以浩，2018）。在资金问题上也是如此，意大利港口群的基础设施投资一直依赖中央拨款，第二次整合成立了委员会负责各区域港口管理局与交通部之间的沟通，使得各港口获得的资金更均衡，可是依旧未能解决资金来源单一的问题。

7.3.2　完善港口合作联盟机制，因地制宜淡化行政区划

纵观国内外案例，港口间各自为政，各港口间常因为行政区域不同，会形

成竞争大于合作的形式，导致资源浪费、利益受损等种种问题。如果要使我国的港口向现代化、集约化、专业化方向发展，有必要借鉴国外港口打破行政区划限制的经验，利用港口群的自然属性和协调当地发展需求，在市场化机制的完全竞争中对港口进行资源整合，巩固枢纽港的主导地位，充分发挥支线港和喂给港的辅助作用。通过制定和完善岸线利用规划和港口群发展规划，进一步加强港口群内部的分工协作，促进港口整体的协调发展，在共有腹地中相互依存，在互补中形成规模效益。

港口间相互合作，统一规划极有利于港口群持续发展。当港口间的合作进一步不再局限于同一国家或地区，开始寻求扩大合作领域，实现优势互补与资源信息共享，提高港口投资收益率，这会让港口集群效应更明显，各方受益。如哥本哈根—马尔默两个不同国家间港口的整合，港口群能够取长补短，一致对外，打造港口自身形象，提高竞争力，实现协调发展的新格局，达到 1 + 1 > 2 的整合效果（海南省外事侨务办公室调，2018）。还有我国的江苏港口群整合中，为了申请国家开放港口，几乎每个行政辖区都进行了大量的投资建设自己的港口。针对这样极具特色的"一县一治"现状，通过打破行政区划的限制，以资金为纽带，合作进行港口整合（刘桐，2020）。成功提升港口规模与治理层级，有效地解决了地方政府主导港口建设下产生的体制障碍下物流运力不足、发展规划不合理、锚地泊位浪费严重等问题。当行政区划带来的障碍被打破，通过建立信息共享平台，对各港口信息包括航道信息、客户信息、码头泊位信息等进行实时监控、更新和管理，再将资源统一分配给各个港区，提高锚地泊位以及很多其他岸线资源的利用率。

国内外港口的实践证明，通过因地制宜的方式，结合本土政治环境制定方案，打破行政区划限制，以此对港口资源进行的整合能极大提升港口群的资源配置与共享能力，在此前提下港口群经济集聚和产业派生能力自然也会得到提高。规模效应带来的效益也会愈发凸显，以点带面辐射整个经济腹地，进一步带动港口所在城市从被动型生产力布局转变为主动型生产力布局，从过分依赖内陆腹地资源转变为综合利用海内外资源，创造新的经济增长点和产业链。从国际港口竞争的形势来看，在港口整合过程中有针对性地解决行政区域带来的障碍是必须的。

7.3.3　加强港口统一规划建设，协调功能定位错位发展

在港口群的整合中，不论中外几乎都会面临同质化严重和低水平竞争的问题。对此，在国外各港口整合的过程，首先都是组建港口局或委员会及联盟之类，完善管理体制以及组织结构，但这只是实现整合的基本条件和前提。

政府出台调控措施，因地制宜地进行设计，选择合适的整合方式，这才是防止各地恶性竞争，尽量避免重复建设的关键所在。由此各港才能形成自己的特色，实现差别竞争、错位发展。以日本为例，日本政府对东京湾港口群的大型港口进行整合，塑造成为一个各有分工的有机整体。各个港口都根据自身的岸线资源、政治因素和基础设施状况，分工合作，优势互补，已经发展出不同的职能。在地理位置上它们首位相连，共同接纳海运货物，绑定在一起进行整体的品牌宣传，但在市场目标与功能定位上它们并不重叠，各有明确的规划。这样一来，东京湾港口群就成了现代化、多功能的复合体，充分共享各类资源，增强了竞争力。其中东京港拥有世界先进的外贸集装箱码头，主要负担着东京产业活动和居民生活必需的物资流通，包括小麦、水产品、蔬菜、纸类等与城市生活密切相关的必需品。横滨和川崎港主要进口原油、铁矿石等工业原料和粮食，出口工业制成品。而千叶进口则以石油和天然气为主，以铁矿石、煤炭和木材为辅，出口货物以汽车为主，其次为钢铁和船舶等[5]。

其次，在资源分配上也应该根据各港口的特点和功能定位进行合理分配，比如说客户资源与岸线资源等，特别是岸线资源这类自然资源，由于临海岸线是不可再生资源，导致港口过于临近、处于同一腹地的现象十分普遍，但是不同港口又有不同的区位优势，各具特点。在市场细分前提下，建立各自的核心竞争力，在差异化经营的同时寻求合作领域，将是更稳定更长久的做法。如汉堡港靠近波罗的海，又是欧洲最大的铁路货物转运地，充分发挥近海运输和海铁联运的优势，从而扩大了腹地范围，自由港的优势更使其成为欧洲重要的中转港；鹿特丹港和安特卫普港则利用发达的驳船运输，通过航道治理、桥梁抬高、内河集装箱专用码头的兴建，也有效促进了内河集装箱运输的发展。由此可见，在统一规划的前提下，根据各港口不同特点与功能定位，有选择地发展某项核心优势，满足特定市场需求，优势互补，错位发展方是长久之策。

7.3.4 健全"行政＋市场"整合模式，推动港口利益平衡

在推动港口资源整合过程中，除了政府的调控、引导这只看得见的手以外，还要依靠港口经营企业进行市场化运营，对港口进行资本化、市场化改革与建设运营，根据市场需求确定港口整合的方式、理念、港口功能以及港口定位分工等，以动态的眼光看待港口与港口、城市与城市间的联系，带动相关地区经济发展，实现港城互动。美国的大部分港口都采用地主港模式，既能够高效运营降低财政负担，又能提高港口设施的完善程度，实现企业社会责任与经济效益的双丰收。而国内在整合过程中，虽然保留行政管理的权利，但也基本保证港口经营的自主性，不去干预企业正常生产运营。如山东省港口整合中"三个不搞"，整合与联动效果显著。

市场机制能产生这样显著的效益，关键点就在于政府在对港口群进行监管干涉的同时，可以做到保证港口运营自主性，营造合理公平竞争的环境。而港口运营的自主性可以进一步确保港口服务的竞争力，除了费率的优势外，还能打造优质的服务、高效的通关速度，以及 EDI 电子平台的建立，这些可预见性地都将成为港口间良性竞争的有力武器。

但在港口整合的市场化过程中，也出现了许多问题。就像前文提到的地主港模式，是一种"行政＋市场"整合模式的典型代表，除了能做到同时兼顾政府与企业的利益，还有像提高港口效率与资源利用效率等优点。尽管由于这些优点而被许多国家与港口群在整合中应用，并不代表着它就是完美的，在应用的过程中，地主港模式就显现出两类易见的缺陷。一是，导致国家管理难度加大。实行地主港模式后，港口管理局和企业时有冲突发生，在管理时协调难度加大。港口间的竞争日趋激烈。港口业会趋向于垄断，政府在推行反垄断管理时会遇到很大的阻力。二是，私有企业的经营往往缺乏前瞻性。私有企业一旦拥有港口设施，通常会出现自用港口管理优先的情况，很难确保码头的公用性质。此外，私有企业也会出现再转让的情况，业务也会改变，这不利于港口管理局对企业的经营行为进行控制。所以在未来港口群整合的研究和实践探索中，我们还需要继续健全"行政＋市场"整合模式，协调好各方利益分配。

7.3.5　完善多期港口整合机制，有序推进港口整合策略

以往的港口整合经验表明，港口整合往往不是一蹴而就的，而是需要长期的计划与协调，以打破行政壁垒，实现整合区域内港口的利益平衡与合作共赢。如浙江港口整合就是以宁波—舟山港的整合作为出发点，逐步完善省内港口功能布局，先后完成省内沿海五港和义乌陆港以及有关内河港口的全面整合，形成了以宁波舟山港为主体，以浙东南沿海温州、台州两港和浙北环杭州湾嘉兴港等为两翼，联动发展义乌陆港和其他内河港口的"一体两翼多联"的港口发展新格局。江苏港口集团也是全省港口整合的目标下，相继完成了对省内南京港集团、苏州港集团、镇江港集团、扬州港集团、常州港集团等部分省内港口及航运资产的整合，在整合过程中企业生产经营架构不断完善，区域间码头、岸线等资源要素的统筹利用质量与效率不断攀升。

根据国内外港口整合的经验，在港口整合的过程中可先选择部分港口作为试点，建立组合港，探索港口企业合作运营的模式，积累港口企业合作运营的经验，从局部到整体完成港口整合。在港口整合过程中，应注意加强港口组织领导，注意港口经营主体与行政主体的整合进度规划，避免港口管理层级混乱、整合架构不清的问题。可仿照广西北部湾港口整合、厦门港口整合的模式，成立统一的港口管理机构，负责整合区域内的港政管理和港口公共基础设施规划、建设和管理的工作，整合港政、引航等管理服务部门资源，避免引两套管理体制导致的政策不统一、待遇不统一的问题，解决一港多政的问题。对于省级层面的港口整合，可成立省级港口改革工作领导小组，各相关区市也成立响应的领导小组，统筹本市港口资源整合和一体化发展有关工作，在港口整合过程中应明确省港口改革工作领导小组的工作职责，调度解决重大事项和问题。

港口整合需要在经济效益、社会效益、政府诉求、企业战略、人员稳定等多方面寻求平衡，因此利益相关方签订框架合作协议，约定原则和方向等内容尤为重要。2017年6月10日，招商局与辽宁省政府签署《战略合作框架协议》及《港口合作框架协议》，此事件也标志着辽宁港口全面整合的序幕拉开。2018年7月2日，海南省政府与中远海运集团签订战略合作协议，海南港口整合进入实质性工作阶段。在港口整合的过程中，协议签订的各方应定期及时沟

通，确保协议执行的有效性，同时基于港口整合以及港口发展的现状，及时更新协议落后的内容，补充新的港口整合需求，保障港口整合工作的稳步推进（李浩冲，2021）。

在港口整合计划的制定方面，应注重港口整合规划的阶段性和连续性，明确阶段化港口整合目标，并完善港口整合效果评价机制，定期对港口整合的成效进行评估，以确保港口整合措施的有效性，以及港口整合方向的正确性。在港口整合过程中，应完善港口规划建设审核机制，切实建立起充分反映民意和专家意见的审核环节，做到科学论证在前，规划建设在后，提升港口规划建设方案的合理性，避免港口整合过程中的无序建设。随着港口规模与影响力的提升，也应持续完善港口企业市场监管机制，避免港口垄断的出现，营造良好的港航企业市场环境，保障港航企业的健康发展。相关整合案例汇总见表7－3和表7－4。

表7－3 国内港口整合案例汇总

港口群名称	整合特点
北部湾港口群	跨行政主体整合，将各地方港口管理局、调度中心等并入北部湾港口管理局进行统一管理，并成立不同平台分别负责基础设施建设与经营管理工作，分工明确
江苏港口群	以市为目标治理层级，各区域内港口进行整合，打破"一县一港"的发展现状；各区域间通过资本合作建立新经营主体，依据不同市场定位，实施资源再配置，使各区域间服务价格等标准化，遏止低水平竞争；加强资源监管，取缔非法码头
宁波—舟山港	浙江省政府主导，多种整合方式并存，管理上采取跨行政区域整合，运营上采取地主港模式，引入多种战略投资者融资，明确产权关系，分割资产与负债，切实做到政企分离
辽宁港口群	省政府主导，以大连港和营口港的联合为基础，引入第三方企业招商局，以市场经营的方式组建辽宁港口集团
山东港口群	省政府主导，以龙头港口青岛港为核心，带动周边港口发展，实现港口一体化

资料来源：由本书作者整理提供。

表7－4 国外港口整合案例汇总

港口群名称	整合特点
东京湾港口群	各港口因地制宜、优势互补、错位发展，根据各港口基础与特色确定不同功能定位，并作为整体共享资源、进行品牌宣传

续表

港口群名称	整合特点
欧洲海港组织	协会主导型整合，通过委员会机制确保组织中各港口权益，组织拥有港口政策制定权，保证了各港口间信息共享与财务透明，并通过技术委员会支持，不断优化港口服务及管理流程，致力于提升人员素质与作业安全培训，实现绿色发展
新加坡港口	实行自由港政策，在港口区域内充分实行市场机制，将新加坡港口打造成为国际化的自由贸易区；政企分离，港务集团自由化与多元化发展；遵循经济规律，注重环境保护；尊重和培养人才，实现科技兴港
意大利港口群	依据各地港口条件与基础，政府主导，自上而下，进行区域内港口整合；但未能改变原有模式限制，依旧单纯依靠中央拨款进行港口基础设施建设，另外，未能平衡考虑各地区利益，导致政策在个别地区无法施行
纽约—新泽西港口群	组建联合港务局，采用地主港运营模式，收取土地和码头的租金，实现财政的自给自足
西雅图—塔科马港口群	建立美国西北港口联盟，在借鉴地主港模式的基础上，建立顾问委员会和运营中心
洛杉矶/长滩港组合港	与纽约—新泽西港口整合相似，采用地主港整合模式，但组建一个更灵活的港口联盟，两个港口相对独立
哥本哈根—马尔默港口群	CMP 既是港务局，又是港口运营商，统揽港口全部事务，同时开创了两个国家两个港口进行合并、由同一个公司同一个团队管理的先河

资料来源：由本书作者整理提供。

第8章 我国港口群资源整合路径与模式选择

8.1 环渤海港口群资源优化整合路径与模式选择

环渤海港口群由辽宁沿海港口群、津冀沿海港口群、山东沿海港口群组成。基于环渤海港口群发展现状,下一步有必要继续完善区域内港口规划与发展,形成布局合理、功能完备、分工明确、竞争有序的运输格局,实现区域内港口企业优势互补、合作共赢,从而充分发挥一体化整合效能,提升港口群整体竞争实力。

8.1.1 环渤海港口群整合模式选择

在整合的主要推动力方面,应进一步完善"政府 + 行政"的整合模式,在充分发挥政府宏观调控作用、完善港口整合顶层设计的基础上,推进区域内体制机制创新,鼓励港口企业通过合资、合作、联盟等方式,跨行政区域投资、建设、经营码头设施。在港口企业资源整合方面,可以以国有港口企业资源整合为重点,充分发挥国有骨干港口企业的作用,通过资产划拨、股权投资、合资合作等方式,推动省内国有资产不同管理层级的国有港口企业整合,提高经营集约化水平,避免同质化过度竞争。可遵循按照"先经营管理统一、再资产统一"的模式,积极探索港口企业合作方式,推动区域港口集约化建设和运营(李浩冲,2021)。此外,还可推广津冀港口整合的经验,支持企业专用码头向社会开放经营、委托经营、合作经营,促进市场公平竞争。引导国有骨干港口企业以资本为纽带,整合企业专用码头、中小码头资源,开展联合经营,实现互利共赢。在港口整合后的组织模式方面,应进一步明确天津港、青岛港、大连港的核心地位,充分发挥三大港口国际枢纽港功能,促进现代港航服务要素在枢纽港的集聚,推动枢纽港临港工业、现代物流等服务功能的完善,推动国际航运中心建设。环渤海港口可考虑完善基础设施网络建设，助力集疏运结构调整，增强港口与腹地的链接，进一步提升内陆地区网络化服务，提高港口信息化水平，拓展港口服务功能与范围。积极拓展支线运输，开辟地区运输新格局。同时积极推动运河复航与通道建设。关注国家高等级航道、东西向跨地区水运大通道、南北向跨流域水运大通道、高等级航道网等未来水运建设投资重点方向（蔡鹏，2021）。

辽宁沿海港口群应深化大连港"一核引领"作用，持续推进"六港合一"的战略布局，完善区域内港口布局规划，强化区域内产业协作，差异化布局石化、冶金、船舶制造、装备制造等优势产业，错位发展战略性新兴产业，形成优势互补的产业空间布局。受腹地经济、岸线长度等限制，大连港与同在环渤海港口群内的天津港、青岛港相比规模优势不明显，未来大连港应继续对标国际先进水平，着力打造东北亚国际航运中心、东北亚国际物流中心，建成面向东北亚的对外开放新高地。在港口产业布局方面，辽宁应支持临港企业跨区开展上下游产业合作，打造紧密协作的港口产业区域供应链。推进智能化港口集疏运体系建设，实施重点港区进港铁路项目，打通运输"最后一公里"。大力发展公海铁多式联运，拓展港口腹地纵深，满足东北腹地货物运输需求，服务东北地区经济发展。支持大连开展多式联运"一单制"试点，建设中欧班列沿海集结中心。强化港口与临港产业、物流园区对接，鼓励沿海 6 市共同参与港航资源开发等基础设施建设，推进港口、产业、城市融合发展，增强港口集群辐射带动作用。此外，辽宁也应积极对接京津冀地区的产业合作，打通环渤海地区的交通运输网络，推动区域协同联动发展（晓宇，2017）。依托辽宁自由贸易试验区建设，紧抓区域全面经济伙伴关系协定及中日韩自贸区政策机遇：一方面深挖东北、俄罗斯等陆向腹地资源，进一步完善集疏运体系建设与陆向物流网络，特别是跨境运输通道，推动跨境班列运输发展；另一方面拓展海向腹地资源，充分利用招商局集团资源发展新航线，加密南北航线，拓展日韩及东盟市场，加强区域合作发展，提升港口区域地位（张宜民，2021）。

山东港口群应完善以青岛港为枢纽港，烟台、日照和威海港为支线港的港口布局，提升码头专业化能级，推动港口产业的升级转型。在组织运作模式方面，可采取区域航运中心模式，着力推进青岛港东北亚国际航运中心、物流中心的建设，协同带动区域内其他港口发展。在行政组织模式方面，可充分发挥港口企业经营主体作用，由省政府批准设立国有企业集团，由省国资委履行监管职责，山东港口集团拥有对港口规划、投资、建设、运营、管理的主体职责，山东省委、省政府负责制定港口发展规划。明确港口组织架构与管理层级，从股权架构、管理架构等方面确保山东省港口集团的整体性，避免港口"形合神不合"的问题。依靠优质高效的效率，青岛港吸引了众多船公司增开航线。青岛港应继续完善国际航运网络，加强国际航线的建设，完善港口中转服务，提升港口服务效率，形成了以青岛港为枢纽港、其他港口为喂给港的运输中转格局（徐峰等，2021）。

津冀港口应充分发挥天津港作为津冀港口群核心港口的引领带动作用，借鉴辽宁、山东港口群整合的经验，以资本为纽带，充分发挥市场调节作用，在市场经济条件下对港口企业资产和资源进行重组，推动港口间资源整合。此外，可借鉴辽宁港口群整合"央地重组"的经验，积极引入包括央企在内的战略合作者参与整合工作，通过央企、地方政府、港口企业的合作实现津冀港口资源整合。

8.1.2 环渤海港口群整合路径分析

基于环渤海港口群现有的整合成果，下一步环渤海地区应推动三大港口群之间的协同合作。辽宁沿海经济带应深入推进与京津冀协同发展、长三角一体化发展等区域重大战略的对接和交流合作，通过体制机制借鉴、产业项目对接、重点园区共建、相关人才共同培养等方式实现环渤海一体化发展，将辽宁沿海经济带打造成我国北方地区对外开放的重要高地。津冀港口群应着力提升港口群整体产业能级，进一步强化与山东港口群、辽宁港口群的协调联动，打造北方国际航运中心、金融创新运营示范区、改革开放先行区，共同发挥高端引领和带动作用。山东港口群也应积极参与京津冀协同发展，同时推动对日、韩等国的开放合作。

目前，山东港口群、辽宁、河北都已经成立了省级港口集团，开启了全省港口一体化的大局。京津冀港口群应构建以天津港为核心枢纽，以河北港口为两翼共同打造世界级港口群的目标，在合理规划港口功能布局的同时，着力提升港口群信息化水平，推动港口企业与货主、船公司、岸上运输企业之间的信息共享，推动港口横向、纵向的资源优化配置。此外，津冀港口可利用共享平台推动港口合作，相互学习，促进港口先进技术、管理经验的交流和高素质人才的流动，提高港口群整体创新能力，打造津冀产业创新园区，促进港口服务水平与综合效率的提升（吴利娟，2018）。

环渤海港口群应继续完善港口群集疏运体系与物流网络，继续增强三大港口群的协同联动能力，推动分工合理、错位发展、高效协同的津冀世界级港口群的建立。天津港应积极按照《天津港建设世界一流港口支撑指标和工作目标体系（讨论稿）》要求，加快发展"散改集""公转铁""海铁联运"，完善以港口为枢纽的多式联运体系，增强港口服务辐射能力。2020 年 05 月 21 日，天津市人民政府办公厅印发关于《天津市推动天津港加快"公转铁""散改集"和海铁联运发展政策措施》的通知，以贯彻落实"建设世界一流港口"和"运输结构调整"等工作部署。建设方面，天津港积极贯彻落实京津冀协同发展、区域协调发展、"一带一路"、西部大开发等国家战略。山东港口、辽宁港口也应加快运输方式转型升级，在实现煤炭全部铁路运输的基础上，推进矿石与煤炭双重"钟摆式"运输，全力打造"公转铁 + 散改集"双示范港口。辽宁港口群应继续完善"辽满欧""辽蒙欧""辽海欧"运输通道，充分利用东北亚国际航运中心、物流中心、金融中心的区位优势和发展基础，提升辽宁港口群对外竞争实力与航线吸引能力，打造我国北方对外开放的新高地。

环渤海港口群还应继续完善港口信息化建设。加强京津冀跨境贸易区块链平台的建设，实现港口进出门、装卸船、集装箱通关和退税的每一个环节相关数据在区块链平台上的交互，促进海关、港口管理机构、货主、企业在平台的共享数据的协同合作。在通关过程中，企业可以随时查看货物进度，同时，基于区块链数据的不可更改性，确保数据真实，便于商务部门依据货物量和退税数据为企业提供金融、保险等服务。辽港集团应继续完善"壹港通智慧物流跨界服务大平台"，丰富智慧港口运作场景，形成功能全面、场景丰富、模式可复制的智慧港口建设成果，助力东北老工业基地的发展。

此外，环渤海港口应持续加大硬件设施的建设，加快建设全新自动化码头，并且对原有的传统码头进行升级改造，进一步服务环渤海地区的协同发展与我国"一带一路"建设的实施。环渤海港口群的主要港口应积极推动港口作业流程的改造，实现港口作业自动化处理，转变传统的粗放式的作业方式，促进港口集约、节约化发展，增强港口运作的可持续能力。

8.2 长三角港口群资源优化整合路径与模式选择

长三角港口群位于我国东部沿海长江三角洲，江流入海，具有得天独厚的区位优势，是我国吞吐量最大的港口群，区域内拥有上海港、宁波—舟山港两大超级港口。由于长三角港口群所跨行政区域较多，完全的区域港口一体化整合需要协调多方省市的利益，将面临较大的来自行政区划的压力，因此长三角港口群的可采用港口联盟、组合港的模式，充分释放区域内港口规模优势，促进资源的集聚与国际竞争力的提升。

8.2.1 长三角港口群整合模式选择

长三角港口群规模优势较为明显，可按照双枢纽港模式，布局形成以上海、宁波—舟山港为核心，南京、杭州、苏州、镇江、芜湖、南通、徐州、无锡、淮安、连云港、温州、嘉兴内河、湖州、合肥、马鞍山、安庆为骨干，其他港口共同发展的总体格局。由于长三角港口群涉及江苏省、浙江省、安徽省、上海市的"三省一市"大省级行政区划，长三角港口群完全的港口一体化整合会面临较大的来自行政区划的压力，完全打破长三角港口群的行政区划，建立统一的长三角港口群运营集团需要取得"三省一市"党委和政府的支持，并在周密实施方案的基础上充分实现各港口之间的利益平衡，存在较大的难度。因此，长三角港口群可在上海港、宁波—舟山港双核心港的基础上，借鉴欧洲港口协会、东京湾港口联盟的经验，在保持区域内港口经营权独立的基础上，形成错位分工、优势互补的港口群联盟，促进区域内港口资源的协调配置。在现有的省级层面的港口整合的基础上，长三角地区应进一步明确区域内港口等级，合理定位枢纽港、喂给港、支线港功能，完善港口集疏运体系，增强港口群对外合力。此外还可借鉴纽约—新泽西港口整合的经验，以组合港的方式推动部分港口的整合，如洋口港与上海港形成组合港，成立上海组合港管理委员会办公室，具体协调长三角地区港口规划和集装箱码头规划。可先选择部分港口作为试点，为组合港的实践提供经验借鉴。此外，长三角港口群也应关注上海港、宁波—舟山港之间协同合作，由于两个港口分别是我国第一、第二大港口，需要格外注重两个港口之间的分工协调，避免两个超级大港之间的不良竞争。此外，长三角港口群可构建基于货主的港口联盟，实现对港口货物资源和市场业务需求的统筹管理和运营服务（童孟达，2020）。

此外，长三角地区港口群可积极推动市场模式的整合，通过投资行为实现港口间的合作，创新港口合作联盟的模式，以市场和资本为纽带推进区域经济一体化发展（童孟达，2019）。浙江是民资、合资和外资较为聚集的区域，在港口整合的过程中可充分调动市场机制的调节作用，为多元化的港口投资融资机制创造宽松的市场环境和法治环境，实现国有资产、民营资产和外资的顺溜整合。另外，政府相关港口管理机构也可通过行业规费或税收、资源使用费、财政补助等方式，建立稳定的资金来源渠道，为沿海港口航道、集疏运通道、安全保障等基础设施建设提供支持。在港建设融资方面，可借鉴"地主港"的模式吸引多方参与合作，推动市场机制与政府引导的良好配合（赵娜，2012）。

8.2.2　长三角港口群整合路径分析

长三角地区下一步港口整合的主要任务包括：

优化区域港口功能布局，推动港航资源整合，健全一体化发展机制。加强沪浙杭州湾港口分工合作，以资本为纽带深化沪浙洋山开发合作。上海港以集装箱干线运输、集装箱江海联运、邮轮运输、高端航运服务为重点，打造智慧高效的集装箱枢纽港、国际一流的邮轮母港。宁波舟山港以大宗能源、原材料中转运输及对应的江海联运服务为重点，强化集装箱枢纽港功能，集聚海事和航运服务高端要素。推进上海港、宁波—舟山港和苏州港集装箱运输优化发展。在共同抓好长江大保护的前提下，深化沪苏长江口港航合作，依托上海国际航运中心建设，规划建设南通通州湾长江集装箱运输新出海口，建设苏州（太仓）港作为上海港远洋集装箱运输的喂给港，发展近洋航线集装箱运输。加强沿海、沿江港口江海联运合作与联动发展，鼓励各港口集团采取交叉持股等方式强化合作，推动长三角地区港口协同发展。深入推进安徽、江苏港口资源整合。完善港口集疏运网络，推进重点港区疏港铁路规划建设，结合实际向堆场、码头前沿延伸，实现铁水联运无缝衔接。充分发挥政府宏观调控作用，完善港口整合顶层设计,立足"双循环"新发展格局,编制长三角世界级港口群发展规划,围绕建设具有全球影响力的世界级港口群目标,在"十四五"期间形成一体化发展路径,明确港口群内各港口的分工定位、功能布局,在资源共享、业务合作、集疏运体系、航运服务、航运要素等方面进行整体规划,促进长三角港口群高质量发展,打造具有全球竞争力的世界级城市群港口。

高品质推进舟山江海联运服务中心建设,构建国际一流的江海河联运枢纽港、航运服务基地和国际大宗商品储运加工交易基地。协调推动江海河联运发展,依托长江南京以下 12.5 米深水航道,优化整合长江南京以下江海联运港区布局和功能,推进南京区域性航运中心建设。有序推动南通通州湾港区江海航运发展,构建分工协作、运转高效的干散货江海联运系统和集装箱、干散货江海直达系统。加强安徽、江苏沿江港口江海直达、江海联运相关码头技术改造和锚地建设,有序整合芜湖、马鞍山港口资源,提升江海联运中转功能。加快建设连云港亚欧陆海联运通道、淮河出海通道。加强内河高等级航道网建设,推动长江淮河干流、京杭大运河和浙北高等级航道网集装箱运输通道建设,提高集装箱水水联运比重。大力发挥宁波—舟山港的龙头和主导作用,加快宁波—舟山港做大、做强、做优的发展步伐,积极参与开发舟山的深水岸线资源。积极推广宁波—舟山港口整合经验,对区域内联盟合作港口和无水港在港口管理、业务、技术、信息、服务品牌等方面给予培训和帮助。大力发展集装箱运输体系,海铁联运体系、水水中转体系,推动长三角地区港口产业链的拓展与升级转型(赵娜,2012)。

利用上海建设国际航运中心,提升长三角港口产业服务能级。大力发展航运金融、航运信息、航运交易、海事仲裁等现代高端航运服务业,全面提升全球航运资源组织配置能力。依托上海自由贸易试验区新片区,提升拓展全球枢纽港功能,在沿海捎带、国际船舶登记等方面加强探索,提高对国际航线、货物资源的集聚和配置能力。进一步完善启运港退税相关政策,优化监管流程,扩大中资方便旗船沿海捎带政策实施效果,依托上海自由贸易试验区新片区,研究在对等原则下外籍国际航行船舶开展以洋山港为国际中转港的外贸集装箱沿海捎带业务。发挥港航联动发展优势,鼓励港口航运企业采用多种形式更紧密地合作,强化各地港航资源优势互补。以上海国际航运中心建设为龙头,着力吸引全球更多航运要素在长三角集聚,进一步提升长三角港航产业服务能级。

配合长三角产业高质量发展，协同打造更优的营商环境，充分利用大数据、区块链技术，进一步完善"单一窗口"，率先实现通关一体化。当前，上海仍需继续加强航运增值服务，着力提升航运服务水平，在航运金融服务、航运贸易服务、航运法律服务等方面寻求更大的突破，从而吸引更多的要素集聚以及更强大的港口竞争实力。可借鉴德国 KG 模式或新加坡海运信托基金模式，成立上海船舶产业基金，大力发展上海航运金融产业，打造国际航运金融中心、贸易中心（王列辉，2009）。大力发展港口物流业，协调与港口有关的各方面关系，努力提高港口物流的服务质量和运作效率，尽快整合港口各服务环节间的功能，为港口的发展创造良好的环境。大力发展保税物流、仓储物流、航运物流信息服务、航运物流供应商和客户一体化服务于协作等。

统一运输费率、税费标准、通关手续、市场管理、行政执法、政策体系，充分发挥长三角组合港办公室、长三角港口管理部门合作联席会议等现有机构功能，加快实现长三角市场信息共享和数据查询、监控信息交换以及申报信息、审批管理信息等的互联互通，加强各港口之间的资源配置、航运市场规范，避免恶性竞争。港口管理体制下放一方面调动了各地市发展港口的积极性，另一方面也显示出市场在综合利用区域港口资源、优化区域港口结构、合理布局港口功能等配置能力的短缺。建立统一公平、竞争有序、行为规范的港口运输市场，建设符合上海国际航运中心建设实际需要的统一高效的区域港口管理机制已势在必行。要以市场为基础、项目为载体、资本为纽带，积极推进长三角企业间合作与联合。在这个过程中，政府多搭平台、少设门槛，积极创造体制机制条件。要以建设长三角港口群的干线港、支线港、喂给港三个层推进相关企业开展全方位、多形式的经济合作。

8.3　东南沿海港口群资源优化整合路径与模式选择

东南沿海港口群服务于福建省和江西内陆省份，港口分布较为密集，整体体量小于长三角港口群与珠三角港口群，其中厦门港集装箱吞吐量最大，福州港货物吞吐量最高。福建省是我国最早推进港口行政管理制度改革、统筹整合全省港口建设发展的省份，2020 年 8 月，福建港口集团成立，实现了区域内宁德、福州、莆田、泉州、漳州、厦门六大港口的整合。在整合前，由于福建省内各港口规模相近、功能趋同、资本构成复杂，因此长期存在利益博弈，影响了港口群整体的协调一致发展，导致福建港口整合的进程有待提升。福建省应继续以福建港口集团为发力点，着力推动全省港口资源的整合，进一步释放港口整合力量。

8.3.1　东南沿海港口群整合模式选择

从福建以往的港口整合经验来看，单纯的政府推动的整合模式或单纯的市场推动的整合模式都无法完全满足其福建地区港口整合的需求，因此东南沿海港口群应不断完善政府与市场双重驱动的港口整合模式，在政府宏观调控的基础上，积极推进现代化基础设施建设以及港口群集疏运网络的完善，推动跨省、跨区域的港口合作，发挥闽浙赣、闽粤赣协作，加强重大项目建设的协调，推进跨省铁路、高速公路、港口等重大基础设施项目的统筹规划与协同建设。同时，以港口资产整体上市为方向，发挥资本纽带作用，加快推进港口资产整合。国资证券化有助于进一步增强国有企业活力，实现国有资产保值增值，是推进国企改革的重要方式。目前，国内沿海港口上市企业达 16 家，实践表明，以资本为纽带、以市场化方式推进港口资源整合，有利于平衡企业间利益，促进整合后的港口企业良性发展（李兴湖，2021）。东南沿海港口群要发挥好在中国香港特区上市的厦门国际港务以及在深交所 A 股上市的厦门港务发展两个公司平台的作用，创造条件推动集团公司港口资产整体上市，进一步提高企业资本证券化率，促进企业高质量发展。此外，由于东南沿海港口群具有对接台湾地区交通和贸易合作的重要任务，因此东南沿海港口群也应统筹协调区域内对台合作的功能分工，提升海峡西岸经济区域台湾地区的对接能力。厦门港应积极落实《厦门市关于促进两岸经济文化交流合作的若干措施》等惠台政策及实施细则，顺应"21 世纪海上丝绸之路"顺应新趋向，积极融入"一带一路"发展。

东南沿海港口群也应积极推动港口资源纵向一体化整合，通过科学谋划临港产业发展，延伸临港产业链条，结合地区经济发展特点，加快推动港产城融合发展，逐步形成港口差异化临港产业布局，由运输型港口向产业型港口逐步迈进，增强港口和海铁联运发展后劲，实现可持续发展。在福建省港口资源规划"两集两散两液"专业化港口布局基础上，进一步促进煤炭、金属矿石、集装箱、石化等专业集中化、差异化港区建设，促进不同层级港口资源整合，提高港口专业化、集约化水平（解振全，2022）。立足省级港口平台，高标准推进全省港口整合步伐，强化厦门港枢纽港地位，打造智慧化、绿色化港口。

8.3.2　东南沿海港口群整合路径分析

下一步福建省进一步推进港口整合的发力点包括：

第一，明确各港口功能定位，完善港口群紧密协同模式。福建省港口分布较为密集，但主要业务集中在福州港、厦门港、福建港三个港口，三个港口的货物总吞吐量占全省港口吞吐量的89%以上。此背景下，福建港口集团应进一步明确三大主要港口的功能定位，着力打造厦门国际集装箱干线港、福州国际深水大港，推进重点港区开发。此外，福建省港口整合应采取紧密合作的模式，充分发挥港口整合的规模效益，以整体形态参与对外竞争，着力打造面向东南亚的国际航运中心和对台的重要交通运输通道，扩大"丝路海运"品牌影响，开拓外贸集装箱中转业务，建立新型第三方物流体系和航运交易市场，做大做强东南国际航运中心。

第二，加强港口集疏运体系建设，推动港城协同发展。结合福建省港口发展现状和规划，推进宁德漳湾、白马铁路支线对接衢宁铁路。建设福州港口后方铁路通道，对接可门疏港铁路。规划建设江阴港经莆田至兴泉铁路货运通道，串联江阴港、湄洲湾港、肖厝港。推进厦门海沧至兴泉铁路货运通道建设，实现与"中欧班列"无缝衔接。续建港尾铁路。加快推进白马支线、漳湾支线、城澳支线、罗源湾北岸支线、松下支线、秀涂支线、古雷支线等疏港铁路支线前期工作。推进铁海联运、公海联运、江海联运等多式联运。同步加快福州港后方铁路通道、厦门港后方铁路通道建设，以及腹地城市"内陆港"物流基地和大型企业专用线建设，构建"支线 + 通道 + 腹地节点"海铁联运集疏运体系，打通从港口到腹地全物流链基础配套，促进"点线"能力协调，提升海铁联运系统服务能力（郑平标，2021）。

第三，提升港口作业专业化程度，打造区域优势港口产业链。推进渔业设备、海工设备、海洋医药和生物制品等港口产业的发展，对接闽台交流合作，争取推进一批合作项目。加强自由贸易试验区、国家级新区涉海功能，建设漳州招商局经济技术开发区、东山经济技术开发区、福清江阴经济开发区、连江经济开发区等四个涉海经济开发区，打造福建省向海开放高地。

第四，完善价格体系和优惠政策。国外已经有了通过实行补贴促进港口集疏运一体化与资源集聚的时间。如鹿特丹港、安特卫普港等港口针对运距在 50 千米以上的铁路运输给予补贴，从而大幅度地提升了区域内港口水运与铁路联合运输的比例。2009 年以来宁波对海铁联运集装箱均实行了一定的补贴，有力促进了集疏运量由公路向铁路的转移，2020 年集装箱海铁联运量达到 100.5 万 TEU，铁路集疏运比例占比由 2009 年的 0.03% 提升至 3.5%。因此，一方面海铁联运价格需要能跟随市场灵活调整的价格体系，有针对性地制定与运输市场相接轨的价格；另一方面可给予海铁联运一定的优惠补贴，尤其是在集装箱铁路运输方面，提升价格优势，以便培养和吸引货源，稳定服务对象，助力港口集疏运"公转铁"目标实现（解振全，2022；富鹏飞，2020）。

第五，强化与周边港口群的合作。由于东南沿海港口群南北分别面临着来自长三角、珠三角港口群的竞争压力，东南沿海港口群规模优势不明显，因此东南沿海港口群可积极利用区位的优势，拓展与长三角、珠三角地区港口群的合作，积极拓展并延伸内陆港口腹地，实现区域内港口的影响力的提升。此外东南沿海港口群应进一步推进港口资源共享与协同发展，实现港口产业转型升级与临港产业的集聚，促进港产城的融合。

高雄港应积极推动基础设施的建设，增强港口服务能力，同时加强生态绿色港口建设，实现台湾港群朝绿色港口方向发展的目标。台湾港区的协调绿色发展及海运产业链的整合，有利于提升港口集群的影响力，可以高雄港为核心，引领台湾港群加速迈向国际化，朝向优质永续生态港前进。除强化货运、客运及自贸业务外，也要创新商业模式，打造永续发展新港口，从"合作、创新、永续"出发，与各地方政府合作，带动港口转型。

8.4 珠三角港口群资源优化整合路径与模式选择

珠三角港口群目前已经形成以中国香港港为核心，深圳港和广州港为枢纽，其他港口作为补充和辅助的港口群格局。依托独特的地理优势，珠三角港口群在我国国际经济贸易中占据着重要的地位。粤港澳大湾区是珠三角港口群优化整合的重点区域，增强广州、深圳港口国际航运能力，促进广、深、港、澳的合作是该区域港口群优化整合的主要目标。此背景下，珠三角港口群可采用构建省级港口集团的整合方式，先行实现省内港口企业的整合，再探索跨省、跨区域的港口联盟合作方案。

8.4.1 珠三角港口群整合模式选择

在整合模式方面，珠三角港口群有多种模式可供选择：

一是，基于共享腹地的港口合作联盟模式。珠三角区域内惠州港、深圳港、广州港、东莞港、珠海港、中山港、江门港、佛山港、肇庆港的经济腹地都具有交叉性，可通过组建港口合作联盟的模式，协调港口建设规划，共享航道、引航等公共服务和设施，共同研究开辟航班航线等，提升区域港口整体竞争实力，协调区域内港口整体发展战略。此模式下港口可保持经营权的独立，但港口发展战略和建设规划需有统一的方向指导。可选择以广州港为龙头，由政府部门引导珠三角港口形成一个或多个联盟试点，总结相关经验，进而在大范围进行推广。

二是，基于供应链的港口联盟模式。以港区为中心，建立由船公司、港口、路上运输公司、货主等组成的港口供应链联盟。在临港区域建立物流园区，沿港口辐射腹地主要交通枢纽、临港产业，在内地大城市周边或临近大型企业建立物流中心，在中小城市和中小企业周边建立配送中心，构建分层次的港口供应链联盟网络。

三是，政府引导下的港口紧密整合模式。这种模式是目前我国省级层面港口整合采用的最普遍的模式，即市场经济的前提下和政府的引导下，通过参股、合资合作等形式结成港口群利益共同体，各港口根据自身特色，通过资产或资本运作实现港口整合。

在港口组织模式方面，珠三角港口群可采用航运中心模式或双枢纽港模式。在航运中心模式下，广州港要把建设现代化国际枢纽港以至国际航运中心作为其长远发展目标，把广州港打造成为枢纽型现代物流中心，把广州打造成国际航运中心城市，带动流量经济和金融、保险、贸易、信息、中介服务等航运高端服务业的发展。形成以广州、深圳为主体,大力发展市场交易和提供航运服务为主的高端港口物流服务业;形成以珠海、东莞、惠州为主体,大力发展腹地货物集散服务为主的港口物流业务;形成以佛山、中山、江门、肇庆为主体,大力发展中转为主的港口物流业务格局。以点带面,有效分工协作,共同推动珠三角港口物流一体化发展(涂建军和曾艳英,2013)。

虽然深圳港与广州港同为大规模港口,但两港在功能定位方面存在差异,深圳港主要以外贸集装箱业务为主,致力于打造华南国际集装箱枢纽港,而广州港以内贸业务为主。鉴于两个港口的规模都较大,且两港在地理区位、功能定位、资本构成等方面存在差异,在广东省成立统一的港口管理机构实现省内港口的完全一体化将面临较大压力,因此广东省可围绕广州与深圳两大港口,构建双枢纽港的港口组织布局,两大港口分别吸引周边港口资源集聚,同时进一步完善两个港口的功能定位,促进港口更好地利用各自资源优势开展港口物流服务,实现两个港口的捆绑式发展、功能型组合和资源集成。但仍需注意的是,要注意对港口垄断行为的监察以及相关政策的完善,港口整合的目的是统筹岸线、基础设施、人力等资源,提升港口群整体竞争实力,推动布局合理、错位分工的港口群格局的建立。但随着港口规模的提升,在港口整合过程中反对港口垄断的呼声也越来越高,目前我国港口市场港口垄断的主要问题在于设置进入壁垒和要求强制服务,如部分港口通过限定交易的行为剥夺船公司选择权,或要求船公司提供强制服务或过度服务等。随着港口规模的扩大与影响力的提升,省委、省政府、港口管理机构应完善相关市场监督机制,规范港口市场秩序,以确保市场机制的平稳运行,营造良好的港口发展环境。

8.4.2 珠三角港口群整合路径分析

珠三角港口群应积极与中国香港港口合作。推动建立港口合作交流机制,加强珠三角与中国香港特区在航运、物流组织服务上的对接,提升粤港澳区域港口、航运、物流合作层次,形成以中国香港港为国际航运中心,深圳港、广州港为枢纽港,其他港口为支线港和喂给港的大珠江三角洲港口群。支持和鼓励粤港港航企业在开辟粤港跨境客运(包括邮轮)、货运水路航线方面加强合作,促进兼具旅游、客货运输、邮轮运输等功能水路运输网的形成。

在珠三角港口群横向一体化整合方面，基于粤港澳大湾区的重要功能定位以及珠三角一体化的发展基础，应进一步推动珠三角港口群的整体协作发展，巩固和提升中国香港特区航运中心的地位，加强粤港澳地区港口合作。可采取区域港口联盟的模式，推进粤港澳合作平台的建设，打造国际高端航运服务中心、新型国际贸易中心、国际文化创意基地、自由贸易区等。加强粤港澳集疏运体系的建设，加强广、深港口与中国香港特区、澳门特区基础设施的高效联通。加强粤港澳港口对外合作，充分发挥珠三角港口群在国家对外开放中的特殊地位与作用，与相关国家和地区共建港口产业园区，打造对外开放示范平台。粤港澳大湾区应当把握我国现在良好的发展机遇，在"一带一路"和"自由贸易改革"等政策的助力下，以金融、科技创新、先进制造为发力点，从而快速崛起。海运方面，粤港澳大湾区依托于世界排名靠前的广州港、深圳港和中国香港港，港口吞吐量位居世界湾区之首。未来也应继续强化内地与港澳的交通联系，构建高效便捷的现代综合交通运输体系。发挥中国香港港作为国际航运中心的优势，带动大湾区其他城市共建世界级港口群和空港群，优化高速公路、铁路、城市轨道交通网络布局，推动各种运输方式综合衔接、一体高效。

在珠三角港口纵向一体化整合方面，珠三角港口群可在强化港口主营业务，不断纵向延伸，大力发展第三方物流的基础上，积极开展增值服务，加快信息化进程，打造高效运作的国际航运中心、物流中心，积极拓展港货联盟、港航联盟、港区联盟形式，可采用日本港口的经验，港口方与货主之间结成战略联盟，主动介入到企业生产经营过程。对港口方而言，通过构建港口与货主的联盟合作既稳定了货源，又提升了综合物流服务水平；对货主而言，通过外包降低了物流成本，提高了产品流转速度。此外，可以考虑港口与航运企业联盟，双方可以就船舶停靠、船舶装卸、货物堆存、集装箱箱务管理等方面达成"双赢"，从而提高港口的装卸效率，提升船公司运营效率，共同参股并经营内河航运及码头运作。为提升区域内港口对外竞争合力，珠三角港口群应合理安排物流园区与临港工业园区，加强港口与物流园区及临港工业园区的合作交流，提供高效、便利、快捷、准确、经济的"一站式"服务。

此外，珠三角地区应积极推动区域信息资源一体化，加强信息技术在基础设施建设中的应用，提高智能化管理水平，提升各类基础设施管理和营运效率，增强各类基础设施相互衔接支持能力，加速基础设施一体化进程。进一步完善各地在信息基础网络层面的对接。积极推进珠三角与港澳电子签名证书互认的先行先试，促进珠三角与港澳贸易便利化。在珠三角大力建设 RFID（射频识别）公共服务平台，促进与港澳通关便利化。深化与港澳的数字家庭产业合作。鼓励珠三角信息企业参与粤港澳合作领域的规划建设，为三地共建"优质生活圈"提供优质的信息通信服务；并就运营管理、业务拓展、人才培训等多方面内容与港澳业界开展交流互动，利用互补优势，共同参与国际竞争。

8.5 西南沿海港口群资源优化整合路径与模式选择

广西港口整合起步较早，目前已经取得了较好的效果。广西北部湾港口整合是我国最早的港口整合范例之一。2007 年，广西北部湾港港务集团成立，实现了钦州港、北海港、防城港三大港口的统一规划、建设、经营，形成了以防城港域为主的大宗散货运输体系，辅助发展集装箱运输体系；以钦州港域为主的集装箱运输体系和石油化工运输体系；以北海港域为中心的国际邮轮旅客运输体系、商贸和清洁型物资运输体系。2018 年，广西西江开发投资集团有限公司整体并入广西北部湾国际港务集团有限公司，组建形成了新的广西北部湾国际港务集团有限公司，完成了海港和内河资源的再度整合。通过港务集团和西江集团的战略性重组，以加快北部湾城市群和西江经济带建设为依托，以开放合作及体制机制创新为动力，着力构建北部湾港口体系、西江水运体系、江海联运体系、集疏运体系、港口经济体系、通道经济体系和服务保障体系等体系，合力推进东南亚物流枢纽、南向通道建设和中国—东盟区域性国际航运中心建设。

8.5.1 西南沿海港口群整合模式选择

由于广西港口规模优势并不明显，下一步，广西港口应继续完善"政府 + 市场"的整合模式，以港口企业为纽带，着力整合全省港口资源，提升全区港口发展协同性，完善港口基础设施建设和集疏运体系，促进港城协同发展。此外，由于广西沿海港口规模较小，分布较密集，因此适合采取紧密联合的整合模式，通过港口的一体化运营与一体化规划，形成区域港口发展合力，促进港口规模效益的释放。可以广西北部湾港口管理局成立的经验借鉴，在原有的港口管理机构的组织架构基础上，继续扩大港口管理机构的管理范围，实现广西沿海港口规划、建设、管理、运营 的"四统一"，提升港口的运营管理水平。

海南港口资源整合模式应采用政府推动＋市场决定模式，即主要依靠市场手段，通过政府推动对区域内港口企业资产的重组，形成统一的港口企业集团，并依靠企业集团整合省域内的港口自然资源和经营资源。政府主要负责整合港口自然资源和行政资源。建议海南省成立资源整合工作领导小组，通过建立协商议事制度，将各有关单位权责范围内规划、许可、资金、税务、通关等行政资源，更好地服务于港口资源整合和港航经济发展。同时完善港口建设审批和制度，对全省港口岸线资源的利用进行统筹规划，优化港城建设协同以促进港城协同发展。在市场方面，打造省级平台，整合全省港口经营资源。重点整合海口港、洋浦港、八所港、三亚港、清澜港等"四方五港"的公共码头及马村港区东部岸线的业主码头，对全省沿海港口公共码头资源开发、建设和运营进行统一管理，明确各港口功能定位，发挥港口资产的协同效应，提升全省港口的资源利用效率和服务水平；通过市场经济手段引进战略合作伙伴，延伸产业链，拓展物流等相关领域业务，完善港口服务功能，提高综合竞争力，促进港产城良性互动与融合发展。鉴于港口资源整合工作涉及的利益主体多，产权结构复杂，资本构成多样，打造省级平台公司历时较长，为抢抓战略叠加机遇，尽早解决海口和洋浦港集装箱的竞争问题，优先发展东南亚集装箱"水水中转"业务，由海南港航控股有限公司暂代省级平台公司，根据与国内外大型港航企业的洽谈情况寻求多方位合作，以集装箱板块整合撬动全省港口资源整合。下一步，应继续深化研究海南港口省级平台公司的具体组建方案。

8.5.2　西南沿海港口群整合路径分析

2019 年 8 月《西部陆海新通道总体规划》将北部湾港定位为国际门户港，2021 年 2 月《国家综合立体交通网规划纲要》将北部湾港定位为国际枢纽海港，建设北部湾国际门户港已列入国家"十四五"规划纲要。"十四五"时期，广西港口群应进一步优化港口营商环境，推动贸易便利化、投资自由化、物流标准化的发展，继续发展"一口价""一单式"国际多式联运定制化服务，建设国际贸易"单一窗口"。发挥深水大港优势，依托自贸区，积极参与面向东南亚的开放合作。加强与国际陆海贸易新通道沿线国家和地区合作。支持西部其他地区在自贸试验区建设专属物流园，引进国际物流企业在自贸试验区内设立地区总部或功能性总部。加快建设国际陆海贸易新通道、国家物流枢纽承载城市，积极推动国际陆海贸易新通道与中欧班列相衔接，打造服务西南、中南、西北的国际陆海联运基地和国际门户港。支持自贸试验区推进铁路、公路、水运、航空网络和多式联运物流信息平台建设，推动跨通道、跨运输方式、跨区域互联互通和信息共享，构建现代化综合交通运输体系。实现区域之间保税货物自行流转，建设多式联运的海关监管中心（王庆德等，2020）。建立广西国际化的金融市场，探索以广西大宗商品、产品、股权等为中心的金融中心建设突破口，打造出一个在国际领先的金融中心，鼓励企业在发展的过程当中开展境外融资活动，这样能够在经营过程中降低企业成本，从而促进我国人民币的改革，有利于我国建立完善的规则和机制，促使我国广西变为中心面向东盟的国际金融中心（罗雯，2021）。完善港口集疏运建设，通过项目的具体实施，促进港口向大型化，现代化和专业化的方向发展，并且实施港口扩能工程，建设深水航道、大能力泊位和集装箱泊位，从而提高港口吞吐能力，以多式联运为载体，搭建公路、铁路和海上运输通道，为华南、中南、华北等地企业与世界各地的集装箱、干散货业务提供纽带，提高港口综合运营能力和整体竞争力。

提升现有集装箱运输能力，扩建小铲滩码头，加快建设马村港区，促进航运要素集聚，发挥海口港和洋浦港的区位优势和航运便利条件，将海口港打造成为海南自由贸易试验区和中国特色自由贸易港的门户港，将洋浦港打造成为国际陆海贸易新通道的国际枢纽港。整合琼州海峡两岸航运资源，有效利用海南广东两省的航运资源，优化配送海口和徐闻的港口航运业务。通过并购等方式整合海南其他航运企业的船舶资产，实现两岸的航运资源整合。实现琼州海峡调度统一、服务统一、规划统一、管理统一和信息化统一，并根据市场和季节变化调整运力供给结构，实现运力资源利用的最大化。海南省政府可通过颁布港口总体规划、区域港口协同发展规划等举措统筹规划区域港口发展，加快实现海口港、洋浦港、八所港、南山港等主要港口在经济发展中的定位和角色，明确各个港口的主营业务和对地方经济的支撑，整合新兴港务码头，加快港区码头的股权收购，扩建港区散货专业码头，建设更多更大吨位的泊位，提高港区的年通过能力。加快沟通区域航道、锚地、引航资源等共享共用，改善港区集疏运系统，实现区域港口的协作发展。组建省级投资管理平台，加快港口业务的市场化建设，成立专门的港口投融资平台，以资本为纽带，厘清投资与经营的关系，采用政府与社会资本合作等融资模式，依靠行政力量和市场力量调整区域港口发展结构，组建大型国有控股港口物流公司，发展仓储物流、道路运输、航运金融等综合服务型项目，带动整个市场物流运输经济的发展（张晓波，2020）。

第 9 章　政策建议

9.1　构建错位分工功能布局，促进资源高效利用

为防止因资源相似、腹地重合导致各港口出现无序竞争的情况，应当从港口群整体目标出发，根据各港口的基础设施、地理位置、货运资源等自身特征明确港口未来发展战略，建立分工明确、竞争有序的港口发展格局，科学定位各港口的发展方向和功能，充分发挥各港口优势。应明确港口群内枢纽港、喂给港、支线港等港口定位，突出枢纽港的主导地位，完善港口航运支线网络，实现港口间的合理分工、错位发展，使各港口优势互补。同时增强港口之间的集疏运体系建设，为港口之间的交流合作创造良好的基础。港口的功能规划应基于港口自身资源禀赋和区位特征，做到"深水深用、浅水浅用"（曹玮和苏博，2018）。同一港口群内港口间应通过差异化战略减少港口间利益冲突，但可借鉴东京湾港口群的经验以整体的形式参与对外竞争，从而充分发挥港口群规模效益，提升港口群国际影响力和竞争力。此外，应完善港口群规划审核机制，杜绝低水平重复建设，实现港口岸线的高效利用，推动港口群一体化整合。还需要为整合区域内的港口营造一个良好的政策、市场、技术和人才环境，充分发挥港口企业的合作自主性，提升港口企业的业务和服务能力。人才培养与共享方面，港口联盟可以建立一套长期有效的合作机制和行动计划以促进人才的合理流动、开发与合作。包括：共建共享专业人才培训基地、建立联络机构和专家工作组、建设信息交流平台、定期举办港口人才交流会、创建各种形式的港口人才市场、定期举办港口研究论坛等。

9.2　因地制宜选择整合模式，实现港口合作共赢

根据港口整合的主导力量，港口整合模式包括政府主导式、市场主导式和

混合式；按照港口整合后的紧密程度可将港口整合的模式分为紧密型、松散型和港口联盟型。各港口群应依据自身特征和未来发展规划选择符合自身实际情况的整合模式，针对港口群内港口特征较为复杂的情况，可综合运用多种港口整合模式，提升港口整合的柔性。对于优势互补的港口群，可通过兼并收购、互相入股等方式成立港口合资企业，由企业主导对港口资源进行整合；对于由统一行政区域管辖的港口群，由政府整合行政区域间的资源，成立港口统一管理的相关部门，实现港口间政策互通；对于资源过剩、港口间无序竞争的港口群，以政府宏观调控为手段，引导港口群建立统一的资源管理平台，以资产为纽带成立港口集团，科学合理地整合港口的自然资源和经营资源；对于能力相当、有共同利益诉求的港口群，各港口可通过成立战略联盟来实现利益共享和业务合作（赵楠，2013）。现有法律和港口管理体制一定程度上限制了港口联盟发展，可选策略是创新联盟的实践模式。各种港口战略联盟的合作模式，每种联盟形式都有自身的优缺点，港口联盟不应局限于一种模式，而应该结合实际情况，灵活运用其各种模式，进行纵向上和横向上、区域内和区域外、实体和虚拟的多种形式联盟。

9.3　打造智慧港口互联平台，赋能港口智慧发展

加强港口整合的信息化建设，以信息化平台推动港口、航运资源要素的集聚，打造面向世界的现代化港口。可将"互联网＋"与港口融合，结合云计算、物联网、区块链等技术打造港口群互联共享平台，推进港口、货主、政府、船公司之间的信息和数据交互，提升港口运作的效率和协同合作的能力。依托港口 EDI 平台，利用条码、RFID、物联网等高新技术，将港口信息联网（沈寅安，2013），实时跟踪物流信息，促进港口间的信息交互和资源共享，利用科学化、信息化、精细化与智能化信息资源，结合政府管理和社会治理模式创新，促进物流、商流、信息流等要素的整合。推进政府、企业、高校三方合作，探索在云计算、大数据、人工智能等新一代信息技术在港口资源整合的应用，营造产学研合作的良好环境，依托互联平台，为智慧港口的发展赋能。信息不对称是影响联盟成员协同效应的主要因素之一，处理失当甚至会导致联盟关系破裂，因此联盟成员各方要通过指定信息与知识的共享机制来巩固长期合作的战

略伙伴关系。要理顺信息传递渠道，增强港口间的信息交流，主动披露隐性信息，消除或减缓信息不对称，同时，也应增加联盟内共享信息量，采取必要的措施消除沟通障碍，以确保信息的真实性和可靠性。

9.4 加强港口集疏运体系建设，助力腹地经济发展

区域港口发展能够对周边地区形成有效经济辐射，同时，经济腹地发展壮大，也为港口的发展提供强大支撑。因此，要更加注重港口资源整合对腹地经济发展的带动和辐射作用，政府应加快腹地交通运输系统与港区的连接建设，在保证铁路运力的基础上，将更多的铁路支线、公路与港区连接，完善铁路和公路集疏运通道；将城市公路与港区打通，建立综合的港口集疏运体系，有效提高港口辐射能力，拓宽港口经济腹地范围，重点关注腹地相关企业和临港物流园区的经济发展，实现港口与腹地经济发展的协同价值创造，达成"1 + 1 > 2"的效果。加强港口多式联运集疏运体系建设，增大水铁联运、水水联运比例，提升港口多式联运服务效率。推动临港产业链向腹地城市的集聚，促进腹地产业结构优化升级，通过发挥区位及对外开放优势，港口带动腹地经济参与全球贸易与国际竞争。

9.5 完善港口整合市场机制，保证利益合理分配

在港口整合的过程中，应充分承认港口整合的主体地位，灵活运用市场机制平衡港口利益，营造有序竞争、良性发展的港口群格局。政府要发挥引导作用，从中协调、监管各主体的利益分配，既要照顾各利益相关者的基本诉求，也要统筹规划，作出整体最优的资源分配布局，地方政府和产业也应当转变经营理念，树立全局意识，为港口群整体发展考虑。相关部门应当根据港口群的整合模式和收益来源完善市场机制，坚持公平公正的原则，按各主体贡献大小进行利润的合理分配（卢书要，2019），同时设立相关补贴制度，使资源明显过剩的港口自愿退出市场，将其闲置的资源转换成资金投资到其他行业上，减少因资源闲置造成的损失；让能力不足的港口加强基础设施建设，增加自身综合实力，减少低价竞争的现象，进而降低港口资源整合的难度。港口间的有效

协同是建立在优势互补基础上，以共同发展为目标的。因此，港口联盟内部必须具备良好的功能协调机制、资源共享机制、利益补偿机制、信息沟通机制和联盟风险防范机制。功能和资源的互补融合是形成协同关系的重要基础，必须充分利用港口的特有优势，通过港区改革和业务重组，积极开放个性化服务、集成化服务和特色服务等新型服务项目，积累优势资源，提高自身的竞争力，才能形成联盟协同效应。为平衡港口间的利益，在港口整合过程中必须建立较为完善的利益分配机制，保障各方公平受益。通过利益补偿机制对合作中未能获得同等收益的一方给予相应的补偿，以保证协同能够持续稳定地进行。

9.6　发挥政府部门监管职能，打造有序市场环境

尽管我国各港口群正在积极实现资源整合，朝着成为国际一流港口群的方向奋力发展，但在部分地区仍存在着大量、分散的小型码头和不具备营业资质的黑码头，它们为了抢占货源采取低价策略与其他码头恶性竞争，扰乱市场秩序（杨宗默，2018），打破市场定价标准。针对这些现象，政府相关部门应当充分发挥监管职责，完善码头审批制度，同时鼓励民众举报，接到群众诉求应积极行动，立即派遣人员到现场调查，确认情况属实后即刻进行立案和查处，对非法经营者进行处罚，创建健康有序的市场环境，保障港口资源整合工作的顺利进行。同时也应完善对港口垄断行为的监管机制，完善相关法律法规，明确港口垄断行为的表现，废止和清除不合理的交易条件，提升港口服务的质量和水平，从而营造良好的港航企业发展环境。建立有效的港口协调机构是保障港口整合实践顺利开展的重要保障措施。当前，我国的港口属地管理模式导致港口资源的行政分割，各省港口之间缺乏有效的合作与开发机制。可以借鉴欧洲海港组织的经验，设立跨区域的行政组织，负责区域港口联盟内各港口的规划、建设、管理的统筹协调和归口管理，其下设立若干专门机构，分别承担港口规划、建设物流的协调等职责。鉴于中国垂直领导体系比较完善，也可将区域协调职能赋予国务院相应部门牵头，会同下级政府的对应部门共同履行协调职能。打破地域观念，逐步实现沿海港口联动，并能制定省际沿海港口联盟发展规划和口岸、码头开放规划。

9.7 着眼港口发展国际战略，增强港口服务水平

我国港口整合要放眼国际，立足国家"一带一路"倡议，完善全球航运综合服务网络，实施国际化战略。打造优势临港产业集群，建设以港口为依托的石化、冶金、装备制造、新能源、生物医药等产业的多元化产业集群，推动港口群、产业群、城市群的协同发展；充分发挥自由贸易协定、自贸区、自贸港的政策优势，把握自贸区、RCEP、自由港带来的发展机遇，营造良好的港航环境，大力发展航运金融业务、港航物流业务，提升港口群整体服务水平，拓展临港产业对外交流渠道；提升港口群发展的创新活力，积极引入国外高端项目、技术，提升港口群国际化水平，发展海洋生物医药、海洋高端装备制造、海洋能源产业，面向国际打造港口创新高地；实现港口服务模式、业务分工合作、技术和服务方面大胆改革和创新，增强港口整体服务水平；同时打造港口区域核心品牌，促进腹地产业的市场开拓能力，强化港口区域在国际市场的影响力，助力我国港口参与全球的竞争。

9.8 建立港口规划相关机制，保证港口稳定发展

港口应建立严格科学的规划审核机制与程序，在审核程序中，切实建立起充分反映民意和专家意见的审核环节，做到科学论证在前，提升港口规划建设方案的合理性。同时建立客观合理的港口评价指标体系和长效问责机制。评价体系重点突出港口建设和运行的经济效益、投资回报率、环境影响度及其对所在城市和经济腹地的综合拉动能力与服务能力。问责机制应符合科学规律，在《港口法》或相关的行政法规中，明确制定对港口规划和建设决策人的长效问责制，一旦在今后的一定时限内该港口的运行实践证明对国家资产和环境保护构成重大损失时，应由其相关当事人承担主要的法律责任。

9.9 构建分层管理组织架构，健全相关法律法规

在国家港口发展战略指导下，建立由中央、省级政府及地方政府构成的三

级管理组织架构，分阶段制定和落实相关法律法规，为港口资源整合的顺利实施做好制度保障和组织保障。首先由中央制定港口整合管理相关法律法规，为港口资源整合提供法律依据；之后由省级政府出台港口资源整合的具体指导性文件（杨宗默，2018），从港口群整体视角出发，运用科学方法进行港口群的合理规划布局和资源分配；最后由地方政府和港口贯彻落实相关制度和法律的实施，地方政府应积极响应上级号召，养成全局思想，为港口群整体发展增添动力。应充分发挥港口管理机构、港口整合委员会、港口整合管理办公室等组织机构的作用，对区域内港口整合的进程与目标进行合理评估，保障港口联盟的有效性。

9.10　创新港口整合实践模式，增强港口联盟柔性

港口战略联盟的参与者可分为政府、企业、市场三类角色。政府是政策的制定者，负责从宏观角度统筹整体港口整合战略规划；港口企业是港口整合的主体，是整合活动的实际执行者；市场是推动港口整合进程，连接各部分整合主体的纽带。政府在充分发挥宏观规划作用的同时，需要尊重港口企业在整合过程中的主体地位，给予港口企业充分的自主经营权和生产自主权。同时必须充分发挥市场在资源配置中的协调作用，以市场为导向推动港口间、港口与上下游企业之间的互补与合作，实现区域整体利益最大化。港口联盟不应局限于一种模式，而是需要结合实际情况，灵活应用各种模式，以满足不同地区港口整合的需求（赵娜，2012）。对于较大范围内的港口整合，可先选择范围内的部分港口，建立港口整合实践试点，在整合实践中总结经验，形成经典范式。

参考文献

［1］蔡鹏．环渤海地区港口竞争格局变化分析［J］．珠江水运，2021
（1）：38 - 40.

［2］曹玮，苏博．福建港口资源整合现状、问题及对策研究［J］．通化师
范学院学报，2018，39（11）：58 - 65.

［3］曹有挥，曹卫东，金世胜，李海建，王黎明．中国沿海集装箱港口体
系的形成演化机理［J］．地理学报，2003（3）：424 - 432.

［4］陈春芳，赵刚，陈继红．长三角港口群演化周期问题［J］．中国航
海，2016，39（1）：104 - 109.

［5］陈宏玉，周娟，王红尧．广州港新沙港区南部码头区规划布局研究
［J］．珠江水运，2018（3）：58 - 59.

［6］陈继红，郑师禹，罗萍，陈飞儿，宁越．基于模糊聚类的长三角港口
物流服务功能归类与对策［J］．北京交通大学学报（社会科学版），2015，14
（4）：89 - 98.

［7］陈娜．上海港港口物流与区域经济协同发展研究［J］．上海市经济管
理干部学院学报，2021，19（2）：27 - 39.

［8］陈以浩．港口资源整合模式优化研究［J］．中国水运，2018（7）：
34 - 35.

［9］程军，朱云海．南沙港区在珠三角港口群集装箱运输中的功能定位探
讨［J］．珠江水运，2005（3）：13 - 15.

［10］慈红武．近期港口资源整合总体绩效的初步分析［J］．中国港口，
2019（10）：60 - 61.

［11］戴梓妍．借鉴欧洲海港组织经验　促进长江港口共同发展［J］．港

口经济, 2005 (3): 24 - 25.

[12] 邓春, 刘玥, 黄景贵. 基于因子分析的沿海港口经济竞争力实证研究——以西南沿海港口群为例 [J]. 海南大学学报 (人文社会科学版), 2017, 35 (1): 41 - 45 + 134.

[13] 邓春, 翟羽, 章敏. 海南港口经济发展战略探析 [J]. 当代经济, 2017 (17): 72 - 73.

[14] 丁莉. 广西北部湾港口整合: 1 + 1 + 1 > 3 [J]. 中国港口, 2012 (10): 38 - 39 + 34.

[15] 董雷. 港口群的发展趋势与发展战略研究 [J]. 物流科技, 2010, 33 (4): 51 - 53.

[16] 段良波, 徐剑华. 实施有效整合 提升长三角港口群整体竞争力 [J]. 世界海运, 2010, 33 (4): 38 - 41.

[17] 冯凯, 赵越, 王志成, 曾凡平. 大连港40万吨级矿石船舶夜航常态化措施 [J]. 港口科技, 2022 (2): 21 - 23.

[18] 富鹏飞. 广东省集装箱海铁联运发展策略与研究 [J]. 铁道经济研究, 2020 (5): 44 - 47.

[19] 甘爱平, 茅峰. 论长三角港口群从吞吐量竞争到产业链增值的联动 [J]. 中国市场, 2021 (7): 24 - 26 + 81.

[20] 高树奇. 新时代港口集疏运发展趋势与对策 [J]. 中国港口, 2022 (3): 12 - 15.

[21] 葛拥军, 郝英君, 曹更永. 后港口资源整合时代的港口群深度融合 [J]. 中国港口, 2017 (11): 24 - 26.

[22] 葛拥军, 郝英君, 曹更永. 后港口资源整合时代港口深度融合发展的对策与措施探析 [J]. 中国水运 (下半月), 2017, 17 (12): 40 - 41.

[23] 郭丽彬, 李健, 邢伟. 考虑散货与集装箱业务的港口竞合研究 [J]. 交通运输系统工程与信息, 2017, 17 (2): 189 - 196.

[24] 郭利泉. 多港口地区海运需求规模确定及其门户港口整合决策研究 [D]. 大连: 大连海事大学, 2019.

[25] 郭利泉, 杨忠振. 基于对外运输系统的内部运输社会福利最大的多港口地区港口整合方法研究 [J]. 系统工程理论与实践, 2018, 38 (8):

2098 – 2109.

[26] 郭秀娟，岳巧红，封学军. 基于生产函数模型的区域港口群合理规模的确定 [J]. 港口经济，2008 (3)：49 – 51.

[27] 郭政，董平，陆玉麒，黄群芳，马颖忆. 长三角集装箱港口体系演化及影响因素分析 [J]. 长江流域资源与环境，2018，27 (7)：1423 – 1432.

[28] 郭政，董平. "一带一路"战略下长三角港口群发展策略研究 [J]. 港口经济，2016 (11)：20 – 24.

[29] 国外港口整合情况及特点 [J]. 世界海运，2010，33 (4)：12 – 14.

[30] 王胜，张东东，韩佳，王磊，宁海辉，李爽，易志业. 创新港区一体化模式　着力推进自贸港建设——哥本哈根 – 马尔默"自贸港一体化"建设给海南的启示 [J]. 今日海南，2018 (9)：49 – 50.

[31] 胡林凤，刘青青. 江苏自贸区连云港片区港口物流发展策略 [J]. 物流技术，2020，39 (10)：6 – 9 +26.

[32] 扈剑晖，何炯祥. 广西港口群建设模式初探 [J]. 市场论坛，2007 (6)：26 – 28.

[33] 黄昶生，王丽. 区域港口协同发展评价与对策研究——以"山东半岛"为例 [J]. 河南科学，2018，36 (10)：1642 – 1650.

[34] 黄丽华. 关于把海南作为新"海上丝绸之路"桥头堡的思考 [C]. 海上丝绸之路建设与琼粤两省合作发展——第三届中国（海南·广东）改革创新论坛论文集，2014：130 – 135.

[35] 计明军，张开放，祝慧灵，张燕. 基于可变航速的支线集装箱船舶调度优化模型与算法 [J]. 运筹与管理，2019，28 (11)：18 – 26.

[36] 江涧. 沿海港口一体化背景下港口建设与管理 PPP 模式研究 [D]. 南京：东南大学，2019.

[37] 江苏整合资源力促港口一体化发展 [J]. 港口经济，2016 (11)：13.

[38] 蒋晓丹，范厚明，张琰雪，陈志蔚. 港口与运输方式及陆港联合选择的巢式 Logit 模型 [J]. 交通运输系统工程与信息，2018，18 (5)：32 – 37.

[39] 解振全. 福建省海铁联运发展对策研究 [J]. 铁道运输与经济，2022，44 (3)：42 – 46.

［40］郎宇，黎鹏．论港口与腹地经济一体化的几个理论问题［J］．经济地理，2005（6）：767－770＋774．

［41］李浩冲．从资本运作视角探析港口资产整合的路径及资源融合的思考［J］．中国水运，2021（5）：25－27．

［42］李婧．山东沿海港口群资源配置评价及整合对策研究［D］．大连：大连海事大学，2008．

［43］李兰冰，刘军，李春辉．两岸三地主要沿海港口动态效率评价——基于DEA－Malmquist全要素生产率指数［J］．软科学，2011，25（5）：80－84．

［44］李敏．哥本哈根·马尔默港的启示与河北港口发展［J］．中国水运，2015（2）：19－21．

［45］李娜．我国港口资源整合存在的问题及建议［J］．港口经济，2017（5）：52－53．

［46］李鹏飞，马航．基于病毒协同遗传算法的自动化立体仓库货位优化模型［J］．中国管理科学，2017，25（5）：70－77．

［47］李施颖．福建港口与腹地联动发展研究［D］．福州：福建农林大学，2011．

［48］李兴湖．国内外港口整合实践与福建港口一体化发展研究［J］．亚太经济，2021（3）：122－128．

［49］李雪．宁波舟山港一体化的资源整合［J］．湖北经济学院学报（人文社会科学版），2015，12（2）：38－39．

［50］李雪．宁波舟山港一体化资源整合研究［D］．浙江海洋学院，2015．

［51］李艳红，李星，刘阳，杨艳慧．京津冀港口群港城产融合发展思路［J］．合作经济与科技，2016（5）：7－8．

［52］梁双波，曹有挥，曹卫东，吴威．长三角集装箱港口体系的偏移增长与演化模式［J］．地理科学进展，2008（5）：95－102．

［53］梁肇基．厦门港相关功能区布局存在的问题与建议［J］．珠江水运，2018（7）：57－59．

［54］刘大镕．多指标体系的港口效率评价模型［J］．上海海运学院学报，1994（2）：1－8．

［55］刘佳，董伟．环渤海地区港口资源整合及发展趋势分析［J］．海洋

信息，2010（1）：21 –23.

　　［56］刘奎，汪寿阳，卢全莹．"一带一路"沿线国家港口物流发展关键因素评估［J］．商业经济研究，2021（10）：94 –98.

　　［57］刘冉昕．辽宁省沿海港口群资源整合对策研究［J］．中国水运（下半月），2014，14（1）：37 –38.

　　［58］刘天寿，李红娜，朱敏峰．我国环渤海主要港口的功能定位分析［J］．生产力研究，2014（6）：112 –116 +129.

　　［59］刘万锋，周嘉男．世界一流港口集疏运网络建设［C］．世界交通运输工程技术论坛（WTC2021）论文集（上），2021：2207 –2210.

　　［60］卢书要．山东省港口资源整合现状及对策［J］．水运管理，2019，41（11）：19 –21.

　　［61］鲁渤，路宏漫．大连港积极推动辽宁港口整合对策研究［J］．大连干部学刊，2021，37（8）：60 –64.

　　［62］鲁渤，汪寿阳．中国港口的产能过剩［M］．北京：科学出版社，2018.

　　［63］罗雯．自贸区建设视角下广西金融开放创新思考［J］．时代金融，2021（16）：27 –29.

　　［64］罗勇川．推动集疏运体系建设　助力上海港高质量发展［J］．投资与创业，2021，32（7）：60 –62.

　　［65］马文婷．习近平关于加强海洋国际合作的重要论述研究［J］．现代交际，2022（3）：35 –43 +122.

　　［66］毛琦梁，王菲．比较优势、可达性与产业升级路径——基于中国地区产品空间的实证分析［J］．经济科学，2017（1）：48 –62.

　　［67］孟飞荣，高秀丽．海上丝绸之路战略下湛江港口发展策略分析［J］．物流技术，2015，34（5）：46 –48 +51.

　　［68］庞瑞芝．我国主要沿海港口的动态效率评价［J］．经济研究，2006（6）：92 –100.

　　［69］钱坤．安徽省港口资源整合存在的问题及其对策探讨［J］．广西科技师范学院学报，2016，31（2）：72 –74.

　　［70］曲晓琳．基于价值链的我国山东半岛港口群整合研究［D］．青岛：

中国海洋大学，2010.

[71] 任雪晨. 长三角港口群与区域经济协调发展关系研究［D］. 武汉：武汉理工大学，2012.

[72] 沙璐娟，杨周昊，陈华健，徐静，王紫凝，仇燕苹. 江苏沿海港口联动发展研究［J］. 合作经济与科技，2021（10）：40－41.

[73] 沈寅安. 长三角港口群资源整合评估及对策研究［D］. 宁波：宁波大学，2012.

[74] 苏芮. 辽宁省政府推动港口资源整合研究［D］. 大连：大连海事大学，2019.

[75] 孙洁. 我国珠三角地区港口群功能优化问题研究［D］. 大连：大连海事大学，2015.

[76] 孙泽华. 辽宁沿海港口群协调发展的模式选择及对策研究［J］. 辽东学院学报（社会科学版），2015，17（4）：32－36.

[77] 谭佩妍，郭泓滟，刘蓓萱. 粤港澳大湾区港口群协同发展仿真优化研究［J］. 物流工程与管理，2018，40（11）：1－3.

[78] 汤晟. 供给侧结构性改革与资源整合背景下的港口发展策略研究［J］. 港口经济，2017（6）：42－44.

[79] 唐红梅. 珠三角港口群一体化发展的路径与对策研究［J］. 吉林农业科技学院学报，2020，29（2）：42－45.

[80] 田歆，曹志刚，骆家伟，鲍勤，陆凤彬，汪寿阳. 基于 TEI@I 方法论的香港集装箱吞吐量预测方法［J］. 运筹与管理，2009，18（4）：82－89.

[81] 童孟达. 中国港口整合向以经济手段整合转变［J］. 中国港口，2019（1）：15－16.

[82] 拓晓瑞. 环渤海港口企业整合模式的选择及对策研究［D］. 天津：天津理工大学，2009.

[83] 汪寿阳，谢刚，池文豪等. 2021 年全球 Top20 集装箱港口预测报告［D］. Global-Link Publisher, Hong Kong, London, Tokyo, 2021.

[84] 王丹，柴慧，崔园园，谷金，王玮. 国际代表性港口群一体化治理经验及对长三角港口群的启示［J］. 科学发展，2022（1）：78－84.

[85] 王建红. 日本东京湾港口群的主要港口职能分工及启示［J］. 中国

港湾建设, 2008（1）：63 – 66 + 70.

[86] 王杰, 张兴. 我国港口资源整合对航运业影响及对策建议 [J]. 中国水运, 2020（10）：15 – 17.

[87] 王列辉, 茅伯科. 港口群制度合作模式的比选及对长三角的启示 [J]. 社会科学, 2010（6）：37 – 44 + 188.

[88] 王列辉. 整合长三角港口资源　加快推进上海国际航运中心建设 [J]. 南通大学学报（社会科学版）, 2009, 25（4）：21 – 25.

[89] 王庆德, 李海波, 吴欣哲. 广西自贸区创新实践——打造中国东盟开放合作先行示范区 [J]. 中国经贸导刊（中）, 2020（5）：18 – 22.

[90] 魏俊辉, 程军. 广西北部湾港口整合经验回顾 [J]. 交通企业管理, 2020, 35（2）：20 – 22.

[91] 文园园. 广西北部湾港口物流整合研究 [D]. 南宁：广西大学, 2017.

[92] 吴宏涛. 区域港口群演化问题研究 [D]. 青岛：中国海洋大学, 2008.

[93] 吴慧君. 福建东南沿海港口群的协同发展研究 [J]. 物流科技, 2013, 36（12）：66 – 68.

[94] 吴利娟. 基于共享理念的京津冀港口群效率优化 [J]. 水运管理, 2018, 40（3）：15 – 18.

[95] 吴亲晓, 陆菁菁, 陈迎新, 王银银. 江苏沿江港口一体化资源整合研究 [J]. 中国商论, 2018（16）：166 – 167.

[96] 夏国基. 港口资源整合的利弊及化解风险的对策 [J]. 中国港口, 2012（9）：33 – 35.

[97] 晓宇. 辽宁港口统一经营平台浮现　全国港口资源整合潮起 [J]. 经济研究参考, 2017（36）：31 – 32.

[98] 肖钟熙. 港口群的概念与港口布局规划 [J]. 水运管理, 2007（6）：11 – 13 + 17.

[99] 谢凌峰. 珠江三角洲港口发展格局研究 [M]. 北京：海洋出版社, 2014.

[100] 邢相锋, 孙楠, 刘佳良. 山东港口整合战略影响因素分析 [J]. 交

通企业管理，2020，35（2）：17 – 19.

［101］邢玉伟，杨华龙，马雪菲．差异化定价策略下的远洋洲际班轮航速与航线配船优化［J］．系统工程理论与实践，2018，38（12）：3222 – 3234.

［102］徐峰，李晓宁，庄佩君．省域港口一体化的山东经验［J］．中国水运，2021（10）：105 – 109.

［103］徐剑华．韩国双枢纽港模式对我国港口发展的启示［J］．集装箱化，2004（10）：4 – 6.

［104］许利枝，汪寿阳．集装箱港口预测及其实证研究：基于 TEI@I 方法论［M］．北京：科学出版社，2014.

［105］许利枝，汪寿阳．集装箱港口预测研究方法：中国香港港实证研究［J］．管理科学学报，2015，18（5）：46 – 56.

［106］闫高升．湛江港在西南沿海港口群竞争中的策略分析［J］．中国水运（理论版），2007（11）：34 – 35.

［107］燕向晖．环渤海港口群港口竞争与合作研究［D］．大连：大连海事大学，2012.

［108］杨凤华．南通建设长三角北翼经济中心的功能定位及提升［J］．南通纺织职业技术学院学报，2013，13（3）：49 – 54 + 97.

［109］杨京钟．国内外港口功能整合经验及对福建港口发展的启示［J］．通化师范学院学报，2016，37（3）：51 – 57.

［110］杨小波．宁波—舟山港口一体化资源整合研究［J］．管理观察，2015（12）：36 – 38.

［111］杨小波．推进宁波 – 舟山港一体化探讨［J］．农村经济与科技，2015，26（6）：161 – 162 + 209.

［112］杨宗默．我国港口资源整合现状及对策研究［J］．特区经济，2018（5）：65 – 70.

［113］姚博鸿，谭春兰．长三角一体化战略背景下对上海港港口物流效率评价分析——基于 DEA – Malmquist 模型［J］．海洋经济，2021，11（2）：42 – 50.

［114］易志云．环渤海港口城市群功能结构及天津发展定位［J］．天津师范大学学报（社会科学版），2004（4）：15 – 19.

［115］银行信息网.2016 年最新贷款基准利率［EB/OL］.［2016 - 01 - 02］.https：//www.yinhang123.net/yhll/jizhunlilv/13404.html.

［116］营口港.营口港 2015 年年报［EB/OL］.［2016 - 03 - 23］.https：//data.eastmoney.com/notices/detail/600317/AN201603220014024231，JUU4JTkwJUE1JUU1JThGGJUEzJUU2JUI4JUFG.html.

［117］于海.国际航运中心架构下港口群模式研究［D］.大连：大连海事大学，2008.

［118］于敏，许茂增.考虑腹地关系的内河港口竞争策略分析［J］.交通运输系统工程与信息，2019，19（5）：28 - 34 + 41.

［119］元晓鹏，黄大明，汪超.珠三角港口群发展现状评述［J］.交通企业管理，2017，32（6）：19 - 22.

［120］袁兵.港口群资源整合研究［D］.大连：大连海事大学，2005.

［121］曾艳英.以珠三角港口群为例探讨港口资源的整合与结构优化［J］.世界海运，2010，33（4）：47 - 49.

［122］张方绪.长三角内河港口群协同发展研究［D］.青岛：中国海洋大学，2015.

［123］张婧，邹强，王柏玲.对我国港口资源整合影响因素及问题的思考——以山东港口群为例［J］.钦州学院学报，2018，33（5）：38 - 43.

［124］张丽君，侯超惠等.现代港口物流［M］.北京：中国经济出版社，2005.

［125］张锐."一带一路"背景下我国多式联运标准体系建设［J］.物流技术，2020，39（5）：7 - 11 + 109.

［126］张晓波.海南省核心港口资源整合策略研究［J］.中国市场，2020（4）：84 - 85.

［127］张新洁.基于系统动力学模型的港口资源整合效果研究［D］.武汉：武汉理工大学，2010.

［128］张馨.辽宁港口群资源整合的对策分析［J］.经济研究导刊，2013（23）：83 - 85.

［129］张燕，计明军，郑建风，杨华龙.考虑运输时限和航速优化的班轮航线网络设计［J］.交通运输系统工程与信息，2019，19（5）：219 - 224.

［130］张燕清，龚高健．东南沿海港口群格局新突破［J］．中国港口，2011（10）：12 - 13.

［131］张宜民．"十四五"时期辽宁省港口资源发展规划策略［J］．中国港口，2021（7）：8 - 11.

［132］张泽丰．广西北部湾沿海港口资源整合研究［D］．南宁：广西大学，2010.

［133］章强，何凯，HarryGeerlings．我国省域港口资源整合的驱动机制与实践模式研究［J］．浙江海洋大学学报（人文科学版），2017，34（4）：8 - 16.

［134］章强，殷明．区域港口协调发展的合作路径——意大利港口群整合的研究与启示［J］．中国港口，2018（12）：25 - 27.

［135］赵娜．港口战略协同［M］．杭州：浙江大学出版社，2012.

［136］赵楠．沿海港口资源整合发展现状及对策［J］．港口经济，2013（4）：13 - 15.

［137］赵楠，真虹．基于Malmquist指数和属性论的港口资源整合效果后评价［J］．交通运输系统工程与信息，2015，15（3）：214 - 221.

［138］郑平标．西部陆海新通道海铁联运班列发展策略研究［J］．铁道运输与经济，2021，43（10）：30 - 34 + 60.

［139］朱容正．河北省沿海港口资源整合问题及对策［J］．中国港口，2012（7）：26 - 27.

［140］Aldrete R M, Kruse C J, Salgado D, et al. Leveraging the Value of Land and Landside Access to Fund Port Infrastructure in Texas［J］. Transportation Research Record, 2018, 2672（11）：41 - 52.

［141］Carine A C F. An investigation of the long-run and causal relationships between economy performance, investment and port sector productivity in Cote d'Ivoire［J］. Open Journal of Social Sciences, 2015, 3（4）：29.

［142］Zondag B, Bucci P, Gützkow P, et al. Port competition modeling including maritime, port, and hinterland characteristics［J］. Maritime Policy & Management, 2010, 37（3）：179 - 194.

［143］Moindrot C. CJ Bird. The major seaports of the United Kingdom［J］.

Norois, 1965, 46 (1): 243 – 245.

[144] Bottasso A, Conti M, de Sa Porto P C, et al. Port infrastructures and trade: Empirical evidence from Brazil [J]. Transportation Research Part A: Policy and Practice, 2018, 107: 126 – 139.

[145] Campbell J F. A continuous approximation model for time definite many-to-many transportation [J]. Transportation Research Part B: Methodological, 2013, 54: 100 – 112.

[146] Campbell J F. Freight consolidation and routing with transportation economies of scale [J]. Transportation Research Part B: Methodological, 1990, 24 (5): 345 – 361.

[147] Chang Y T, Park H K, Lee S, et al. Have emission control areas (ECAs) harmed port efficiency in Europe? [J]. Transportation Research Part D: Transport and Environment, 2018, 58: 39 – 53.

[148] Cullinane K, Teng Y, Wang T F. Port competition between Shanghai and Ningbo [J]. Maritime Policy & Management, 2005, 32 (4): 331 – 346.

[149] Dekker S. Port investment: towards an integrated planning of port capacity [J]. 2005.

[150] De Langen P W, Haezendonck E. Ports as clusters of economic activity [J]. The Blackwell companion to maritime economics, 2012: 638 – 655.

[151] De Langen P W, Chouly A. Hinterland access regimes in seaports [J]. European Journal of Transport and Infrastructure Research, 2004, 4 (4).

[152] De Langen P W, Visser E J. Collective action regimes in seaport clusters: the case of the Lower Mississippi port cluster [J]. Journal of transport geography, 2005, 13 (2): 173 – 186.

[153] Dong G, Zheng S, Lee P T W. The effects of regional port integration: The case of Ningbo-Zhoushan Port [J]. Transportation Research Part E: Logistics and Transportation Review, 2018, 120: 1 – 15.

[154] Song D W. Port co-opetition in concept and practice [J]. Maritime Policy & Management, 2003, 30 (1): 29 – 44.

[155] Fan Y, Behdani B, Bloemhof-Ruwaard J, et al. Flow consolidation in

hinterland container transport: An analysis for perishable and dry cargo [J]. Transportation Research Part E: Logistics and Transportation Review, 2019, 130: 128 – 160.

[156] Fu X, Lam W H K, Chen B Y. A reliability-based traffic assignment model for multi-modal transport network under demand uncertainty [J]. Journal of Advanced Transportation, 2014, 48 (1): 66 – 85.

[157] Hausmann R, Bailey K. Structural Transformation and Patterns of Comparative Advantage in the Product Space [J]. International Trade, 2006.

[158] Hausmann R, Hwang J, Rodrik D. What you export matters [J]. Journal of economic growth, 2007, 12 (1): 1 – 25.

[159] Hayut Y. Containerization and the load center concept [J]. Economic geography, 1981, 57 (2): 160 – 176.

[160] Heaver T, Meersman H, Van de Voorde E. Co-operation and competition in international container transport: strategies for ports [J]. Maritime Policy & Management, 2001, 28 (3): 293 – 305.

[161] Heaver T. The evolution and challenges of port economics [J]. Research in Transportation Economics, 2006, 16: 11 – 41.

[162] Hejja K, Hesselbach X. Evaluating impacts of traffic migration and virtual network functions consolidation on power aware resource allocation algorithms [J]. Future Generation Computer Systems, 2019, 101: 83 – 98.

[163] Hidalgo C A, Klinger B, Barabási A L, et al. The product space conditions the development of nations [J]. Science, 2007, 317 (5837): 482 – 487.

[164] Homosombat W, Ng A K Y, Fu X. Regional Transformation and Port Cluster Competition: The Case of the P earl R iver D elta in S outh C hina [J]. Growth and Change, 2016, 47 (3): 349 – 362.

[165] De Souza G A, Beresford A K C, Pettit S J. Liner shipping companies and terminal operators: Internationalisation or globalisation? [J]. Maritime Economics & Logistics, 2003, 5 (4).

[166] Kawasaki T, Tagawa H, Watanabe T, et al. The effects of consolidation and privatization of ports in proximity: A case study of the Kobe and Osaka ports

[J]. The Asian Journal of Shipping and Logistics, 2020, 36 (1): 1 –12.

[167] Kotyczka P, Lefevre L. Discrete-time port – Hamiltonian systems: A definition based on symplectic integration [J]. Systems & Control Letters, 2019, 133: 104530.

[168] Koza D F. Liner shipping service scheduling and cargo allocation [J]. European Journal of Operational Research, 2019, 275 (3): 897 –915.

[169] Guo L, Yang D, Yang Z. Port integration method in multi-port regions (MPRs) based on the maximal social welfare of the external transport system [J]. Transportation research part A: Policy and practice, 2018, 110: 243 –257.

[170] Notteboom T E. Consolidation and contestability in the European container handling industry [J]. Maritime Policy & Management, 2002, 29 (3): 257 –269.

[171] Notteboom T, De Langen P, Jacobs W. Institutional plasticity and path dependence in seaports: interactions between institutions, port governance reforms and port authority routines [J]. Journal of transport geography, 2013, 27: 26 –35.

[172] Notteboom T, Pallis A, Rodrigue J P. Port economics, management and policy [M]. Routledge, London, 2021.

[173] Pallis A A, Notteboom T E, Langen P W. Concession agreements and market entry in the container terminal industry [M]. Port Management. Palgrave Macmillan, London, 2015: 195 –220.

[174] Marlow P B, Casaca A C P. Measuring lean ports performance [J]. International journal of transport management, 2003, 1 (4): 189 –202.

[175] Langen P W. Clustering and performance: the case of maritime clustering in The Netherlands [J]. Maritime policy & management, 2002, 29 (3): 209 –221.

[176] Rimmer P J. The search for spatial regularities in the development of Australian seaports 1861 –1961/2 [M]. Transport and development. Palgrave, London, 1973: 63 –86.

[177] Rodrigue J P. The port authority of New York and New Jersey: Global

changes, regional gains and local challenges in port development [J]. Les Cahiers Scientifiques du Transport, 2003, 44: 55 – 75.

[178] Hausmann R, Rodrik D. Economic development as self-discovery [J]. Journal of development Economics, 2003, 72 (2): 603 – 633.

[179] álvarez-SanJaime ó, Cantos-Sánchez P, Moner-Colonques R, et al. The impact on port competition of the integration of port and inland transport services [J]. Transportation Research Part B: Methodological, 2015, 80: 291 – 302.

[180] Schipper C A, Vreugdenhil H, De Jong M P C. A sustainability assessment of ports and port-city plans: Comparing ambitions with achievements [J]. Transportation Research Part D: Transport and Environment, 2017, 57: 84 – 111.

[181] Song L, van Geenhuizen M. Port infrastructure investment and regional economic growth in China: Panel evidence in port regions and provinces [J]. Transport Policy, 2014, 36: 173 – 183.

[182] Sun Z, Wang W, Zhu W, et al. Evolutionary game analysis of coal enterprise resource integration under government regulation [J]. Environmental Science and Pollution Research, 2022, 29 (5): 7127 – 7152.

[183] Taaffe E J, Morrill R L, Gould P R. Transport expansion in underdeveloped countries: a comparative analysis [M]. Transport and development. Palgrave, London, 1973: 32 – 49.

[184] Tasoglu G, Yildiz G. Simulated annealing based simulation optimization method for solving integrated berth allocation and quay crane scheduling problems [J]. Simulation Modelling Practice and Theory, 2019, 97: 101948.

[185] Notteboom * T E, Rodrigue J P. Port regionalization: towards a new phase in port development [J]. Maritime Policy & Management, 2005, 32 (3): 297 – 313.

[186] Tongzon J. Efficiency measurement of selected Australian and other international ports using data envelopment analysis [J]. Transportation Research Part A: Policy and Practice, 2001, 35 (2): 107 – 122.

[187] Veenstra A, Notteboom T. The development of the Yangtze River container port system [J]. Journal of Transport Geography, 2011, 19 (4): 772 – 781.

［188］Venturini G，Iris ?，Kontovas C A，et al. The multi-port berth allocation problem with speed optimization and emission considerations ［J］. Transportation Research Part D：Transport and Environment，2017，54：142 – 159.

［189］Wang C，Ducruet C，Wang W. Port integration in China：Temporal pathways，spatial patterns and dynamics ［J］. Chinese Geographical Science，2015，25（5）：612 – 628.

［190］Wan Y，Basso L J，Zhang A. Strategic investments in accessibility under port competition and inter-regional coordination ［J］. Transportation Research Part B：Methodological，2016，93：102 – 125.

［191］Wilmsmeier G，Monios J. The production of capitalist "smooth" space in global port operations ［J］. Journal of Transport Geography，2015，47：59 – 69.

［192］Woo J K，Moon D S H，Lam J S L. The impact of environmental policy on ports and the associated economic opportunities ［J］. Transportation Research Part A：Policy and Practice，2018，110：234 – 242.

［193］Yang Z，Guo L，Lian F. Port integration in a region with multiport gateways in the context of industrial transformation and upgrading of the port ［J］. Transportation Research Part E：Logistics and Transportation Review，2019，122：231 – 246.

［194］Yuan Y，Yu J. Locating transit hubs in a multi-modal transportation network：A cluster-based optimization approach ［J］. Transportation Research Part E：Logistics and Transportation Review，2018，114：85 – 103.